초의선사의 차향기

고월용운스님 · 진월스님

초의선사의 차향기

초판 1쇄 2009년 4월 25일
초판 3쇄 2012년 2월 25일

저　　자 석용운 스님
출 판 사 도서출판 초의
전남 무안군 삼향읍 왕산리 943
전　　화 061-285-0302
팩　　스 061-285-0304
홈페이지 http://www.choyee.co.kr

도서출판 초의에서는
초의선사의 禪과 茶에 관한 서적을
펴내고 있습니다

초의선사 영정

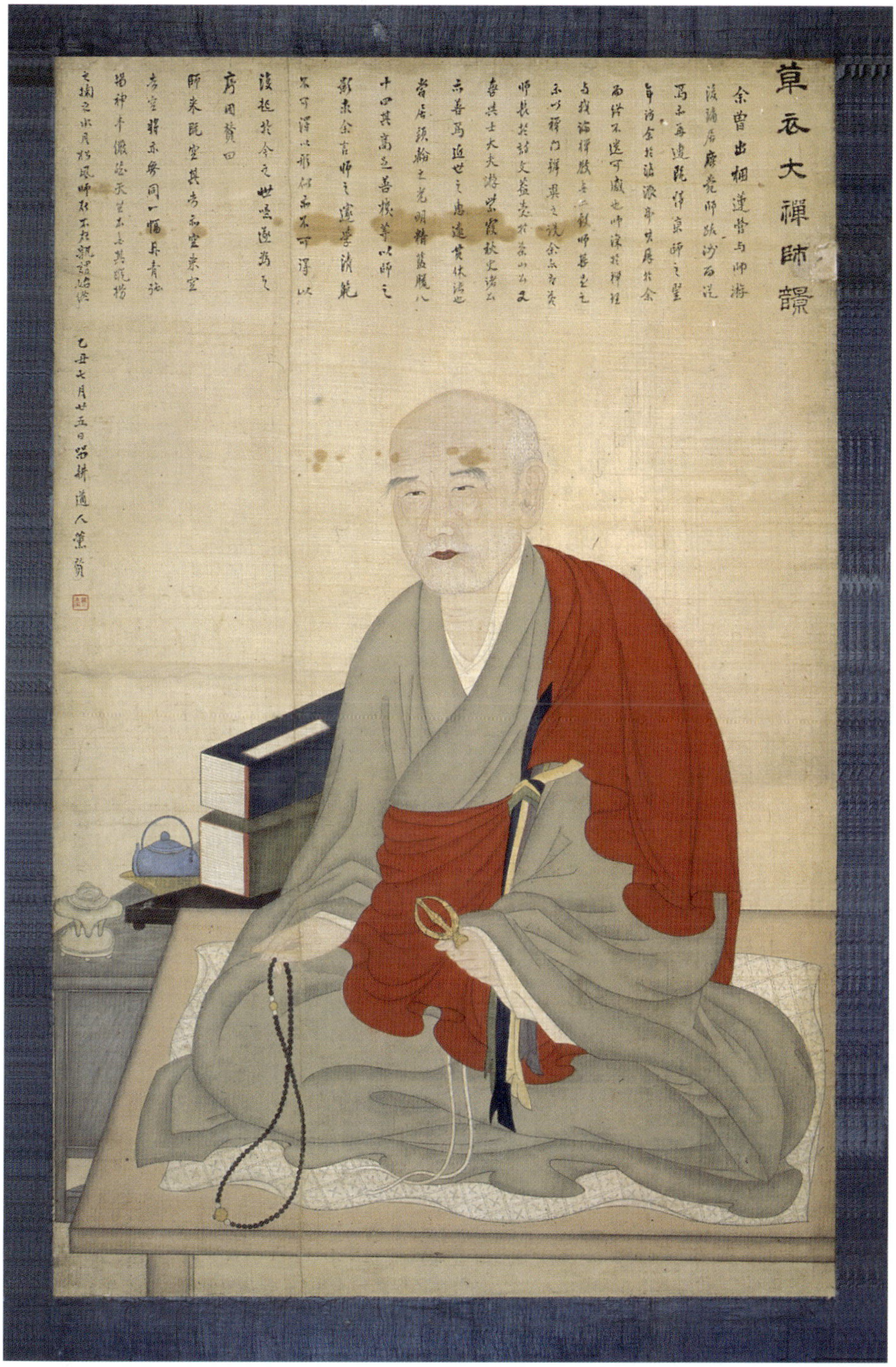

오른손에는 추사가 선물한 흑침향(黑沈香)으로 만든 98과의 염주를 들고 있다.
소치(小痴) 허련(許鍊)이 그린 것으로 알려져 있으며 제작 연대는 열반하시기 한 해 전인 80세 때이다.

차밭 · 차꽃 · 어린 순

▲ 차꽃

▲ 차나무 순

◀ 차 열매

▼ 손으로 차를 따는 모습

▼ 차나무순

▲ 차나무 어린 순

▲ 눈 덮힌 차밭

▼ 차밭

초의선사께서 계셨던 대흥사 · 일지암

▶ 초의선사의 부도

▲ 초의선사의 탑비

▼ 초의선사 부도(浮屠)에 참배하다.

▲ 초의선사께서 계셨던 대흥사

▼▲▶ 초의선사께서 열반하신 후 폐사되었는데
1979년에 다시 복원했다.

전남 무안에 복원된 초의선사 생가

▼ 초의선사 생가
전남 무안에 복원된 초의선사의 생가이다.

▲ 용호백로정

용호백로정은 서울 용산에 있었던 추사의 별장인데 지금은 자취조차 찾을 길이 없다. 위 사진은 무안에 복원된 용호백로정이다.

▼ 조선차역사박물관

▲ 금오초당

▶ 초의선원

초의선원은 초의선사의 생애와 사상을 대입시켜 지은 건물이다. 81세에 열반했으므로 81평, 15세에 출가해서 기둥이 열다섯 자, 법랍이 65세이므로 출입문이 모두 65개 등 선사의 생애와 사상이 고스란히 담겨있다.

▶ 일지암 초의선사께서 거처하셨던 대흥사 일지암을 복원했다.

▲ 동다송비

▲ 초의선사 동상

◀ 대각등계보제존자초의대선사

▼ 천인헌다제

준제보살도(準提菩薩圖)

초의선사가 그린 준제보살상이다. 준제보살은 사해(四海) 용왕(龍王)이 연화대(蓮花臺)를 받들고 있고 연화대위에 가부좌(跏趺坐)를 하고 앉아 있는데, 손은 모두 18개로 양쪽에 7개씩 14개와 앞에 4개등 모두 18개로 각기 다른 불구(佛具)를 들고 있다. 이는 중생(衆生)을 제도(濟度)하는 도구이다. 머리에는 화관을 쓰고 다섯 부처님을 모셨다. 초의선사는 준제보살을 매우 좋아하여 잘 그렸다. 소치실록(小痴實錄)에 보면, 초의선사께서 준제보살께 기도를 드리자 소치가 헌종(憲宗)을 배알하는 영광을 얻었다고 한다.

42수관음상(42手觀音像)

초의선사가 그린 42수관세음보살상이다, 관음보살상은 연화대 위에 합장을 하고 서있는데, 손이 모두 42개로 각기 다른 불구를 하나씩 들고 있다. 머리에는 화관을 썼으며 화관에는 11분의 부처님을 모시고 그 주위는 둥그런 광배(光背)가 있으며, 전신을 감싸는 화염문의 광배가 이중으로 감싸고 있다. 들고 있는 불구 가운데는 법륜(法輪)과 다병(茶甁)과 연꽃등 다양하다.

제 14 라한도(羅漢圖)

초의선사가 그린 18나한 중에 14번째 나한이다. 송(宋)나라 때 문장가 소동파(蘇東坡)가 유배 중에 꿈속에서 친견(親見)한 18나한을 게송(偈頌)을 지어 예찬하였는데, 초의선사가 이 게송을 보고 그림으로 그렸다. 여의주(如意珠)를 들고 바위에 앉아있는 나한과 그 앞에서 화분에 물을 주고 있는 시자(侍者)와 차를 올리는 시자의 모습이다.

제 16 라한도(羅漢圖)

초의선사가 그린 18나한 중에 16번째 나한이다. 송나라때 문장 소동파가 유배중에 꿈속에서 친견한 18나한을 게송을 지어 예찬하였는데, 초의선사가 이 게송을 보고 그림으로 그렸다. 불자(拂子)를 오른손에 잡고 왼손으로 턱을 괴고 대나무 아래 바위에 앉아있고 한 시자는 과반(果盤)에 석류를 받쳐 올리고 또 한 시자 역시 석류를 받쳐 들고 있다.

초의선사의 저술들이다. 일지암시고(一枝盦詩稿), 일지암문집(一枝庵文集)초의선과(草衣禪課), 선문사변만어(禪門四辨漫語), 동다송(東茶頌), 다신전(茶神傳), 진묵조사유적고(震默祖師遺蹟攷), 문자반야집(文字般若集), 초의시고(艸衣詩稿:木活字本) 등이 있다.

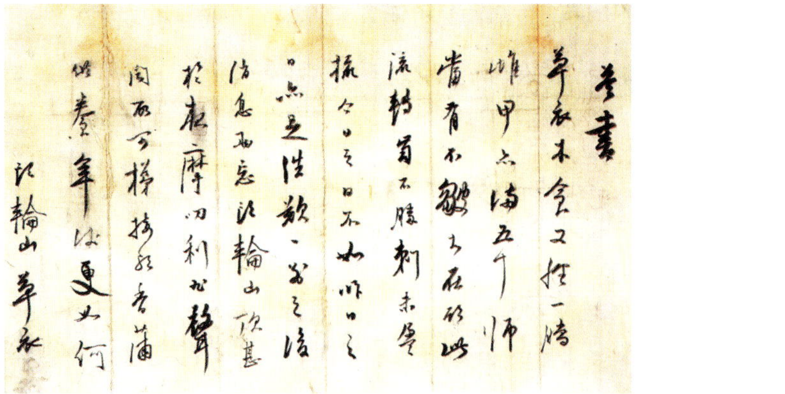

초의선사 서간문(艸衣禪師書簡文)

초의선사가 회신으로 보낸 편지인데 누구에게 보낸 것인지 확실치가 않다. 다만 내용으로 보아 동년배 쯤 되어 보이는 사람에게 보낸 것 같으며, 다정다감한 어투나 문구로 보아 승려가 아니고 사대부에게 보낸 것 같다.

단청

초의선사께서는 단청(丹青)을 잘 했으며 조사(祖師)스님들을 모신 대광명전(大光明殿)과 보련각(寶蓮閣)을 짓고 손수 단청을 해서 지금까지 전해지고 있다.

화북진도

헌종6년(1840) 추사 김정희가 제주로 귀양 가는 길에 대둔사(대흥사) 일지암으로 초의선사를 찾아와 하룻밤을 묵었다. 완도 이진포(梨津浦)에서 작별하고 돌아와 추사의 안녕을 기원하며 제주 화북진 포구를 그렸다.

다산초당도(茶山草堂圖)

초의선사께서 1812년(27세) 9월 12일에 월출산 백운동에 들어가 백운동도를 그리고, 9월 20일에 다산초당을 그려서 백운동도 말미에 붙여서 시축도를 만들었다. 당시의 다산초당은 초가집으로 초당과 동암으로 이루어져 있으며 초당과 동암과 사이에 방지로 된 연못이 위 아래로 만들어져 있고, 그 옆에는 버드나무, 대나무, 소나무, 매화, 그리고 괴석과 파초, 자미화, 단풍나무, 난초가 심어져 있다.

백운동도(白雲洞圖)

초의선사께서 1812년 9월 12일에 다산(茶山) 정약용(丁若鏞), 윤동(尹峒)과 함께 월출산 백운동의 이덕휘(李德輝) 댁을 방문하여 백운동의 12승경에 시를 짓고 그림을 그려서 시축도(詩軸圖)를 만들었다. 12승경은 옥판봉(玉版峰), 산다경(山茶徑), 정유강(貞蕤岡), 모란체(牧丹砌), 취미선방(翠微禪房), 백매오(白梅塢), 창하벽(蒼霞壁), 유상곡수(流觴曲水), 홍옥폭(紅玉瀑), 풍선(楓墠), 정선대(停仙臺), 운당원(篔簹園)이다.

초의선사 친필 범자(梵字)

무위(無爲)스님에게 써준 범어(梵語) 글씨이다. 관세음보살여의주수(觀世音菩薩如意珠手)의 그림을 상단에 그리고, 그 아래에 범어로 관세음보살여의주의 주문(呪文)을 썼다. 초의선사는 20대에 이미 범어를 다 익혔다. 중부(中孚)는 초의선사의 자(字)이다.

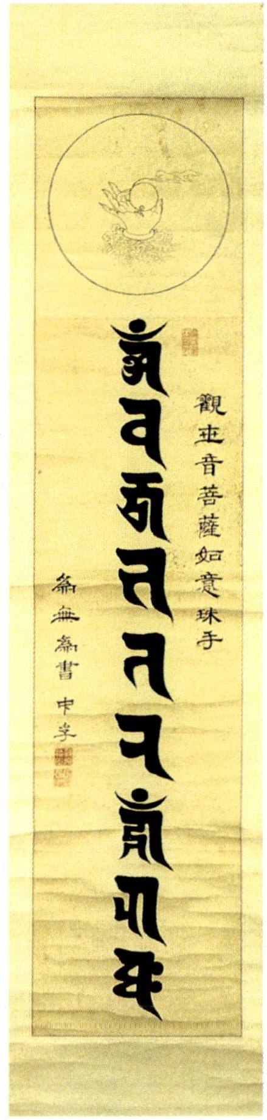

초의선사의 낙관(落款)

위음나반인(威音那畔人), 발(髮), 초의의순인(艸衣意洵人), 중부(中孚), 초의의순(艸衣意洵), 현지법신(現地法身), 초의산인의순(艸衣散人意洵)등 초의선사께서 생전에 사용하시던 낙관이다. 위음나반인은 진심묘체(眞心妙體)를 말하고, 발은 달마대사(達摩大師)의 수염, 즉 선(禪)을 말한다. 이 낙관은 대부분 초의선사가 전각(篆刻)을 한 낙관들이다.

▲ 다산선생생가

정약용(丁若鏞)
(1762~1836)

조선 후기의 학자, 문신. 본관은 나주(羅州), 자는 미용(美鏞), 송보(頌甫), 호는 다산(茶山), 여유당(與猶堂). 진정한 차(茶)맛을 알고 즐겼던 뛰어난 다인(茶人) 중 한 사람으로 강진에서의 유배생활18년 동안 차(茶)생활을 익혔다. 1818년 귀양이 풀려 강진을 떠날 때 그곳에서 키운 18명의 제자들을 모아 다신계를 조직하였으며, 초의선사에게 선학과 다도를 배웠다. 다산이 머문 전남 강진 귤동의 다산초당에는 많은 차 유적이 전한다.

▲ 다산초당

▶ 홍현주 친필

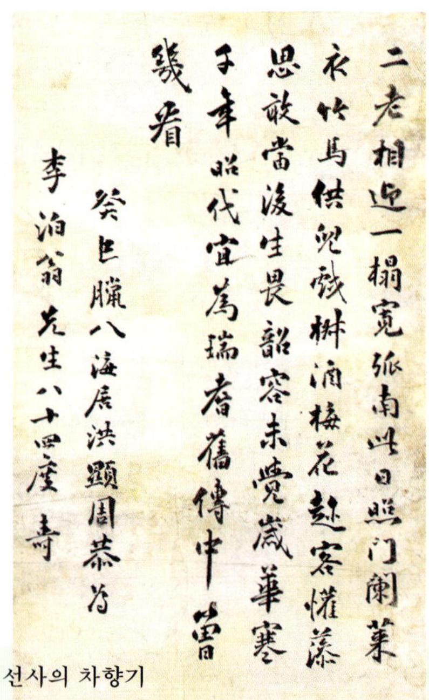

二老相迎一榻寬張南北日照門闌萊
衣竹馬供兒戲榭酒梅花趁客攤藤
思放當後生畏韶容未覺歲華寒
千年昭代宜爲瑞耆舊傳中當
幾看
癸巳臘八海居洪顯周恭爲
李泊翁先生八十四度壽

홍현주(洪顯周)

조선 후기의 정조의 부마. 본관은 풍산(豊山). 자는 세숙(世叔), 호는 해거재(海居齋)·약헌(約軒). 정조의 둘째딸 숙선옹주(淑善翁主)와 혼인하여 영명위(永明尉)에 봉하여졌다. 초의선사께 다도를 물어 동다송(東茶頌)을 저술하게 했다.

▼ 해거도인 홍현주와 숙선옹주의 합장묘

▲ 추사선생고택

김정희(金正喜)(1786~1856)

조선 후기의 문신, 문인, 서예가, 고증학자, 금석학자. 본관은 경주, 자는 원춘(元春), 호는 완당(阮堂), 추사(秋史). 초의선사와 동갑으로 함께 시문과 다도에 심취하여 많은 다시(茶詩)를 남겼다.

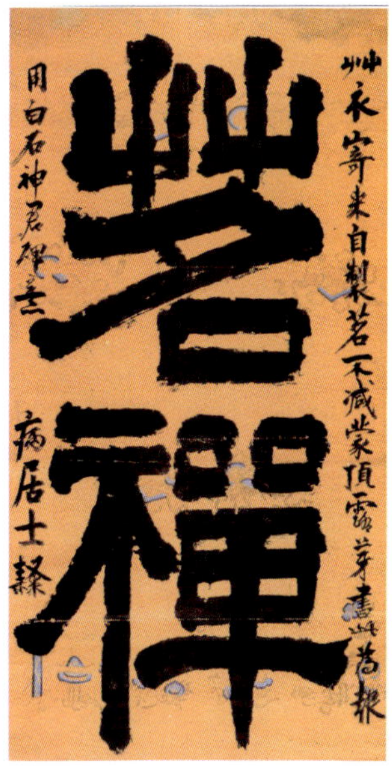

▲ 명선 추사 김정희선생이 선사께 써 드린 글씨이다.

◀ 일로향실
추사는 유배를 가 있던 제주도 대정(大靜)에서 소치(小痴) 편에 일로향실(一爐香室)이라는 다실(茶室)의 현판을 써서 보내왔다. 이 현판은 지금도 대흥사 동국선원(東國禪院)에 걸려 있다.

▼ 즉심도량

▼ 해거도인 홍현주 묘소에서 헌다의식

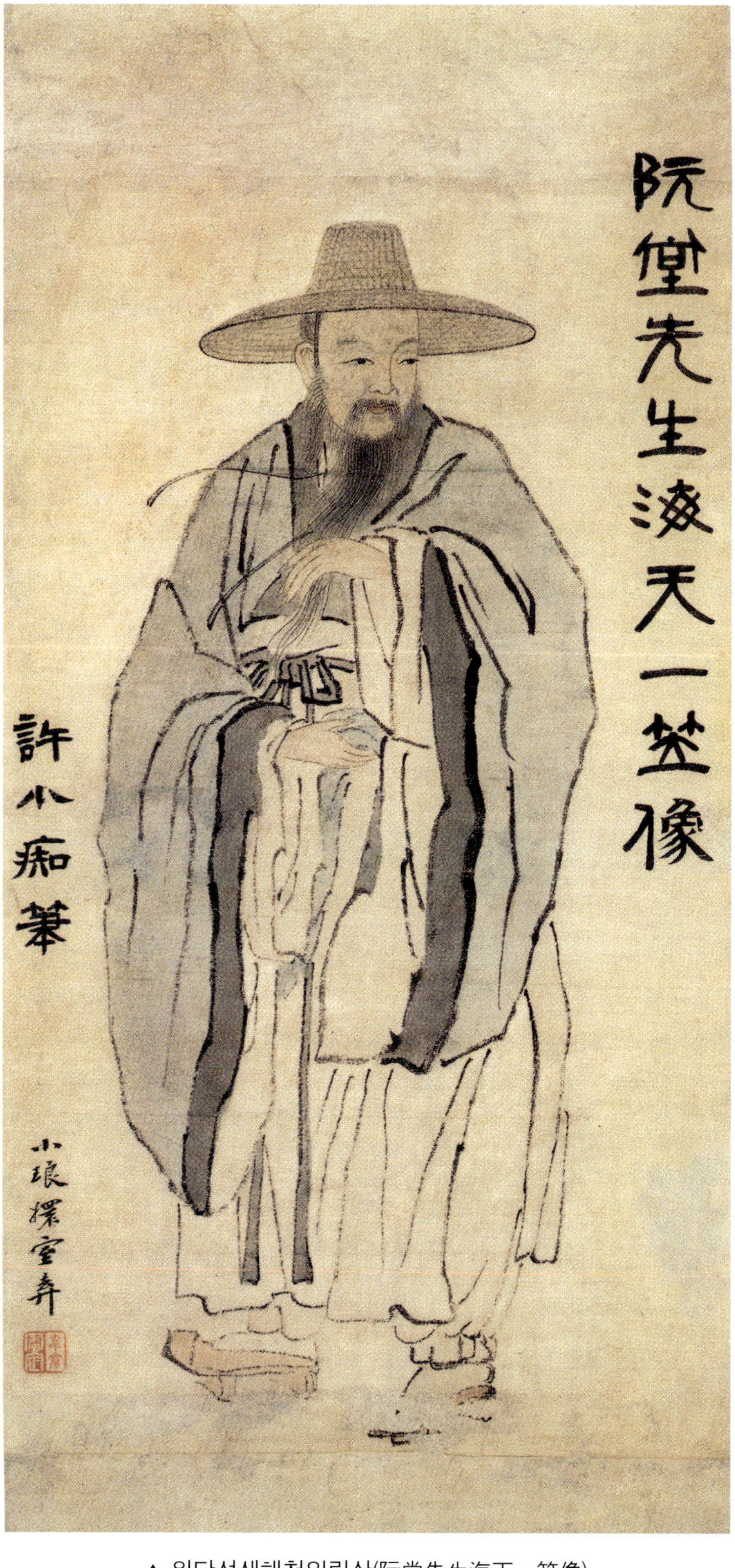

▲ 완당선생해천일립상(阮堂先生海天一笠像)

머리글에 붙여

차(茶)향기는
가까이 할수록 좋고,

인간(人間)의 향기는
느낄수록 좋고,

도(道)의 향기는
깨달을수록 좋은데,

여기에
당신의 향기를
그리워하는 이들을 위하여

작은 흔적을 기록하여
남기고저 합니다.

부디
모두가
깨우치게 하소서.

초의선사 오신 날에

古月 龍雲 合掌

차례

동다송(東茶頌)

초의의순 저술(艸衣意洵 著述)

고월용운 역주(古月龍雲 譯註)

동다송(東茶頌)①

동다송은 해거도인(海居道人)②의 부탁을 받아,

사문(沙門)③인 초의의순(艸衣意洵)④스님이 지었다.

주(註)

① 동다송(東茶頌): 우리나라(東國)에서 생산되는 차(茶)를 송구(頌句)로 예찬한 시(詩)의 문체(文體)이다.

② 해거도인(海居道人): 홍현주(洪顯周)의 호, 자는 세숙(世叔), 호는 해거재(海居齋), 약헌(約軒). 정조(正祖)의 딸인 숙선옹주(淑善翁主)에게 장가들어 영명위(永明尉)가 되었다. 풍산인(豊山人), 영의정(領議政) 낙성(樂性)의 손자이자, 우부승지(右副承旨) 인모(仁謨)의 아들이다. 형 석주(奭周)는 좌의정(左議政)을 지냈다. 순조 15년(1815)에 지돈녕부사(知敦寧府事)가 되었고, 문장에 뛰어났다

③ 사문(沙門): 출가(出家) 수행자(修行者)를 일컫는 말이다. 범어(梵語)로 「śramana」라고 하는데, 한역하여 사문(沙門), 상문(桑門·喪門), 사문(娑門), 사문나(沙門那), 사라마나(舍囉摩拏)라고도 쓰며, 식심(息心), 공로(功勞), 근식(勤息)이라 번역한다. 부지런히 모든 좋은 일(善業)을 닦고, 나쁜 일을 일으키지 않는 이라는 뜻. 외도(外道)나 불교도(佛教徒)를 불문하고, 처자 권속을 버리고 수도 생활을 하는 이를 총칭하는 말이었으나, 후에 불문(佛門)에 출가한 사람만을 가리킴. 비구(比丘)와 같은 뜻으로 쓰인다.

④ 초의의순(艸衣意洵): 조선 말(1786~1866년)의 고승. 한국 차문화(茶文化)의 중흥조이다. 시서화(詩書畫) 삼절(三絶), 해남 대흥사 일지암(一枝庵)에서 열반했다. 동다송(東茶頌), 다신전(茶神傳), 일지암시고(一枝庵詩稿), 일지암문집(一枝庵文集), 선문사변만어(禪門四辨漫語), 초의선과(艸衣禪課) 등의 저서가 있다.

동다송(校訂文)

동다송(東茶頌) 승해거도인명작(承 海居道人 命作)

초의 사문 의순(艸衣 沙門 意洵)

東茶頌(原文)

東茶頌 承 海道人① 命作
艸衣 沙門 意恂②

원문교정(原文校訂)

① 해도인(海道人): 해거도인(海居道人)을 말함. 해거도인은 홍현주 (洪顯周)의 호. 동다송(東茶頌) 다예관본(茶藝館本)이나 석오본(石梧本)에 모두 거(居)자가 생략되고 해도인(海道人)으로 되어 있다. 그러나 해거도인(海居道人)이라고 해야 한다.

② 의순(意恂): 의순은 초의선사(艸衣禪師)의 법명(法名)이다. 의순의 순(恂)자는 두 가지가 있다. 심방변(忄: 恂: 믿을 순)으로 쓰기도 하고 삼수변(氵: 洵: 진실할 순)으로 쓰기도 한다. 그러나 두 글자가 서로 뜻이 통하는 글자이다.

동다송 1

후황(后皇)[①]이 아름다운 나무(차나무)에 귤나무와 같은 덕(德)을 갖게
하였으니,
명(命)을 받아서 옮겨가지 아니하고 남쪽 나라에서만 사는구나.
빽빽한 이파리는 싸락눈과 싸우며 겨우내 푸르르하고,
흰 꽃은 서리에 씻기어 가을 정취를 빛내누나.
고야산(姑射山)[②]에 사는 신선(神仙)의 살결같이 희고 깨끗하며,
염부제(閻浮提)의 단금(檀金)[③] 같은 황금빛으로 꽃술을 맺었구나.

[차나무는 과로(瓜蘆)[④]와 같고, 잎은 치자(梔子)[⑤]와 같고, 꽃은 백장미(白薔薇)[⑥]와 같고, 꽃술은 황금과 같아 가을이면 꽃을 피워 맑은 향기가 은은하더라]

주(註)

---

① 후황(后皇): 황천후토(皇天后土)의 줄인 말. 즉 천지의 신, 만물을 창조하신 조물주를 말한다.
② 고야산(姑射山): 장자(莊子)의 소요유편(逍遙遊篇)에 보면 고야산에 신선이 사는데 살결이 처녀같이 곱고 희다고 하였다.
③ 염부단금(閻浮檀金): 지도론(智度論)에 보면 「염부주(閻浮洲)에 큰 숲이 있고 그 숲 가운데 하천이 있고 그 밑바닥에 사금(沙金)이 있다. 이를 염부단금이라고 한다.」 그 빛깔은 적황색(赤黃色)이다.
④ 과로(瓜蘆): 고로(皐蘆), 과라(過羅), 물라(物羅), 고등(苦薆)이라고도 한다. 우리나라의 고로수와 같은 나무로 차나무와 비슷하다.
⑤ 치자(梔子): 나무이름. 상록수로 잎이 차나무 잎과 비슷하다. 약초로 쓴다.
⑥ 백장미(白薔薇): 꽃나무, 장미과에 속하는 것으로 하얀 꽃이 핀다. 찔레꽃은 차나무 꽃과 비슷하다.

제1송(校訂文)

후황가수배귤덕(后皇嘉樹配橘德) 수명불천생남국(受命不遷生南國)

밀엽투산관동청(密葉鬪霰貫冬青) 소화탁상발추영(素花濯霜發秋榮)

고야선자분기결(姑射仙子粉肌潔) 염부단금방심결(閻浮檀金芳心結)

[다수여과로(茶樹如瓜蘆) 엽여치자(葉如梔子) 화여백장미(花如白薔薇)
심여황금(心如黃金) 당추개화(當秋開花) 청향은연운(淸香隱然云)]

해설(解說)

제1송
제1구: 차나무가 지니고 있는 덕이 귤나무와 같음을 말했으며(君子의 德을 상징)
제2구: 차나무는 따뜻한 남쪽 지방에서만 자라며 옮겨가지 않는 것을 말했으며 (부녀자의 貞節을 상징)
제3구: 차나무는 상록수(常綠樹)로서 겨울철 추운 눈보라에도 굴복하지 않는 지조가 있는 나무이며(선비의 忠節을 상징 歲寒精神)
제4구: 차나무의 꽃은 흰색이며 작은 백장미 같다고 했으며(純潔을 상징)
제5구: 신선의 살결같이 곱고 깨끗하며 아름답다고 했으며
제6구: 꽃술은 노란 황금빛을 띠었으며 염부제 단금천의 황금처럼 좋더라고 하였다.
원문주: 차나무의 생김새를 알기 쉽게 설명하였는데 차나무는 과로와 같고 잎은 치자 잎과 같고 꽃은 백장미와 같고 꽃술은 황금과 같은데 가을이면 꽃이 피어 맑은 향기를 은은하게 풍기더라고 하였다. 제1송의 전체적인 뜻은 차나무가 인간에게 베푸는 덕(德)과, 따뜻한 곳에서만 생장하는 성품과, 상록수가 가지는 지조 있는 품덕과 가을의 영화로움을 한껏 자랑하는 꽃의 소박함과 향기 등 차나무의 생김새를 자세히 묘사하고 있다.

第一頌(原文)

后皇嘉樹配橘德 受命不遷生南國
蜜葉[①]鬪霰貫冬青 素花濯霜發秋榮
姑射仙子粉肌潔 閻浮檀金芳心結

[茶樹如瓜蘆 葉如梔子 花如白薔薇 心黃如金[2] 當秋開花 淸香隱然云]

원문교정(原文校訂)

① 밀엽(蜜葉): 밀(蜜)자가 다예관본에는 꿀 밀(蜜)자로 되어 있고, 석오본에는 빽빽할 밀(密)자로 되어 있다. 여기에서는 빽빽할 밀(密)자로 쓰는 것이 타당하다.

② 심황여금(心黃如金): 황(黃)자와 여(如)자의 순서가 바뀌었다. 그러나 다예관본이나 석오본 모두 심황여금(心黃如金)으로 되어 있다. 바로잡으면 심여황금(心如黃金)이 된다. 이를 해석하면 「꽃술은 황금과 같다」는 뜻이다.

인용문헌(引用文獻)

제1송의 인용문헌은 굴원(屈原)의 초사(楚辭)와 육우(陸羽)의 다경(茶經)인데, 원문은 초사의 귤송(橘頌)을, 원주(原註)는 다경의 일지원(一之源)을 각각 인용하였다.
굴원의 귤송에 보면
「후황가수(后皇嘉樹) 귤래복혜(橘徠服兮)
수명불천(受命不遷) 생남국혜(生南國兮)
심고난도(深固難徒) 경일지혜(更壹志兮)
녹엽소영(綠葉素榮) 분기가희혜(紛其可喜兮)
증지섬극(曾枝剡棘) 환과박혜(圜果博兮)
청황잡유(靑黃雜糅) 문장난혜(文章爛兮)
정색내백(精色內白) 유임도혜(類任道兮)
분온의수(紛縕宜修) 과이불추혜(姱而不醜兮)」라고 되어 있다.
원주문은 다경의 일지원(一之源)중에서 발췌 인용하였는데, 그 원문을 보면
「다자(茶者) 남방지가목야(南方之嘉木也) 일척이척(一尺二尺) 내지수십척(迺至數十尺) 기파산협천(其巴山峽川) 유양인합포자(有兩人合抱者) 벌이철지(伐而掇之) 기수여과로(其樹如瓜蘆) 엽여치자(葉如梔子) 화여백장미(花如白薔薇) 실여병려(實如栟櫚) 체여정향(蔕如丁香) 근여호도(根如胡桃)」라고 되어 있다.

동다송 2

푸른옥(碧玉) 같은 줄기는 맑은 이슬(沆瀣)①로 깨끗하게 씻었고,

새의 혀(禽舌) 같은 이파리는 아침 이슬(朝霞)②을 담뿍 머금었네.

[이태백(李太白)③이 말하기를 형주(荊州) 옥천사(玉泉寺)가 있는 청계산(淸溪山) 일대에는 차나무가 가득 번성하는데, 그 가지와 잎은 푸른 옥(碧玉)과 같다. 옥천사의 스님 진공(眞公)이 항상 이 차를 따다가 마신다.]

주(註)

① 항해(沆瀣): 밤중에 내리는 맑은 이슬 기운이다 굴원(屈原)의 초사(楚辭) 원유(遠游)에 「여섯 가지 기운(六氣)을 먹고 항해를 마시며 정양(正陽)으로 양치질하고 조하(朝霞)를 머금다」라고 하였다. 주(注)에 능양자(陵陽子)의 명경(明經)에 말하기를 「겨울에 항해를 먹는다」라고 하였다. 항해는 북방의 밤중에 내리는 기운이다. 한서(漢書) 사마상여전(司馬相如傳) 상권에 보면 「항해는 물 흐르는 소리」라고 하였다. 여기에서 말하는 항해는 북방의 하늘에서 야밤중에 내리는 이슬 기운을 가리킨다.

② 조하(朝霞): 아침 일찍 맑은 햇볕을 받아서 구름이 아름답게 빛 치는 것을 말함. 아침 안개, 싱그러운 아침 안개를 말함. 항해편 참조.

③ 이태백(李太白: 701~~762년): 이백(李白) 당나라 때 시인. 자는 태백(太白)이요, 호는 청련거사(靑蓮居士), 어려서 아버지를 따라 면주(綿州) 창명(昌明)의 청련향(靑蓮鄕)으로 이사하였다. 지금의 사천성 백양현 부근이다. 도사 오균(吳筠)의 추천으로 한때 한림(翰林)에 머물렀으나 곧 버리고 전국 각지를 유랑하며 시를 지었다. 낙양(洛陽)에서 두보(杜甫)를 만나 깊이 사귀었다. 낭만파 최고의 시인이요, 시선(詩仙)으로 추앙을 받았다.

④ 옥천사(玉泉寺): 호북성 당양현(當陽縣) 서쪽 옥천산(玉泉山)에 있는 절. 산 위는 푸른 숲이 울창하고 사계절 내내 푸르므로 취한산(翠寒山)이라고도 하며, 산에 유굴(乳窟)이 있고 옥천(玉泉)이 그 사이로 교차하여 흐른다. 수(隋)나라 때 천태종의 3조인 지자대사(智者大師)가 와서 산 뒤로는 이름을 옥천이라 하고 산 아래에 옥천사가 있다. 선종(禪宗)의 신수대사(神秀大師)도 일찍이 이 절에서 주석하셨다.

제2송(校訂文)

항해수청벽옥조(沆瀣漱清碧玉條) 조하함윤취금설(朝霞含潤翠禽舌)

[이백운(李白云) 형주옥천사(荊州玉泉寺) 청계제산(淸溪諸山) 유명초라생(有茗艸羅生) 지엽여벽옥(枝葉如碧玉) 옥천진공상채음(玉泉眞公常采飮)]

해설(解說)

제2송

제1구: 차나무의 푸른 줄기는 푸른 옥(碧玉) 같은데 맑은 이슬(沆瀣)로 깨끗하게 씻어 아름답고,

제2구: 푸른 새의 혀(翠禽舌) 같은 차나무 이파리는 아침 안개(朝霞)를 담뿍 머금어 싱그럽다.

원문주: 이태백이 차시의 서문에서 말하기를 형주(荊州: 호북성 江陵縣)의 옥천사가 있는 청계산 일대에는 좋은 차나무가 가득히 번성했는데, 그 가지와 잎이 푸른 옥(碧玉)과 같다. 옥천사의 주지스님인 진공대사는 항상 이 차만을 따서 애음하였다고 한다.

제2송의 전체적인 뜻은 차나무의 줄기와 잎이 벽옥(碧玉)이나 취금설(翠禽舌) 같은데, 줄기는 맑은 이슬(沆瀣)로 몸을 씻었고, 이파리는 아침 안개(朝霞)로 덮여 있다는 말이다.

第二頌(原文)

沆瀣漱①淸碧玉條 朝霞含閏②翠禽舌.
[李白云 荊州玉泉寺 靑③溪諸山 有茗艸羅生 枝葉如碧玉 玉泉眞公常采飮]

원문교정(原文校訂)

① 수(漱): 빨래할 수(漱)자는 다예관본에는 속자(俗字)인 수(漱)로 되어 있고, 석오본에는 본자(本字)인 수(漱)로 되어 있다. 원자인 수(漱)로 교정한다.
② 윤(閏): 윤(閏)자는 윤달 윤(閏)자와 같은 자이다. 다예관본에는 윤달 윤(閏)자로

되어 있고, 석오본에는 윤택할 윤(潤)자로 되어 있다. 이 윤(閏)자는 석오본의 윤택할 윤(潤)자가 맞는 글자이다.

③ 청(靑): 푸를 청(靑)자는 다예관본이나 석오본 모두 푸를 청(靑)자로 되어 있으나, 이백의 시문에는 맑을 청(淸)자로 되어 있다. 맑을 청(淸)자로 바로잡는다.

인용문헌(引用文獻)

제2송의 인용문헌은 조선 선조 13년(1580)에 간행된 「분류보주이태백시권 (分類補註李太白詩卷)」의 오언고시(五言古詩) 중에서 답족질승중부증옥천선인장다 병서(答族姪僧中孚贈玉泉仙人掌茶 幷序)의 시구 중 서문이다.

「여문형주옥천사(余聞荊州玉泉寺) 근청계제산(近淸溪諸山) 산동왕왕유유굴(山洞往往有乳窟) 굴중다옥천교류(窟中多玉泉交流).

기중유백편복대여아 (其中有白蝙蝠大如鴉).

안선경(按仙經) 편복일명선서(蝙蝠一名仙鼠) 천세지후(千歲之後) 체백여설(體白如雪) 서즉도현(棲則倒懸) 개음유수이장생야(蓋飮乳水而長生也) 기수변처처(其水邊處處) 유명초라생(有茗草羅生) 지엽여벽옥(枝葉如碧玉) 유옥천진공(唯玉泉眞公) 상채이음지(常采而飮之) 연팔십여세(年八十餘歲) 안색여도화(顔色如桃花) 이차명청향골숙이어타자(而此茗淸香滑熟異於他者) 소이능환동진고부인수야(所以能還童振枯扶人壽也).

여유금릉(余遊金陵) 견종승중부시여다수십편(見宗僧中孚示余茶數十片) 권연중첩(拳然重疊) 기장여수(其狀如手) 호위선인장다(號爲仙人掌茶) 개신출호옥천지산(蓋新出乎玉泉之山) 광고미적 (曠古未覿) 인지지견유(因持之見遺) 겸증시(兼贈詩) 요여답지(要余答之) 수유차작(遂有此作) 후유고승대은(後有高僧大隱) 지선인장다(知仙人掌茶) 발호중부선자급청련거사이백야(發乎中孚禪子及靑蓮居士李白也).

상문옥천산(嘗聞玉泉山) 산동다유굴(山洞多乳窟)
선서여백아(仙鼠如白鴉) 도현청계월(倒懸淸溪月)
명생차중석(茗生此中石) 옥천유불헐(玉泉流不歇)
근가려방진(根柯麗芳津) 채복윤기골(採服潤肌骨)
총노권녹엽(叢老卷綠葉) 지지상접연(枝枝相接連)
폭성선인장(曝成仙人掌) 사박홍애견(似拍洪厓肩)
거세미견지(擧世未見之) 기명정수전(其名定誰傳)

종영내선백(宗英乃禪伯) 투증유가편(投贈有佳篇)
청경촉무염(淸鏡燭無鹽) 고참서자연(顧慙西子姸)
조좌유여흥(朝坐有餘興) 장음파제천(長吟播諸天).」
「집안 조카 중부선사가 보내 준 옥천 선인장차를 받고 답하다」라는 오언고시 서문 중에서 내용 몇 구절만 빼내 인용하였다.」

동다송 3

천인(天人)이나 신선(神仙)이나 사람이나 귀신이나 모두가 다 애중(愛重)히 여기나니,

너의 타고난 성품 참으로 기절(奇絶)함을 알겠구나.

일찍이 염제(炎帝)①신농(神農)씨가 맛을 보고 식경(食經)②에 기록해 두었네.

[염제 신농씨의 식경에 이르기를 「차를 오랫동안 마시면, 사람이 힘이 생기고 즐거운 뜻을 얻는다」고 하였다.]

주(註)

---

① 염제(炎帝): 삼황(三皇) 오제(五帝) 중의 한 사람으로서 옛날 고대 국가의 제왕이다. 백성을 교화하여 농업을 일으켰으므로 신농씨(神農氏)라고 하며, 또는 불(火)을 사용하는 법을 가르쳤다고 하여 화덕왕(火德王) 또는 염제(炎帝)라고도 한다. 처음에 열산(烈山)에서 일어났기 때문에 열산씨(烈山氏)라고도 하며, 진(陳: 하남성 진주부)에 도읍을 두었다가 나중에 곡부(曲阜: 산동성 곡부현)로 옮겼다. 성은 강(姜)씨이며 사람의 몸에 소의 머리 같은 우상(牛相)을 한 모습이다. 백 가지 풀을 씹어 맛을 보아 약초를 가려내어 약을 만들었으며 이로서 백성의 질병을 치료하니 의약의 신으로 숭배 받기도 했다. 이와 같이 처음으로 방서(方書: 의약서)를 저술하여 백성의 질병을 치료했고 시장을 세우고 화폐를 사용하였다. 삼황이란 수인(燧人), 복희(伏羲), 신농(神農)씨를 말한다. 중국인들은 동이족(東夷族)인 이들의 역사를 전설로 취급하고 있다.

② 식경(食經): 신농씨의 식경은 전해지지 않고 「신농본초경(神農本草經)」 3권만 전한다. 약칭 「본초」 또는 「본초경」이라고 하는데 한(漢)나라 초기에 지어진 「신농본초」가 수서(隋書) 경적지(經籍志)에 실려 있다. 당 고종(高宗)때 이적(李勣) 등이 명을 받아 수찬하고 도홍경(陶弘景)이 주(注)를 달아 「본초경」 7권을 만들고 뒤에 소공(蘇恭)과 장손 무기(長孫無忌) 등이 더 증보하고 주를 붙여 53권을 만들었다. 이것을 「당본초(唐本草)」라고 하며 개원(開元) 년간에 진장기(陳藏器)가 또 「본초습유(本草拾遺)」를 저술했다. 후에 명나라 때 이시진(李時珍)이 저술한 「본초강목(本草綱目)」이 유명하다.

제3송(校訂文)

천선인귀구애중(天仙人鬼俱愛重) 지이위물성기절(知爾爲物誠奇絶)

염제증상재식경(炎帝曾嘗載食經).

[염제식경운(炎帝食經云) 다명구복(茶茗久服) 령인유력열지(令人有力悅志)]

해설(解說)

제3송

제1구: 하늘나라 사람(天人)이나 신선(神仙)이나 사람이나 죽은 귀신이나 할 것 없이 모두가 다 차를 좋아한다고 한다. 그래서 하늘에 제사를 지내거나 조상에게 제사를 지내거나 토지신에게 제사를 지낼 때 모두 차를 올린다.

제2구: 차의 성품이 기이하고 신령스러워 모두가 좋아하게 됨을 알겠다고 하였으며

제3구: 염제 신농씨가 일찍이 차를 먹어보고 그 신효함을 식경에다 기록해 놓았다고 한다.

원문주: 염제 신농씨가 저술한 식경에 보면 차를 오래도록 마시면 사람들로 하여금 즐거운 기분과 힘을 얻게 한다고 하였다.

제3송의 전체적인 뜻은, 차의 타고난 성품이 어질고 덕스러워 하늘나라 사람이나 신선이나 귀신이나 사람이나 모두가 한결같이 차를 좋아하게 되었으며, 염제 신농씨가 이를 증명하여 일찍이 그의 저술인 식경에 차의 효능을 기록하여 놓았다고 한다. 그 효능은 차를 오래도록 장복하면 힘이 솟고 즐거운 기분을 얻게 된다고 하였다.

第三頌(原文)

天仙①人鬼俱愛重 知爾爲物誠奇絶 炎帝曾嘗載食經.

[炎帝食經云 茶茗久服 ②人有力悅③志]

원문교정(原文校訂)

① 선(仙): 신선 선(仙)자는 다예관본에는 선(仙)자로 되어 있고, 석오본에는 선(僊)자로 되어 있다. 선(僊)자는 선(仙)자의 고자(古字)이다.

② 인(人): 사람 인(人)자 앞에, 하여금 령(令)자가 들어가야 한다. 다경(茶經) 7지사(七之事)에 보면, 「염제식경(炎帝食經) 다명구복(茶茗久服) 령인유력열지(令人有力悅志)」라고 되어 있다.

③ 황(恍): 다예관본에는 황홀할 황(恍)자로 되어 있고, 석오본에는 즐거울 열(悅)자로 되어 있는데, 열(悅)자가 맞는 글자이다. 다경에는 열(悅)자로 되어 있다.

인용문헌(引用文獻)

제3송의 인용문헌은 다경의 7지사(七之事)인데, 원문은 초의선사의 저술이고, 원문주는 다경의 구절을 인용하였다.

다경(茶經) 7지사(七之事)에 보면, 「神農食經 茶茗久服 令人有力悅志」라고 되어 있다.

동다송 4

제호(醍醐)[①]나 감로(甘露)[②]는 예부터 그 이름이 전해 오는구나.

[송록(宋錄)[③]에 신안왕(新安王)인 자란(子鸞)[④]과 예장왕(豫章王)인 자상(子尙)[⑤]이 담제도인(曇濟道人)[⑥]을 팔공산(八公山)[⑦]으로 찾아갔다. 도인이 차를 대접하니, 자상(子尙)이 맛을 보고 "이것은 감로(甘露)이다. 어찌 차라고 하시오"라고 하였다. 라대경(羅大經)[⑧]의 약탕시(瀹湯詩)[⑨]에 「솔바람 소리(松風)[⑩]전나무에 빗방울 지는 소리(檜雨)[⑪]일어날 즈음에, 급히 탕관(銅瓶)[⑫]을 죽로(竹爐)[⑬]에서 내려놓았네. 비바람 소리 고요하게 그친 뒤에 끓인 한 잔의 춘설차(春雪茶)는 제호(醍醐)보다도 좋구나」라고 했다.]

주(註)

① 제호(醍醐): 우유(牛乳)의 정액(精液)이다. 열반경(涅槃經) 성행품(聖行品 第七之四)에 보면, 소(牛)에서 우유가 나오고 우유에서 낙(酪)이 나오고, 낙에서 생소(生穌)가 나오고, 생소에서 숙소(熟穌)가 나오고, 숙소에서 제호가 나온다. 제호가 최상이다. 지금의 치즈와 같은 것이다.

② 감로(甘露): 달콤한 이슬로 천하가 태평하면 하늘이 내려주는 상서로운 이슬 기운이다. 미로(美露), 천주(天酒), 고로(膏露), 서로(瑞露), 신장(神漿), 달즉고빈(達卽古賓)이라고도 한다. 이슬이 어리는 모양이 기름 같고 맛은 엿과 같다. 그래서 감고(甘膏), 주장(酒漿)이라고도 하며, 하늘과 땅이 화합하여 내리는 상서로운 것으로, 감로가 내리면 죄수를 사면·석방하고 잔치를 베풀어 하늘의 은택에 감사하곤 했다. 우리나라에서도 세종, 세조 때에 감로가 여러 번 내린 적이 있었다. 세조는 감로가 내리자 죄수를 사면하고 백관의 진하를 받았다.

③ 송록(宋錄): 수(隋)의 경적지(經籍志)에 실려 있는 송략(宋略)과 송춘추(宋春秋)를 가리켜 송록이라고 한다. 신안왕 자란과 예장왕 자상에 대한 기사가 실려 있다.

④ 신안왕(新安王): 신안왕 자란(子鸞)은 남조(南朝) 송(宋)의 효무제(孝武帝: 재위 453~464년)의 여덟째아들이다. 어머니는 은귀비(殷貴妃)이며 자란이 어려서 부왕으로부터 총애

를 받자 이를 미워하여 형(廢帝: 劉子業)이 등극하자 자란에게 죽음을 내렸다. 나이 겨우 10세였다. 후에 형이 폐위되고 숙부 명제(明帝: 재위 465~472년)가 즉위하자 신안왕(新安王)에 봉해졌다. 기념이 되게 신안사(新安寺)를 세우고 고승 법요(法瑤), 도헌(道猷), 담빈(曇斌) 등을 초대하고 담제도인(曇濟道人)을 사주(寺主)로 모셨다.

⑤ 예장왕(豫章王): 예장왕 자상(子尙)의 자는 효사(孝師)이며 효무제의 둘째 아들이다. 어려서 부왕 효무제의 총애를 받다가 자란(신안왕)이 태어나자 부왕의 사랑이 자란에게로 쏠리고 말았다. 폐제가 즉위하자 양주(楊州) 남서주(南徐州)의 도독(都督)이 되었다가 명제(明帝)가 승하하자 후폐제(後廢帝)로부터 죽임을 당했다. 나이가 겨우 16세였다.

⑥ 담제도인(曇濟道人): 하동(河東: 山西人) 사람으로 13세에 출가하여 석승도(釋僧道)의 제자가 되어, 수양(壽陽: 지금의 안휘성 봉대현)의 팔공산(八公山) 동산사(東山寺)에서 수도하였다. 열반경(涅槃經)과 성실론(成實論)을 읽고 심취했으며, 후에 효무제 대명 2년(大明二年: 458년)에 스승과 함께 경도(京都)의 장엄사(莊嚴寺)로 옮겨 살았다. 담빈(曇斌)과 동시대 사람으로서 차의 달인이다.

⑦ 팔공산(八公山): 일명 북산(北山)이라고도 하며 지금의 안휘성 수현(壽縣) 북쪽에 있다. 해발 160미터의 작은 산이지만 남북조시대에는 국경으로 군사 요충지였으며 한(漢)나라 회남왕(淮南王: 劉安)의 묘(廟)가 있다. 회남왕은 회남자(淮南子: 신선술책)의 저자로서 신선술(神仙術)을 좋아하여 항상 여덟 명의 신선들을 초청하여 연단술(鍊丹術)을 닦았다. 팔공(八公)이란 산 이름도 여기에서 유래된 것이다.

⑧ 나대경(羅大經): 남송(南宋) 때의 여릉(廬陵) 사람으로 자는 경륜(景綸)이다. 과거에 입제(入第)하여 용주(容州)의 법조연(法曹椽)이 되었다. 저서로 학림옥로(鶴林玉露)가 있다.

⑨ 약탕시(瀹湯詩): 약탕시라는 시제(詩題)는 초의선사께서 편의상 임의로 붙인 제목이다. 학림옥로 권3에 수록된 시구 중 일부만을 골라 인용한 것이다. 원 시제는 「인보이일시운(因補以一詩云)」이다. 친구 이남금의 시를 보완했다.

⑩ 송풍(松風): 탕관에서 물 끓는 소리가 마치 소나무에 바람 스치는 소리처럼 쏴하고 나는 것을 말한 것이다.

⑪ 회우(檜雨): 물 끓는 소리가 마치 전나무에 빗방울 떨어지는 소리와 같이 나는 것을 말한 것이다.

⑫ 탕관(銅瓶): 구리병은 찻물을 끓이는 탕관을 말한다. 차를 우리는 다관(茶罐)이 아니라 물을 끓이는 그릇이다.

⑬ 죽로(竹爐): 찻물을 끓이는 화로를 말하는데, 화로의 겉을 뜨겁지 않게 대나무로 싸서 만들었다. 대나무를 쪼개서 화로의 겉을 감쌌기 때문에 만져도 뜨겁지가 않다.

제4송(校訂文)

제호감로구전명(醍醐甘露舊傳名).

[송록(宋錄) 신안왕자란(新安王子鸞) 예장왕자상(豫章王子尙) 예담제도인어팔공산(詣曇濟道人於八公山) 도인설다명(道人設茶茗) 자상(子尙) 미지왈(味之曰) 차감로야(此甘露也) 하언다명(何言茶茗). 라대경약탕시(羅大經瀹湯詩) 송풍회우도래초(松風檜雨到來初) 급인동병이죽로(急引銅甁離竹爐) 대득성문구적후(待得聲聞俱寂後) 일구춘설승제호(一甌春雪勝醍醐)]

해설(解說)

제4송

제1구: 맛 좋기로 소문난 제호(醍醐)나 달콤한 이슬 감로(甘露)는 천하에 이름난 기이한 물건이다.

원문주: 남조송(南朝宋)의 역사를 기록한 송록(宋錄)에 보면, 신안왕 자란과 예장왕 자상 형제가 함께 팔공산에 사는 담제도인을 찾아갔더니, 담제도인이 차를 끓여 대접했다. 차를 마셔 본 자상이 말하기를 「이것은 차가 아니라 감로입니다. 어찌 차라고 합니까」라고 말했다. 차가 감로처럼 달콤했기 때문일 것이다.

그리고 라대경이 읊은 시구에 춘설차가 제호보다 좋다고 하였다. 탕관(구리병: 銅甁)을 죽로(竹爐: 대화로)에 올려놓고 솔바람 소리가 나도록 물을 끓여 우려낸 한 잔의 춘설차는 제호와도 비길 바가 아니라는 것이다.

제4송의 전체적인 뜻은 차라고 하는 것은 천하에서 맛있기로 이름난 제호나 감로보다도 더 좋고 달콤하다고 하였다.

第四頌(原文)

醍醐甘露舊傳名.

[王子尙詣雲齋[①]道人 于八公山 道人設茶茗 子尙 味之曰 此甘露也[②]. 羅大經瀹湯詩 松風檜雨到來初 急引銅甁離竹爐 待得聲聞俱寂後 一甌春雪勝醍醐]

원문교정(原文校訂)

① 운재(雲齋): 운(雲)자는 담(曇)자로 재(齋)자는 제(濟)자로 고쳐야 한다. 다예관본에는 운(雲)자로 되어 있고, 석오본에는 담(曇)자로 되어 있는데, 예장왕(豫章王) 자상(子尙)이 찾아간 사람은 담제도인(曇濟道人)이다.

② 예장왕 자상(子尙): 예장왕 자상에 대한 기록은 생략된 부분이 많다. 전문(全文)은 다경(茶經) 7지사(七之事)에 보면, 「송록(宋錄) 신안왕자란(新安王子鸞) 예장왕자상(豫章王子尙) 예담제도인어팔공산(詣曇濟道人於八公山) 도인설다명(道人設茶茗) 자상미지왈(子尙味之曰) 차감로야(此甘露也) 하언다명(何言茶茗)」이라고 했다.

인용문헌(引用文獻)

제4송의 원문은 창작된 송구이고 그 뜻을 보충한 원문주는 다경과 학림옥로에서 인용하였는데, 다경 7지사(七之事)에 보면,
「송록(宋錄) 신안왕자란(新安王子鸞) 예장왕자상(豫章王子尙) 예담제도인어팔공산(詣曇濟道人於八公山) 도인설다명(道人設茶茗) 자상미지왈(子尙味之曰) 차감로야(此甘露也) 하언다명(何言茶茗)」이라고 되어 있고, 학림옥로 권3에 보면 「여동년이남금운(余同年李南金云) 다경이어목용천연주위자수지절(茶經以魚目湧泉連珠爲煮水之節)…… 인보이일시운(因補以一詩云) 송풍회우도래초(松風檜雨到來初) 급인동병이죽로(急引銅甁離竹爐) 대득성문구적후(待得聲聞俱寂後) 일구춘설승제호(一甌春雪勝醍醐)」라고 되어 있다.

동다송 5

술을 깨워주고 잠을 적게 한다는 것은 주나라 성인(周聖)①이 증명했네.

[이아(爾雅)②에 가(檟)는 쓴 차(苦茶)라고 하였고, 광아(廣雅)③에는 형주(荊州)④와 파주(巴州)⑤에서 찻잎을 채취해서 마시니 술을 깨워주고(醒酒), 사람으로 하여금 잠을 적게(少眠)⑥하더라고 하였다]

주(註)

① 주성(周聖): 주나라 성인, 즉 주공을 말한다. 성은 희(姬)요. 이름은 단(旦)이다. 주 무왕의 아우로, 형의 아들인 성왕(成王)이 어린 나이에 등극하자 주공이 섭정을 하였다. 관제(官制)를 정하고 예악제도(禮樂制度)를 창제하였으며 주나라의 문물을 완비하였다. 공자(孔子)는 꿈속에서라도 주공을 보기를 간절히 바랐다.

② 이아(爾雅): 책 이름, 13경(十三經)의 하나로, 누가 지은 것인지 알 수 없으나 내용으로 보아서 한나라 때 학자가 지은 것이 틀림없다. 일설에는 주공이 지은 이아를 공자가 증보한 것이라는 설도 있다. 이(爾)는 가깝다(近)는 뜻이고 아(雅)는 바르다(正)는 뜻으로, 가까이 많이 쓰이는 말을 바로잡는다는 뜻에서 이름을 붙인 것이다. 천문지리의 이름, 음악기재의 이름, 초목조수의 이름에 이르기까지 고금의 문자를 설명한 것인데, 제자(諸子) 잡서(雜書) 중에서 인용한 것도 많으나 경서 특히 시경(詩經)에 관한 문자를 설명한 글이 많으므로 경서 중에 넣었다. 진(晉)나라의 곽박(郭璞)이 주(註)를 달고 송(宋)나라 형병(邢昺)의 소이아주소십일권(疏爾雅注疏十一卷)이 이것이다.

③ 광아(廣雅): 책 이름. 삼국시대 위(魏)나라 장읍(張揖)이 찬술함. 장읍이 이아가 취하지 못한 삼창(三倉), 방언(方言), 설문(說文)과, 한나라 학자들의 제경전주(諸經箋注)의 어휘를 모아 한 권의 책을 만듦. 이아를 널리 증보했다고 하여 광아라고 함. 상·중·하 3권으로 총1만8천1백5십자를 수록했다. 당나라 이후에 10권으로 나눔. 청나라 왕념손(王念孫)의 광아소증(廣雅疏證)이 있다.

④ 형주(荊州): 주 이름. 옛 9주 중의 하나로서 형양(衡陽)을 형주라고 함. 한무제 때 13자사를 두었다. 현재의 호북·호남 두개 성과 하남·귀주·광동·광서의 일부를 포함하고 있다.

⑤ 파주(巴州): 주 이름. 본래 한나라 파군(巴郡)의 탕거현(宕渠縣)이다. 북위 연창3년에 파

주(巴州)로 설치했는데, 수나라 때 청화군(淸化郡), 당나라 때 다시 파주로 고치고 명·청나라 때는 보령부(保寧府)로 민국 2년에 파중현(巴中縣)으로 고쳐서 사천성(四川省)에 소속시켰다.

⑥ 소면(少眠): 다경에는 불면(不眠)으로 다릉도경(茶陵圖經)에는 소면(少眠)으로 되어 있다. 초의선사는 다경이 인용한 다릉도경의 소면(少眠)을 인용하였다. 차를 마시면 잠을 못 자게 하는 것이 아니라 덜 자게 한다는 것이다.

제5송(校訂文)

해정소면증주성(解醒少眠證周聖).

[이아가고다(爾雅檟苦茶) 광아형파간(廣雅荊巴間) 채엽기음성주(采葉其飮醒酒) 영인소면(令人少眠)]

해설(解說)

제5송

제1구: 차를 마시면 술을 깨게 하고 잠을 적게 한다고 했는데 이는 이미 주나라 성인 주공(周公)이 증명한 바이다.

원문주: 이아라는 책에 보면, 「가(檟) 나무는 쓴차(苦茶)이다」라고 하였고 광아라는 책에 보면, 형주와 파주에서 나는 찻잎을 채취해서 마시면 술을 깨게 하고 사람으로 하여금 잠을 고르고 적게 한다고 하였다.

제5송의 전체적인 뜻은, 차를 마시면 술을 깨게 하는 효능과 잠을 고르고 적게 하는 효능이 있는데 특히 중국 형주와 파주에서 나는 차에 효과가 더 있더라고 하였다.

第五頌(原文)

解①醒少眠證周聖.

[爾雅檟苦茶 廣雅荊巴間 采葉其飮醒酒 令人少眠]

원문교정(原文校訂)

① 해(觧): 다예관본에는 해(觧)자로 되어 있고, 석오본에는 해(解) 자로 되어 있다. 해(觧)자는 해(解)자의 속자(俗字)이다.

인용문헌(引用文獻)

다경의 7지사(七之事)에서 인용하였는데, 원문은 다음과 같다.

「周公爾雅 檟 苦荼 廣雅云 荊巴間 採葉作餅 葉老者餅成以米膏出之 欲煮茗飮 先炙令赤色 搗末置瓷器中 以湯澆覆之 用葱薑橘子芼之 其飮醒酒 令人不眠」

이 대목은 북송(北宋)의 태평어람(太平御覽) 권867 명(茗)조에도 실려 있는데, 현존하는 광아(廣雅)에는 이 기록이 실려 있지 않다.

동다송 6

제(齊)나라 안영(晏嬰)①은 껍질 벗긴 조밥과 차나물을 먹었다고 들었네.

[안자춘추(晏子春秋)②에 제나라의 경공(景公)③ 때에 재상을 지낸 안영이 껍질 벗긴 조밥과 구운 고기(새) 세 꼬치와 다섯 개의 알과 차나물을 먹었다고 하였다]

주(註)

① 안영(晏嬰): 안영(BC?~BC500)은 춘추전국시대 제나라의 대부(大夫) 약(弱)의 아들. 자는 평중(平仲)이며 시호도 평중(平仲)이라고 하고, 현재 산동성 래(萊: 高密縣 주변)지방에서 태어났다. 제나라의 영공(靈公: BC581~552)과, 장공(莊公: BC553~548)을 섬기다가 경공(景公: BC547~490)때에 재상(宰相)이 되었다. 평상시 검소한 생활을 하였으며 덧옷(狐裘) 한 벌을 30년이나 입었다고 한다. 그의 전기는 사기(史記: 卷62 列傳)에 실려 있다 한다.

② 안자춘추(晏子春秋): 책 이름, 제나라 때 안영이 편찬한 책으로 옛 이름은 춘추(春秋), 한서 예문지에서는 안자(晏子)라고 했고, 사기(史記)나 수서(隋書)에서는 안자춘추라고 함. 내외편(內外篇) 합쳐서 전 8권인데 215장(章)으로 이루어졌다. 1972년에 산동성 임기현(臨沂縣) 은작산(銀雀山)의 서한묘(西漢墓)에서 출토한 안자(晏子) 목간(木簡) 일부가 있는데, 지금의 안자춘추의 장절(章節)과 똑 같다.

③ 경공(景公): 제나라의 국왕으로 장공(莊公)의 뒤를 이었다. 장공의 배다른 동생으로서 중신 최저(崔杼)가 장공을 살해하고 저구(杵臼)를 옹립하니 이가 곧 경공이다. 경공(BC547~490)은 대단히 사치스럽고 용렬한 사람이었다. 안자는 이를 보필하여 검약함을 몸소 실천하였고, 간쟁(諫諍)을 많이 하였는데, 훗날 안자춘추에 이 간언들이 수록되었다.

제6송(校訂文)

탈속반채문제영(脫粟伴菜聞齊嬰).

[안자춘추(晏子春秋) 영상제경공시(嬰相齊景公時) 식탈속(지)반(食脫粟(之)飯) 구삼과(灸三戈) 오란(五卵) 명채이이(茗菜而已)]

해설(解說)

제6송

제1구: 제나라 때 안영은 껍질 벗긴 조밥과 차나물을 먹었다고 들었다.

원문주: 안자춘추라는 책을 보면 제나라 경공 때에 재상을 지낸 안자가 평상시 껍질 벗긴 조밥에 구운 고기 세 꼬치(구운 새고기 세 마리)와 알 다섯 개와 차나물을 먹었다고 한다.

제5송의 전체적인 뜻은 제나라 경공 때 재상 벼슬을 지낸 안자라는 이가 매일 조밥에 구운 (새)고기 세 꼬치와 알 다섯 개와 차나물을 먹었다고 하는데, 이것은 참 좋은 음식이다. 담백하고 칼로리가 많은 음식으로 식생활 개선이라는 차원에서도 좋은 식단이다. 차나물은 특히 밥맛을 돋우고 소화를 촉진시키며 머리를 맑게 해준다. 안자의 검소한 식생활의 일면을 볼 수 있다.

第六頌(原文)

脫粟伴菜聞齊嬰.

[晏子春秋 嬰相齊景公時 食脫粟①飯 灸三戈② 五卵③ 茗菜④而已]

원문교정(原文校訂)

① 식탈속반(食脫粟飯): 다예관본이나 석오본에는 다같이 식탈속반이라고 되어 있으나, 원문을 인용한 다경에는 식탈속지반(食脫粟之飯)이라고 되어 있다. 갈 지(之)자가 생략되어 있다. 갈 지(之)자는 첨가해도 되고 생략해도 무방하다. 초의선사는 이를 생략하였다.

② 구삼과(灸三戈): 다예관본이나 석오본에 다 같이 창 과(戈)자로 되어 있으나 다예

관본에는 후세 사람이 창 과(戈)자를 주살 익(弋)자로 고쳐 놓았다. 창 과(戈)자로 쓰면 구운 고기 세꼬치(炙三戈)가 되고, 주살 익(弋)자로 쓰면 구운 세 마리 새고기(炙三弋)란 뜻이 된다. 그러나 현존하는 다경 원본에는 모두 창 과(戈)자로 되어 있다.

③ 오란(五卵): 다예관본이나 석오본 모두 알 란(卵)자에 한 점(·)이 빠진 글자(卵)로 되어 있다. 다경 원문 중 가장 오래된 송(宋: 左圭) 백천학해본(百川學海本)에는 토끼 묘(卯)자로, 명(明: 吳旦) 가정본(嘉靖本)에는 「卵」자로, 명(明: 湯顯祖) 옥명당본(玉茗堂本)에는 「卵」자로, 청(淸: 吳其濬) 식물명실도고장편본(植物名實圖考長編本)에는 (卯)자로, 민국(民國: 張宗祥) 설부본(說郛本)에는 (卯)자로 되어 있다. 그러나 사고전서(四庫全書)에는 알 란(卵)자로 되어 있는데 알 란(卵)자로 쓰는 것이 타당하다.

④ 명채(茗菜): 다예관본이나 석오본 모두 명채(茗菜)의 나물 채(菜)자로 되어 있다. 그러나 다경 원본인 백천학해본이나, 가정간본이나, 옥명당본에는 쑥 래(萊)자로 되어 있고, 식물명실도고장편본이나 설부본이나 사고전서에는 나물 채(菜)로 되어 있다. 나물 채(菜)자를 취하면 차나물(茗菜)이라는 뜻이 되고 쑥 래(萊)자를 취하면 차(茗)와 쑥(萊)이라는 뜻이 된다. 여기에는 초의선사 원본에 있는 나물 채(菜)자를 쓰기로 한다.

인용문헌(引用文獻)

다경의 7지사(七之事)에서 인용하였는데 원문은 다음과 같다.

「晏子春秋 嬰相齊景公時 食脫粟之飯 炙三戈五卯(卵) 茗菜(萊)而已」

현존하는 다경은 5개본이 전하는데, 송(宋: 左圭)의 백천학해본과, 명(明: 吳旦) 가정본과, 명(明: 湯顯祖) 옥명당본과, 청(淸: 吳其濬) 식물명실도고장편본과 민국(民國: 張宗祥) 설부본이 그것이다. 이 외로 사고전서(四庫全書)에도 실려 있다.

동다송 7

우홍(虞洪)①은 간소한 제물로 단구자(丹邱子)②에게 차를 빌었고,

모선(毛仙)③은 차나무를 보여주며 진정(秦精)④을 이끌었네.

[신이기(神異記)⑤에 여요(餘姚)⑥사람 우홍(虞洪)이 산에 들어가 차를 따다가 우연히 한 도사(道士)를 만났다. 그 도사는 세 마리의 검은 소(靑牛)⑦를 이끌고 있었는데, 우홍을 인도하여 폭포산에 이르러 말하기를 「나는 단구자(丹邱子)라고 하네. 듣자하니 그대가 차를 좋아한다고 하여 한번 만나보고 싶었네. 저 혜산(惠山)⑧중에는 큰 차나무가 있으니, 가히 만족할 것이오. 그러니 훗날 제사를 드리고 그릇에 남는 것이 있으며 (나에게)남겨주길 바라오」하였다. 그로 인하여 제사를 지낸 뒤에 언제나 가족들을 산에 들여보내 큰 차나무(大茗)를 얻게 되었다고 한다.

속수신기(續搜神記)⑨에 진무제(晉武帝)때에 선성(宣城)⑩사람 진정(秦精)이 항상 무창산(武昌山⑪)에 들어가 차를 따는데, 우연히 키가 10척이나 되는 한 털보(毛人)을 만났다. 진정을 인도하여 산 아래에 이르러 차나무(藂茗)를 보여 주고 가더니, 다시 돌아와서 품속을 뒤져 귤을 꺼내 주었다. 진정은 두려워서 차를 짊어지고 얼른 돌아왔다.]

주(註)

---

① 우홍(虞洪): 사람 이름. 생몰연대는 알 수가 없으며 신이기에 그의 일화가 소개되어 있다. 절강성 여요현 사람.

② 단구자(丹邱子): 신선(神仙)이름. 단구(丹丘)는 신화 속에 나오는 신선이 사는 땅. 밤낮없이 밝고 죽음이 없는 곳이다. 굴원(屈原)의 원유(遠遊)편에 「잉우인어단구혜(仍羽人於丹丘兮) 유불사지구향(留不死之舊鄕)」이라고 되어 있다.

③ 모선(毛仙): 털보신선. 무창산에서 선성사람 진정이 만난 신선. 키가 10자나 된다.

④ 진정(秦精): 사람 이름. 진 무제(武帝)때 선성(宣城)에 살던 사람.

⑤ 신이기(神異記): 한(漢)나라 때 설화책 이름이다. 전한(前漢)의 무제(武帝) 때 동방삭(東

方朔)이 지었다고도 하는데, 동방삭이 지은 신이경(神異經)은 전하지만 신이기는 전하지 않는다. 신이경을 신이기라고도 하는데, 신이경은 진(晉)나라 때 장화(張華)가 주(注)를 단 책 1권이 지금 전한다. 혹자는 육조(六朝)시대 문사들이 지은 것이라고도 하지만 확실치 않다. 사고전서(四庫全書) 제요(提要)27 자부(子部)소설가류 3에 신이경 1권이 수록되어 있다.

⑥ 여요(餘姚): 현 이름. 절강성 소흥현(紹興縣) 동북쪽에 있다. 남북으로 둘로 나누어져 있는데 강을 사이에 두고 마주 보고 있다. 가운데 돌다리가 있고 그 밑으로 큰 배들이 왕래하는데 절강성 동쪽의 제일교(第一橋)라고 한다. 명나라 왕양명(王陽明), 황종희(黃宗羲), 주순수(朱舜水)의 탄생지이다. 이곳에 옛날 순제(舜帝)의 자손들이 살고 있는데 순임금의 성이 요(姚)씨이다. 진나라 때 여요현으로 회계군(會稽郡)에 소속되었다.

⑦ 청우(青牛): 도가(道家)의 신선이 타고 다니는 소. 검은 색 털의 소를 말함. 함곡관 수령인 윤희(尹喜)가 부하에게 만약 어떤 노인이 청우차(青牛車)를 타고 오거든 정중히 관에 모시라 하였다. 희는 말하기를 〈내가 평상시 존경하는 도인께서 오셨다.〉하고 맞아들여 차를 대접하고 가르침을 받았는데, 이때 받은 것이 도덕경(道德經)이다. 노자가 타고 서쪽으로 간 소가 청우이다.

⑧ 혜산(惠山): 강소성(江蘇省)에 있는 산 이름. 구룡산(九龍山),관용산(冠龍山)이라고도 하며 산 꼭대기에 아홉 봉우리가 있고 밑에 아홉 골짜기가 있는데, 그곳에 혜산사(惠山寺)가 있다. 이곳의 샘물이 제2의 명천(名泉)이라고 한다. (전다수기: 장우신).

⑨ 속수신기(續搜神記): 수신기의 속편인데, 수신기는 동진사람 간보(干寶)가 지은 20권이 있다. 원본은 전하지 않고 법원주림(法苑珠林)이나 태평어람이나 예문유취 등 서적에 함께 들어 있다. 육조시대 민간 전설인데 영통한 일들이 기록되어 있다. 돈황(敦煌)에서 발견된 수신기는 오대(五代) 때 구도홍(句道興)이 지었는데 간보의 수신기 내용이 포함되어 있다. 또 후에 도잠(陶潛)이 수신후기(搜神後記) 10권을 지었다.

⑩ 진무제(晉武帝): 서진(西晉)을 개국한 제왕(서기 236-290년)으로 이름은 염(炎)이고, 자는 안세(安世) 성은 사마(司馬)이다. 사마소(司馬昭)의 아들로서 위(魏)나라 말, 정권을 잡아 진왕(晉王)을 계승하였다. 후에 낙양에 도읍하고 제(帝)라 칭호를 바꾸었다.

⑪ 선성(宣城): 안휘성(安徽省) 남릉현(南陵縣)의 동쪽 40리 거리에 있다. 옛날부터 이름난 차 산지이다. 송나라 때 아산차(雅山茶)라는 유명한 차가 생산되었다.

⑫ 무창산(武昌山): 호북성(湖北省) 악성현(鄂城縣)남쪽 190리에 있는 산이다. 이곳 지형지세가 군사 요충지로서 사방으로 통하고 강을 끼고 있어 유리하므로, 오나라 손권이 도읍을 정하고 무력으로 창성하라는 뜻으로 무창(武昌)이라 하였다. 지금은 무창현이라고 하며 현 남쪽에 무창산이 있다.

제7송(校訂文)

우홍천희걸단구(虞洪薦犧乞丹邱) 모선시총인진정(毛仙示藂引秦精).

[신이기(神異記) 여요인우홍(餘姚人虞洪) 입산채명(入山採茗) 우일도사(遇一道士) 견삼청우(牽三青牛) 인홍지폭포산왈(引洪至瀑布山曰) 여단구자야(予丹丘子也) 문자선구음(聞子善具飮) 상사견혜산중유대명(常思見惠山中有大茗) 가이상급(可以相給) 기자타일유구희지여(祈子他日有甌犧之餘) 걸상유야(乞相遺也) 인립전사(因立奠祀) 후상령가인입산(後常令家人入山) 획대명언(獲大茗焉). 속수신기(續搜神記) 진무제(晉武帝), 선성인진정(宣城人秦精), 상입무창산채명(常入武昌山採茗), 우일모인장장여(遇一毛人長丈餘), 인정지산하(引精至山下), 시이총(示以藂) 명이거(茗而去) 아이부환(俄而復還) 내탐회중귤이유정(乃探懷中橘以遺精) 정포부명이귀(精怖負茗而歸)]

해설(解說)

제7송

제1구: 절강성 여요현 사람 우홍은 단구자 (신선)에게 안내 받아 폭포산에 가서 제사를 지내고 좋은 차를 얻었고,

제2구: 진나라 때 선성에 사는 진정이란 사람은 털보신선을 만나 무창산에서 좋은 차를 따게 되었다.

원문주: 신이기라는 책에 보면 우홍이란 사람이 차를 따다가 단구자라는 신선을 만났는데, 단구자가 우홍을 인도하여 폭포산에 이르러 하는 말이, 혜산(惠山)에는 큰 차나무(大茗)가 있는데 그대가 만족할 것이다. 훗날 간소한 제물을 준비하여 제사 지내고 차를 따면 될 것이네 하기에 우홍은 제사를 지내고 집사람을 보내서 언제나 차를 따왔다. 그리고 속수신기라는 책에 보면, 진나라 무제 때에 선성에 사는 진정이란 사람은 항상 무창산에 들어가 차를 따는데 하루는 털이 많이 난 신선을 만났다. 이 신선이 산 아래에 있는 좋은 차나무를 가르쳐 주었다. 그 뒤로 진정은 좋은 차를 많이 딸 수 있었다고 하였다.

제7송의 전체적인 뜻은 사람이 차를 좋아하면 신선의 도움도 받을 수 있고 신선도 차를 좋아하여, 차 좋아하는 사람에게 좋은 차를 알려 주어 딸 수 있도록 해 준다는 내용이다. 우홍이나 진정은 둘 다 신선의 도움으로 좋은 차를 얻은 사람들이다.

第七頌(原文)

虞洪薦饘[①]乞丹邱[②] 毛仙示蔾[③]引秦精

[神異記 餘姚[④]虞洪 入山采[⑤]茗 遇一道士 牽三靑牛 引洪至布瀑[⑥]山曰 予丹邱[⑦]子也 聞子 善具飮 常思惠見[⑧] 山中有大茗 可[⑨]相給 祈子他日有甌饘[⑩]之餘 乞相遺也 因[⑪]奠祀後 入山常獲大茗[⑫]. 宣[⑬]城人秦精[⑭]入武昌山中採茗 遇一毛人 長丈餘 引精至山下 示以蔾[⑮]茗而去 俄而復還 乃探懷中橘以遺精 精怖負茗而皈.]

원문교정(原文校訂)

① 회(饘): 다예관본에는 먹일 회(饘)자로 되어 있고 석오본에는 희생 희(犧)자로 되어 있다. 인용문헌인 다경의 신이기(神異記)에는 희생 희(犧)자로 나와 있다. 먹일 회(饘)자를 희생 희(犧)자로 바로잡는다.

② 단구(丹邱): 단구자(丹邱子)라는 신선·단구의 구(邱)자가 다경에는 언덕 구(丘)자로 나와 있다. 그러나 청식물명실도고장편본(淸植物名實圖考長編本) 다경에는 구(邱)자로 나와 있다. 두 가지 다 사용한다. 원본을 따라 구(丘)자로 바꾼다.

③ 구(蔾): 갖옷 구(裘)자와 흡사한 글자로서 다예관본이나 석오본에 모두 구(蔾)자로 나와 있다. 가장 오래된 다경 송(宋) 백천학해본에는 떨기나무 총(藂)자로 되어 있고, 명(明) 가정본이나 명(明) 옥명당본 다경에는 구(蔾)자로 되어 있고, 청(淸) 식물명실도고장편본에는 떨기 총(叢)자로 되어 있고, 설부본 다경에는 떨기나무 총(藂) 자로 되어 있다. 초의선사께서는 명나라 때 다경본을 인용하셨던 것 같다. 여기에서는 송나라 때 백천학해본을 따라 떨기나무 총(藂)자로 바로잡는다.

④ 여요(餘姚): 다경의 원문에는 여요인우홍(餘姚人虞洪)으로 되어 있다. 사람 인(人)자가 누락되어 있다.

⑤ 채명(采茗): 채(采)자가 다예관본이나 석오본 모두 캘 채(采)자로 되어 있고, 다경에는 딸 채(採)자로 되어 있다. 찻잎은 캐는 것이 아니라 따는 것이기 때문에 원문대로 딸 채(採)자로 바로잡는다.

⑥ 포폭산(布瀑山): 다예관본에는 포폭산(布瀑山)으로 되어 있지만, 석오본에는 폭포산(瀑布山)으로 되어 있다. 다경에도 폭포산으로 되어 있다. 글자의 순서가 바뀌었다. 폭포산(瀑布山)으로 바로잡는다.

⑦ 단구자(丹邱子): 단구자의 구(邱)자를 언덕 구(丘)자로도 사용한다. 다경에는 언덕 구(丘)자로 나와 있다.

⑧ 상사혜견(常思惠見): 다예관본에는 상사혜견(常思惠見)으로 되어 있고, 석오본에는 상사견혜(常思見惠)로 되어 있다. 은혜 혜(惠)자와 볼 견(見)자의 순서가 바뀌었다. 다경에는 상사견혜(常思見惠)로 되어 있다. 상사견혜로 바로잡는다.

⑨ 가상급(可相給): 다예관본이나 석오본 모두 가상급(可相給)으로 되어 있지만 다경에는 가이상급(可以相給)으로 되어 있다. 써 이(以)자가 누락되어 있다. 이(以)자를 채워 넣는다.

⑩ 희(餼): 주 ①과 같이 희생 희(犧)자로 바로잡는다.

⑪ 인전사(因奠祀): 다예관본이나 석오본에는 모두 인전사(因奠祀)로 되어 있지만 다경에는 인립전사(因立奠祀) 로 되어 있다. 설 립(立)자가 누락되어 있다.

⑫ 입산상획대명(入山常獲大茗): 다예관본이나 석오본에는 모두 입산상획대명(入山常獲大茗)으로 되어 있지만, 다경에는 상령가인입산 획대명언(常令家人入山 獲大茗焉)이라고 되어 있다.

⑬ 선성인진정(宣城人秦精): 다예관본이나 석오본에는 모두 선성인진정으로 되어 있으나 다경의 원문을 보면 진정의 일화는 속수신기(續搜神記)에 실려 있는 기사로서 「속수신기 진무제(續搜神記 晉武帝)」라는 7자가 누락되어 있다.

⑭ 입무창산중채명(入武昌山中採茗): 다예관본이나 석오본 모두 위와 같이 되어 있으나, 다경의 원문에는 상입무창산채명(常入武昌山採茗)이라고 되어 있어, 들 입(入)자 앞에 상(常)자가 들어 있고 메 산(山)자 뒤에 중(中)자가 없다. 원문을 따라 상입무창산채명으로 고친다.

⑮ 구(蔞): ③번과 같이 떨기나무총(藂)자로 바로잡는다.

⑯ 정희부명이귀(精悕負茗而皈): 다예관본에는 생각할희(悕)자와 돌아갈귀(皈)자의 약자로 되어 있고, 석오본에는 두려울포(怖)자와 돌아갈귀(歸)자의 정자로 되어 있다. 육우의 다경에도 두려울포(怖)자와 돌아갈귀(歸)자로 되어 있다. 두려울포(怖)자와 돌아갈귀(歸)자로 바로잡는다.

인용문헌(引用文獻)

다경의 7지사(七之事)에 실려 있는 일화를 인용하였는데, 원문은 다음과 같다.
「神異記 餘姚人虞洪 入山採茗 遇一道士 牽三靑牛 引洪至瀑布山曰予丹邱子也 聞子善具飮 常思見惠山中有大茗 可以相給 祈子他日有甌犧之餘 乞相遺也 因立奠祀 後常令家人入山 獲大茗焉.」

「續搜神記 晉武帝 宣城人秦精 常入武昌山採茗 遇一毛人長丈餘 引精 至山下 示以藂 茗而去 俄而復還 乃探懷中橘以遺精 精怖負茗而歸」

이상의 원문이 실려 있는 다경은 5본이 전하는데, 다른 부분은 모두 같으나, 속수신기에 떨기나무 총(藂)자로 되어 있는 것도 있고, 갖옷 구(裘)자로 되어 있는 것도 있다. 속수신기나 신이기의 원본이 전하지 않고, 다경이나 사고전서 등에 내용만 전해지고 있다. 그 내용을 여기에 옮긴 것이다. 또 사고전서본에는 신이기의 내용 일부가 다경과 다르게 되어 있다. 다경에는 인립전사(因立奠祀)로 나와 있는데, 사고전서본에는 홍인설전사지후(洪因設奠祀之後)로 되어 있다.

동다송 8

땅속에 묻힌 귀신도 만전(萬錢)으로 사례하기를 아끼지 않았네.

[이원(異苑)①에 보면 섬현(剡縣)② 진무(陳務)의 아내가 젊어서 과부가 되어 두 아들과 함께 살고 있었는데, 차 마시기를 좋아하였다. 집안에 옛 무덤이 있는데, 매일 차를 마실 때마다 먼저 무덤에 제사를 드렸다. 두 아들이 근심스레 말하기를 「옛 무덤이 어찌 수고하는 뜻을 알겠습니까」하고는 무덤을 파헤치려고 하였다. 어머니가 간신히 만류하여 그쳤는데, 그날 밤 꿈에 한 사람이 나와서 말하기를 「내가 이곳 무덤에 묻힌 지가 삼백여 년인데, 부인의 두 아드님이 항상 파헤치려고 했습니다. 그때마다 부인의 보호로 무사하였고, 또 좋은 차까지 대접해 주셨으니, 비록 땅속에 묻혀 썩은 뼈골일지라도 어찌 예상(翳桑)의 보은(報恩)③을 잊겠습니까」하였다. 새벽이 되어 뜰 가운데에서 돈 십만 냥을 얻었다]

주(註)

① 이원(異苑): 남송(南宋) 때 유경숙(劉敬叔)이 지은 요괴담 10권. 이원은 진체비서(津逮秘書)의 제11집에 수록되어 있다. 유경숙은 송 문제(宋文帝) 원가3년(元嘉三年: 426년)에 급사황문랑(給事黃門郎)을 지냈다.

② 섬현(剡縣): 지금의 절강성(浙江省) 승현(嵊縣) 남쪽에 있으며 조아강(曹娥江)의 상류인 섬계(剡溪)가 있다. 이 계곡에서 만든 종이의 빛깔이 눈같이 희다. 예로부터 이름난 종이로 섬등(剡藤), 죽이(竹二)가 있다.

③ 예상지보(翳桑之報): 예상(뽕나무 밭)에서 굶어 죽게 된 사람이 받은 은혜를 보답하였다는 고사. 춘추좌전(春秋左傳)에 보면, 진(晋)나라의 대부(大夫)인 조돈(趙盾)이 수산에서 훈련을 마치고 돌아오다가 예상에서 굶어 죽게 된 영첩(靈輒)을 보고 먹을 것을 주어 살려 주었다. 그 뒤 영첩은 영공(靈公)의 경호관이 되었는데, 어느 날 영공으로부터 조돈을 살해하라는 하명을 받고 나가 보니, 옛날 예상에서 자기를 구해 준 은인이었다. 그래서 영첩은 동료를 찌르고 조돈을 구해 주었다. 조돈이 그 이유를 묻자 영첩은 「제가 예상에서 굶주려 죽을 뻔한 사람입니다」라고 말했다.

제8송(校訂文)

잠양부석사만전(潛壤不惜謝萬錢).

[이원(異苑) 섬현(剡縣) 진무처(陳務妻) 소과여이자동거(少寡與二子同居) 호음다명(好飮茶茗) 이택중유고총(以宅中有古塚) 매음첩선제사지(每飮輒先祭(祀)之) 이자환지왈(二子患之曰) 고총하지도이로의(古塚何知徒以勞意) 욕굴거지(欲掘去之) 모고금이지(母苦禁而止) 기야몽일인운(其夜夢一人云) 오지차총삼백여년(吾止此塚三百餘年) 경이자상항욕견훼(卿二子常(恒)欲見毁) 뢰상보호(賴相保護) 우향오가명(又享吾佳茗) 수잠양후골(雖潛壤朽骨) 기망예상지보(豈忘翳桑之報) 급효어정중(及曉於庭中) 획전십만(獲錢十萬)]

해설(解說)

제8송

제1구: 땅속에 묻힌 귀신도 차를 얻어 마신 은혜를 십만 냥의 돈으로 갚았다고 한다.

원문주: 이원이라는 책을 보면, 절강성 섬현에 살던 진무(陳務)의 아내가 젊어서 과부가 되어 두 아들과 함께 살았는데, 차 마시기를 매우 좋아 하였다. 집 안에 옛 무덤이 있는데 매일 차를 마실 때마다 먼저 무덤에 차로써 제사를 드렸다. 두 아들이 이것을 보고 「어찌 옛 무덤이 어머님의 수고로움을 알겠습니까」하고는 무덤을 파헤치려고 하였다. 어머니가 간신히 만류하여 그만두었는데, 그날 밤 꿈에 한 사람이 나타나서 하는 말이 「내가 이곳 무덤에 묻힌 지가 삼백여 년인데 부인의 두 아드님이 항상 파헤치려고 하는 것을 그때마다 부인의 보호로 무사하였으며, 더욱이 좋은 차까지 대접해 주셨으니, 비록 땅속에 묻혀 썩은 뼈 일지라도 어찌 예상의 보은을 잊겠습니까」하고 사라졌다. 새벽에 부인이 뜰에 나가보니 돈이 십만 냥이 있었다. 엽전은 땅속에 오랫동안 묻혀 있었던 것 같았으나 꿰맨 끈은 새로 만든 것이었다. 어머니가 이 사실을 두 아들에게 말하자 그들은 매우 부끄럽게 생각하고 그 뒤로는 옛 무덤을 정성들여 보살피게 되었다고 한다.

제8송의 전체적인 뜻은 땅속에 묻힌 귀신도 차를 좋아하며, 은혜 갚는 일을 잊지 않는다는 것이다. 하물며 사람이 차를 싫어하거나, 은혜를 모르면 어찌 사람이라고 할 수 있으리오. 차를 사랑하는 사람은 은혜를 아는 사람이다.

第八頌(原文)

潛壤不惜謝萬錢.

[菀① 剡縣 陳務妻 少與二子寡居② 好飮茶茗 宅③中有古冢④ 每飮輒先祭⑤之 二子⑥曰 古冢⑦何知徒勞人意⑧ 欲掘去之 母⑨禁而止 其夜夢一人云 吾止此⑩三百年餘⑪ 卿⑫子常⑬欲見毁 賴相保護 反⑭享佳茗 雖潛壤朽骨 豈忘翳桑之報 及曉於庭中 獲錢十萬⑮.]

원문교정(原文校訂)

① 원(菀): 다경에 보면 진무처(陳務妻)에 대한 일화는 「이원(異苑)」이란 책에 기록되어 있다. 원(菀)자는 이원(異苑)이라는 책 이름을 잘못 적은 것이다.

② 소여이자과거(少與二子寡居): 다예관본이나 석오본이나 다경에는 모두 위와 같이 나와 있다. 그러나 사고전서(四庫全書)에는 「소과여이자동거(少寡與二子同居)」라고 되어 있다.

③ 택(宅): 집 택(宅)자 앞에 써 이(以)자가 빠져 있다. 다경에 보면 「이택중유고총(以宅中有古塚)」이라고 되어 있다.

④ 고총(古冢): 무덤 총(冢)자가 다예관본이나 석오본에는 총(冢)자로 되어 있고 다경에는 흙 토(土)변이 붙은 총(塚)자로 되어 있다. 총(塚)자는 총(冢)자의 속자(俗字)이다.

⑤ 제(祭): 다예관본이나 석오본 모두 제(祭)자로 되어 있다. 그러나 다경에는 사(祀)자로 되어 있다. 제사 제(祭)자나 제사 사(祀)자는 의미가 같다. 어느 것을 쓰나 무방하다.

⑥ 이자왈(二子曰): 다예관본이나 석오본에는 이자왈(二子曰)로 되어 있지만 다경에는 「이자환지왈(二子患之曰)」로 되어 있다.

⑦ 고총(古冢): 주④번과 같다.

⑧ 도로인의(徒勞人意): 다예관본이나 석오본 모두 도로인의(徒勞人意)로 되어 있으나 다경의 원문에는 「도이로의(徒以勞意)」로 되어 있다.

⑨ 모금이지(母禁而止): 다예관본이나 석오본 모두 모금이지(母禁而止)라고 되어 있으나 다경에는 모고금이지(母苦禁而止)라고 되어 있다. 쓸 고(苦)자가 빠져 있다.

⑩ 오지차(吾止此): 다예관본이나 석오본 모두 오지차(吾止此)라고 되어 있다. 다경에는 오지차총(吾止此塚)이라고 되어 있다. 무덤총(塚)자가 빠져 있다.

⑪ 삼백년여(三百年餘): 다예관본, 석오본 모두 삼벽년여(三百年餘)로 되어 있다. 다

경에는 삼백여년(三百餘年)으로 되어 있다.

⑫ 경자(卿子): 다예관본, 석오본 모두 경자(卿子)로 되어 있다. 다경에는 경이자(卿二子)로 되어 있다. 두 이(二)자가 빠져 있다.

⑬ 상욕견훼(常欲見毁): 다예관본, 석오본 모두 상욕견훼(常欲見毁)로 되어 있다. 다경에는 항욕견훼(恒欲見毁)로 되어 있다. 항상 상(常)자와 항상 항(恒)자는 서로 뜻이 통하는 글자이다.

⑭ 반향가명(反享佳茗): 다예관본, 석오본 모두 반향가명(反享佳茗)으로 되어 있다. 다경에는 우향오가명(又享吾佳茗)이라고 되어 있다.

⑮ 획전십만(獲錢十萬): 다예관본, 석오본 모두 획전십만으로 내용이 끝이 나지만, 다경에는 「사구매자(似久埋者) 단관신이(但貫新耳) 모고이자(毋告二子) 참지(慙之) 종시도궤유심(從是禱饋愈甚)」이라는 문구가 더 있다. 이 부분은 장황해서 생략한 것 같다.

인용문헌(引用文獻)

다경의 7지사(七之事)에서 인용하였는데 원문의 일부는 생략하고 일부만 인용하였다. 생략된 부분은 말미로 「사구매자 단관신이 모고이자 참지 종시도궤유심(似久埋者 但貫新耳 毋苦二子 慙之 從是禱饋愈甚)」이다. 이고사는 다경 이외에 사고전서(四庫全書)에도 실려 있다.

동다송 9

모든 음식(鼎食①) 가운데 차만이 홀로 육정(六情②)에 으뜸이라 하네.

[장맹양(張孟陽③)의 등성도루시(登成都樓詩)에 「솥 안의 온갖 음식은 때때로 올라오는데, 백 가지 요리는 미묘하고 또 뛰어났도다. 향기로운 차는 육정(六情: 六淸)④에 으뜸이요, 넘치는 맛은 천하(九區)⑤에 가득하구나」하였다]

주(註)

① 정식(鼎食): 귀인의 음식이며 부호만이 즐길 수 있는 음식이다. 솥을 늘어놓고 음식을 지어 먹음. 부호의 사치생활을 가리키는 말이며 후세에 부귀인을 정식지가(鼎食之家)라고 함. 한서(漢書) 주부언전(主父偃傳)에 보면 「장부로 태어나 오정식(五鼎食)을 받지 못할지라도 죽은 뒤에 오정식을 받을 수 있도록 해야 한다」고 하였다. 장안의 주(注)에 의하면 오정식(五鼎食)은 쇠고기(牛), 양고기(羊), 돼지고기(豕), 생선(魚), 사슴고기(麋)이다. 제후(諸侯)는 오정식(五鼎食)을 경대부(卿大夫)는 삼정식(三鼎食)을 먹었다.

② 육정(六情): 희(喜), 노(怒), 애(哀), 락(樂), 애(愛), 오(惡) 등 여섯 가지 사람의 성정(性情)을 말함.

③ 장맹양(張孟陽): 장재(張載), 진나라의 안평(安平)사람, 자는 맹양(孟陽), 서진(西晋)의 무제(武帝)를 섬겼으며 벼슬은 중서시랑(中書侍郎)을 지냈다. 문장에 뛰어났다. 무제가 새겨놓은 글이 검각산(劍閣山)에 있다.

④ 육청(六淸): 여섯 가지 음료 이름 즉 물(水), 미음(漿), 단술(醴), 식은 죽(酪), 감주(醫), 미음(酏: 薄粥)을 말함. 주례(周禮)의 천관(天官) 선부(膳夫)조에 보면 「膳用六牲 飮用之淸」이라고 하였다.

⑤ 구구(九區): 천하를 아홉 등분하여 구주(九州) 또는 구구(九區)라고 했다. 온 천하를 일컬음.

제9송(校訂文)

정식독칭관육정(鼎食獨稱冠六情).

[장맹양(張孟陽) 등성도루시(登成都樓詩) 정식수시진(鼎食隨時進) 백화묘차수(百和妙且殊) 방다관육정(芳茶冠六情(淸)) 일미파구구(溢味播九區)]

해설(解說)

제9송
제1구: 왕이나 제후 등 부호가 즐겨 먹은 온갖 음식 가운데, 차만이 홀로 육정(六情)에 으뜸이라 하는구나.
원문주: 진나라 때 장맹양이 읊은 등성도루시(登成都樓詩)에 보면, 백 가지 미묘한 요리나 진기하고 맛있는 음식이 있다지만, 향기로운 차 한 잔이 온갖 음식을 능가하니 천하 사람들이 차 마시기를 즐겨 하더라는 것이다.
제9송의 전체적인 뜻은 왕이나 부호들이 즐겨 먹는 온갖 진기한 음식보다 차가 더 좋으니 차를 마시라는 것이다. 차의 성품이 인간의 성품에 잘 맞아 어질고 덕 있는 이가 즐겨 마시는 음료가 되었다.

第九頌(原文)

鼎食獨稱冠六情.
[張孟陽① 登樓詩② 鼎食隨時進 百和妙具③殊 芳茶冠六情④ 溢味播九區]

원문교정(原文校訂)

① 장맹양(張孟陽): 다예관본에는 장맹탕(張孟湯)으로 되어 있으나 석오본과 다경 원문에는 맹양(孟陽)으로 되어 있다.
② 등루시(登樓詩): 다예관본, 석오본 모두 등루시로 되어 있는데, 다경에는 등성도루시(登成都樓詩)라고 되어 있다.
③ 백화묘구수(百和妙具殊): 다예관본, 석오본 모두 갖출 구(具)자로 나와 있다. 그러나 다경에는 또 차(且)자로 되어 있다.

④ 육정(六情): 다예관본, 석오본, 각종 다경의 원문에는 모두 육정(六情)으로 나와 있다. 그러나 일본의 모로오까(諸岡存)씨는 그의 역저 다경평석(茶經評釋)에서 육청(六淸)이 옳다고 주장하였다. 맑을청(淸)자를 뜻 정(情)자로 잘못 썼다는 것이다.

인용문헌(引用文獻)

다경의 7지사(七之事)에 실려 있는 시구를 인용하였는데 원문은 오언고시(五言古詩)로 모두 16행(行)에 이른다. 원문은 다음과 같다. 「차문양자사(借問揚子舍) 상견장경로(想見長卿廬) 정탁누천금(程卓累千金) 교치의오후(驕侈擬五候) 문유연기객(門有連騎客) 취대요오구(翠帶腰吳鉤) 정식수시진(鼎食隨時進) 백화묘차수(百和妙且殊)피림채추귤(披林採秋橘) 임강조춘어(臨江釣春魚) 흑자과용해(黑子過龍醢) 과찬유해서(果饌踰蟹蝑) 방다관육정(芳茶冠六情) 일미파구구(溢味播九區) 인생구안락(人生苟安樂) 자토연가오(玆土聯可娛)」라고 되어 있다. 이 시구 중에서 4구절만 가려 뽑아 쓴 것이다.

동다송 10

제10송

수 문제(開皇)[①]는 두통을 치료한 신이(神異)한 일을 전했네.

[수 문제(隋文帝)가 왕위에 오르기 전에 꿈을 꾸었는데, 귀신(鬼神)이 나타나 그의 머리골(腦骨)을 바꾸어 갔다. 그 뒤로 두통을 앓게 되었는데, 문득 한 스님을 만났더니 말하기를, 산중에 차나무(茗草)가 있는데, 달여서 마시면 마땅히 나을 것입니다 하였다. 문제가 차를 마시니 효과가 있었다. 이로부터 천하 사람들이 비로소 차 마시는 것을 알게 되었다]

주(註)

① 개황(開皇): 개황은 수 문제의 연호이다. AD581년부터 604년까지 24년간 제위에 있었다. 개국황제(開國皇帝)로 성은 양(楊) 이름은 견(堅)이다. 지금의 섬서성 화음인(華陰人)으로 호족 출신이다. 조카 정제(靜帝)를 폐위시키고 자립하여 국호를 수(隋)라고 하였다.

제10송(校訂文)

개황의뇌전이사(開皇醫腦傳異事).

[수문제(隋文帝) 미시몽(微時夢) 신인역기뇌골(神人易其腦骨) 자이뇌통(自爾腦痛) 홀우일승운(忽遇一僧云) 산중유명초(山中有茗草) 자이음지당유(煮而飮之當愈) 제복지유효(帝服之有効) 어시천하(於是天下) 시지음다(始知飮茶)]

해설(解說)

제10송

제1구: 수 문제가 차를 마셔서 두통을 치료한 신기한 일을 후세에 전하였다.

원문주: 사고전서에 보면, 수 문제가 등극하기 전에 꿈을 꾸니 어떤 귀신이 나타나서 뇌를 바꾸어 갔는데, 그때부터 머리가 아팠다. 어느 날 한 스님을 우연히 만났는데 알려주기를, 이 산중에 차나무가 있는데 이를 따서 달여 마시면 두통을 치료할 수 있다고 하였다. 문제가 이 말을 듣고 차를 따서 달여 마시니 두통이 나았다. 이로부터 천하 사람들이 차 마시는 것을 알게 되었다는 것이다.

제10송의 전체적인 뜻은 차를 마시면 두통을 치료할 수 있다는 이야기이다. 수 문제의 일화를 들어 설명하고 있지만, 차를 마시면 두통에 효과가 있다는 것은 사실이다.

第十頌(原文)

開皇醫腦傳異事.

[隋文帝 微時夢 神①易其腦骨 自爾②痛 忽遇一僧云 山中③茗草可治④帝服之有効 於是天下 始知飮茶⑤]

원문교정(原文校訂)

① 신역(神易): 다예관본, 석오본 모두 신역으로 되어 있지만, 사고 전서(四庫全書)의 원문에는 신인역(神人易)으로 되어 있어 사람 인(人)자가 들어 있다. 사람 인(人)자를 보충했다.

② 자이통(自爾痛): 다예관본, 석오본 모두 자이통으로 되어 있다. 원문에는 자이뇌통(自爾腦痛)으로 되어 있다. 머리 뇌(腦)자가 빠져 있다.

③ 산중명초(山中茗草): 다예관본, 석오본 모두 산중명초로 되어 있어 있을 유(有)자가 빠져 있다. 원문에는 산중유명초(山中有茗草)라고 되어 있다.

④ 가치(可治): 다예관본, 석오본 모두 가치라고 되어 있으나 원문에는 「자이음지당유(煮而飮之當愈)」라고 되어 있다.

⑤ 어시천하 시지음다(於是天下 始知飮茶): 다예관본, 석오본 모두 어시천하 시지음다로 되어 있으나, 원문에는 이런 문구는 없다. 이 문구는 초의선사께서 요약 첨가한 글귀이다. 원문에는 「요시인경채철(繇是人競採掇) 내위지찬(乃爲之讚) 기략

왈(其略曰) 궁춘추연하도(窮春秋演河圖) 불여재명일차(不如載茗一車)」라고 되어 있다. 진사(進士)인 권서(權紓)의 찬문(讚文)이 요약되어 있다.

인용문헌(引用文獻)

사고전서(四庫全書)에 있는 글을 인용한 것인데 원문의 전부를 인용한 것이 아니라 일부만 이용하고 마지막에 붙어 있는 진사 권서(權紓)의 찬문은 생략하였다. 생략된 부분의 원문은 다음과 같다. 「요시인경채철(繇是人競採掇) 내위지찬(乃爲之讚) 기략왈(其略曰) 궁춘추연하도(窮春秋演河圖) 불여재명일차(不如載茗一車)」이다.

동다송 11

경뇌협(驚雷莢[①])과 자용향(紫茸香[②])을 차례로 만들었네.

[당(唐) 각림원(覺林院)의 지숭(志崇)스님이 세 가지 등급의 차를 거두어서, 경뇌협으로는 손님을 대접하고, 훤초대(萱草帶[③])는 자기가 마시고, 자용향으로는 부처님께 공양을 하였다.]

주(註)

① 경뇌협(驚雷莢): 차 이름. 당나라 때 각림원의 지숭스님이 손님 접대용으로 만든 차.
② 자용향(紫茸香): 차 이름. 지숭스님이 불공용(佛供用)으로 만든 차.
③ 훤초대(萱草帶): 차 이름. 지숭스님이 스스로 먹기 위하여 만든 차.

제11송(校訂文)

뇌협용향취차생(雷莢茸香取次生).

[당각림원(唐覺林院) 승지숭(僧志崇) 수다삼등(收茶三等) 대객이경뇌협(待客以驚雷莢) 자봉이훤초대(自奉以萱草帶) 공불이자용향(供佛以紫茸香)]

해설(解說)

제11송
제1구: 당나라 때 각림원의 지숭스님이 경뇌협과 자용향을 만들었네.
원문주: 유원장이 찬한 다사나 백미고사나 사고전서에 보면, 각림원의 지승 스님이 세 종류의 차를 만들었는데, 제일 좋은 자용향은 부처님께 드리고, 그 다음 좋은 경뇌협은 손님 접대할 때 쓰고 훤초대는 자기가 마셨다고 하였다.
제11송의 전체적인 뜻은 당나라 때에 비로소 차에 이름이 붙여지기 시작했으며 상

품명이 생겨나기 시작한 것을 알 수 있다. 이때부터 각자가 만든 차에 자기 나름대로 이름을 붙이다 보니 많은 종류의 차 이름이 등장하게 된다.

第十一頌(原文)

雷笑①茸香取次生.
[唐覺林寺② 僧志崇 製茶三品③ 驚笑自奉④ 萱草帶供佛⑤ 紫茸香待客⑥云]

원문교정(原文校訂)

① 뇌소(雷笑): 차 이름을 말하는데, 원래 경뇌협(驚雷荚)이란 차이름을 줄여서 뇌협(雷荚)이라고 했는데, 협(荚)자를 소(笑)자로 잘못 쓴 것이다. 백미고사(白眉故事)나 사고전서(四庫全書)를 보면 「각림승지숭(覺林僧志崇) 대객이경뇌협(待客以驚雷荚)」이라고 되어 있다.

② 당각림사(唐覺林寺): 다예관본, 석오본 모두 당각림사(唐覺林寺)라고 되어 있는데, 유원장(劉源長)이 찬한 다사(茶史)에는 각림원(覺林院)이라고 되어 있고, 백미고사와 사고전서에는 각림(覺林)이라고만 되어 있다. 당(唐)자가 빠지거나 사(寺)자가 원(院)자로 되거나 다 빠지기도 하였다.

③ 제다삼품(製茶三品): 다예관본, 석오본에는 제다삼품이라고 되어 있으나, 다사(茶史)나 사고전서 모두 수다삼등(收茶三等)이라고 되어 있다.

④ 경소자봉(驚笑自奉): 다예관본에는 경소자봉이라 되었고, 석오본에는 경뇌소자봉(驚雷笑自奉)이라고 되어 있다. 그러나 다사나 백미고사나 사고전서에는 대객이경뇌협(待客以驚雷荚)이라고 되어 있다.

⑤ 훤초대공불(萱草帶供佛): 다예관본, 석오본 모두 훤초대공불이라 되어 있지만 다사, 사고전서, 백미고사에는 자봉이훤초대(自奉以萱草帶)라고 되어 있다.

⑥ 시용향대객운(柴茸香待客云): 다예관본에는 시용향(柴茸香)이라고 되어 있고 석오본에는 자용향(紫茸香)이라고 되어 있다. 그리고 다사나 백미고사나 사고전서에는 공불이자용향(供佛以紫茸香)이라고 되어 있다.

인용문헌(引用文獻)

이 구절은 어떤 문헌을 인용했는지 확실치가 않다. 제일 많은 오류를 남긴 것을 보면, 권위 있는 문헌을 인용하지 않고 굴러다니는 문헌을 인용한 듯하다. 그러나 이 고사는 청(淸)나라 유원장(劉源長)이 찬한 다사(茶史)에 기록되어 있다. 이 다사는 1669년경에 저술된 것인데 상하 2권으로 나눠어져 있다. 그리고 백미고사(白眉故事) 권10 음식부 다류(茶類)조에 수록되어 있고 또 흠정사고전서(欽定四庫全書) 제845책 다보(茶譜) 4권에 수록되어 있다. 초의선사는 원문을 모두 인용하지 않고 그 일부만을 인용하였다. 후반부에 빠진 부분은 다음과 같다. 「부다자이유낭(赴茶者以油囊) 성여력귀(盛餘瀝歸)」

동다송 12

영화(榮華)로운 당(唐)나라에는 진수성찬이 가득하지만,

공주의 방(沁園)[1]에는 오직 자영(紫英)차만이 홀로 기억되네.

[당 덕종(德宗)[2]이 동창공주(同昌公主)에게 매일 음식과 마실 것을 하사하였는데, 그 차에는 녹화(綠花)[3]와 자영(紫英)이라는 이름이 있었다]

주(註)

---

① 심원(沁園): 후한시대 명제(明帝: 57~75년)의 딸인 심수공주 (沁水公主) 소유의 원림. 건초 2년(建初二年: 77년)에 두헌(竇憲)으로부터 빼앗았다. 후세에 심원이라면 공주 소유의 원림을 말한다. 지금의 하남성(河南省) 심양현(沁陽縣)의 동북쪽 심수(沁水)의 북안(北岸)에 있다. 금(金)나라 때에는 백관(百官)의 연회장소로 쓰였으나 지금은 없어졌다.

② 덕종(德宗): 당나라 제왕(779~805년)으로 다세(茶稅)제도를 만들어 차 세금을 받아들인 왕이며 기운 국운을 일으키는데 큰 공을 세운 임금이다.

③ 녹화(綠花): 다예관본에는 꽃 화(花)자로 되어 있지만 원문에 빛날 화(華)자로 되어 있다. 두 글자는 서로 통하는 글자이며, 녹화는 차 이름이다.

제12송(校訂文)

거당상식수백진(巨唐尚食羞百珍) 심원유독기자영(沁園唯獨記紫英).

[당덕종(唐德宗) 매사동창공주(每賜同昌公主) 찬탕물(饌湯物) 기다즉녹화(화)(其茶則綠花(華)) 자영지호(紫英之號)]

해설(解說)

제12송

제1구: 문물이 번창한 당나라에는 진기한 음식이 가득하여 부족함이 없다는데,

제2구: 오직 공주의 방에는 향기로운 차만이 으뜸일세.

원문주: 당나라 덕종은 동창공주에게 많은 음식과 차를 하사하셨는데 유독 녹화와 자영차만이 그 이름이 전하는구나.

제12송의 전체적인 뜻은 문물이 풍부한 당나라 때에 온갖 진기한 음식이 많지만 그 이름은 전하지 않고 유독 동창공주가 즐겨 마신 녹화와 자영차만이 그 이름이 지금까지 전하네.

第十二頌(原文)

巨唐尙食羞百珍 沁園唯獨記紫英.

[唐德宗 每賜同昌公主饌① 其茶有②綠花紫英之號]

원문교정(原文校訂)

① 찬(饌): 다예관본, 석오본 모두 찬(饌)으로 되어 있으나, 두양잡편(杜陽雜編)에는 「상매사어찬탕물(上每賜御饌湯物)」로 되어 있다. 원문의 내용을 살려서 찬탕물(饌湯物)이라고 했다.

② 기다유(其茶有): 다예관본, 석오본 모두 기다유로 되어 있으나 두양잡편의 원문에는 기다측(其茶則)으로 되어 있다.

인용문헌(引用文獻)

동창공주에 대한 일화는 당나라 때 소악(蘇鶚)이 저술한 두양잡편(杜陽雜編)에 상세히 전하는데, 이 책은 함통 9년(咸通九年: 868년)에 씌어졌다. 권하에 이 기사가 실려 있다. 그 부분 중에서 내용의 일부만 발췌하여 인용한 것이다. 또 이 기록은 사고전서 광군방보와 농정전서(農政全書)에도 전한다.

동다송 13

제13송

법도에 맞는 제다법(法製)은 두강(頭綱)[①]차로부터 성행하게 되었고,

맑고 어진 이름 난 선비들이 차 맛을 준영(雋永[②])과 같다고 했네.

[다경(茶經)에 차맛을 준영(雋永)이라고 했다]

주(註)

① 두강(頭綱): 제일 먼저 만들어서 제일 먼저 서울(京師)에 도착시켜 진상한 이른 봄차(春茶)를 말한다. 송나라 웅번(熊蕃)이 쓴 선화북원공다록(宣和北苑貢茶錄)에 보면, 「한 해를 십여 강(綱)으로 나누었는데, 오직 백다(白茶)와 승설(勝雪)차만은 경칩(驚蟄) 이전에 차 만드는 일을 시작해서 열흘(浹日) 사이에 완성하여 날랜 기병(騎兵)을 빨리 달이게 하여 중춘(仲春: 음력2월)을 넘기지 않고 서울에 이르게 하기에 두강(頭綱)이라한다」고 하였다.

② 준영(雋永): 지극히 맛있는 것을 말하는데, 준(雋)은 살찐 고기이고 영(永)은 뛰어나다(長)는 말이다. 한나라 때 괴통(蒯通)이란 사람이 지은 책 이름인데, 준영 81칙(雋永八十一則)이 있다. 지금은 이미 없어졌지만 한서(漢書) 괴통전(蒯通傳)에 전국시대의 설사(說士) 권변(權變)을 통론하고 그 설을 자서(自序)했는데 81수(首)에 달한다. 이것을 일컬어 「준영(雋永)」이라고 했다. 이 글귀의 의미가 깊고 감미로우며 무한장구(無限長久)함을 비유한 말이다. 괴통의 본명은 철(徹)인데 설사(說士)였다. 준영은 그가 담론(談論)한 글을 모은 책이다. 당나라 안사고(顏師古)가 괴통전에 붙인 주석문(注釋文)에는 준(雋)은 살찐 고기(肥肉)이고 영(永)은 뛰어나다(長)는 뜻이다. 혹자는 준(雋)자를 전(雋)이라고 발음하는데, 이는 중국의 음을 그대로 따른 것이다. 전과 준 두음으로 읽을 수 있지만, 책 이름으로 사용할 때는 준(雋)으로 읽어야 한다.

제13송(原文)

법제두강종차성(法製頭綱從此盛) 청현명사과준영(淸賢名士誇雋永).

[다경(茶經) 칭다미(稱茶味) 준영(雋永)]

해설(解說)

제13송
제1구: 법도에 맞게 차를 만드는 제다법은 이른 봄에 진상품 차를 만드는 제도를 따라 발전하게 되었고,
제2구: 어질고 덕 있는 선비들이 좋은 차맛을 준영(雋永)과 같다고 하였네.
원문주: 육우의 다경 제5장 달이기편에 보면 차맛을 준영과 같다고 하였다.
제13송의 전체적인 뜻은 차를 만드는 데에도 일정한 법도가 있는데, 이 법도를 따라서 차를 만들기 시작한 것이 이때부터이고, 이를 좇아서 차 만드는 법이 성행하게 되었으며, 차도 품질이 우수한 상품이 많이 생산되게 되었다. 그중에는 준영과 같이 감미롭고 지극히 맛이 뛰어난 차가 생산되기도 하였다는 것이다.

第十三頌(原文)

法製頭綱從此盛 淸賢名士誇雋永.
[茶經 稱茶味 雋永]

인용문헌(引用文獻)

제13송의 제1구절은 어느 문헌에서 인용하였는지 밝히지 않고 있지만 내용으로 보아서 북송(北宋)때 웅번(熊蕃)이 찬한 선화북원공다록(宣和北苑貢茶錄)에 나오는 구절을 인용한 듯싶다. 그러나 원문에 인용문 전체가 다 누락되어 있으니 무어라 말할 수는 없지만, 제2구의 다경 인용문과 짝이 될 주해문이 있어야만 한다. 주해문을 복원한다면 다음과 같이 할 수 있을 것이다. 「북원공다록(北苑供茶錄) 유백다여승설(惟白茶與勝雪) 자경칩전흥역(自驚蟄前興役) 협일내성(浹日乃成) 비기질치(飛騎疾馳) 불출중춘(不出仲春) 이지경사(已至京師) 호위두강(號爲頭綱)」 제2구의 인용문헌은 다경의 제5장 달이기(五六煮)조에서 인용하였는데, 원문 전체를 인용하지 않고

요약해서 인용하였다. 다경의 원문은 다음과 같다. 「기제일자(其第一者) 위준영(爲雋永)」이라 했고 그 주(註)에 「지미자(至美者) 왈준영(曰雋永) 준미야(雋味也) 영장야(永長也) 사장왈준영(史長曰雋永)」이라고 했다.

동다송 14

오색 비단으로 싼 용봉단차(龍鳳團茶)①는 용봉의 무늬를 아름답게 장식했고, 만금(萬金)을 들여서 겨우 백 개의 떡차를 만들었네.

[크고 작은 용봉단차는 처음으로 정위(丁謂)②가 만들기 시작하여 채군모(蔡君謨)③가 완성했는데, 향약(香藥)을 넣어 떡차를 만들고, 그 위에는 용과 봉의 문양을 장식하였다. 임금에게 진상하는 차는 금(金)으로 장식하여 만들었다. 소동파(蘇東坡)④의 시(詩)에 「자금색(紫金色) 떡차 백 개에 일만전을 들여서 만드네」라고 하였다]

주(註)

① 용봉단다(龍鳳團茶): 용단(龍團) 봉단(鳳團)을 말하는데 크고 작은 대소(大小) 용봉단이 있다. 대관다론(大觀茶論: 徽宗)에는 용단(龍團), 봉병(鳳餠)으로 되어 있고, 고려도경(高麗圖經: 徐兢)에는 용봉단(龍鳳團)으로, 고려사에는 용봉다(龍鳳茶)로 기록되어 있다. 이 용단 봉병 차는 송나라 때 건안(建安: 복건성 건구현) 지방의 어용 다원인 북원(北苑)에서 만들어 궁중에 진상하던 덩어리 차로, 표면에 용이나 봉의 문양을 새겨서 금으로 장식하였다. 용단은 용의 무늬를 새긴 차를 말하고, 봉단 또는 봉병이라고 하는 차는 봉의 무늬를 새긴 차를 말한다. 차는 똑같은데 무늬가 다를 뿐이다. 용과 봉의 문양은 임금을 상징하는 것으로 일반 서민은 쓸 수가 없다. 용봉차가 만들어진 유래는 「선화북원공다록」에 이렇게 나와 있다. 「성조(聖朝: 宋) 개보(開寶: 태조연호: 968~975년) 말년에 남당(南唐)을 항복시켜서, 태평흥국(太平興國: 태종연호: 976~983년) 초년에 용과 봉황의 문양 틀을 특별히 비치하고, 사신을 북원에 보내어 단다(團茶)를 만들게 해서 서민이 마시는 것과 다르게 하였다. 용봉차는 대개 이로 부터 시작되었다.」

② 정위(丁謂): 송나라 때 사람(962~1033년)으로 장주(長洲: 강소성 오현)에서 났다. 자는 위지(謂之) 또는 공언(公言)으로 시 짓기(作詩)를 기뻐하고, 그림 그리기, 음악 등 박학하여 정통하지 않은 것이 없다. 순화(淳化) 3년에 진사가 되었고 진종 때 구준(寇準)이 재상이 되었을 때 정사에 참여하였다. 진종 때 토목공사를 크게 일으켜 옥청소응궁(玉淸昭應宮)을 세웠다. 후에 진공(晉公)에 봉해졌다. 그래서 정진공(丁晉公)이라고 부른다. 일찍

이 건안다록(建安茶錄) 3권을 저술했다. 복건(福建)의 전운사(轉運使)로 있을 때 건안(建安)의 공다소(貢茶所)의 차밭과 차공장, 기구, 차따기와 제다법 등을 기록한 책이다.

③ 채군모(蔡君謨): 북송(1012~1067년)때 서예가(書藝家)로서, 자는 군모(君謨)요, 이름은 양(襄)이다. 복건성 선유(仙遊) 사람으로 시문(詩文)에 밝고 사학(史學)에 정통하며 서법(書法)에 능하였다. 19세에 진사가 되고 인종 때 장주판관(漳州判官) 서경유수(西京留守) 복건로전운사(福建路轉運使) 한림학사(翰林學士) 등을 지냈고, 영종 때에는 단명전학사(端明殿學士)와 예부시랑(禮部侍郎)을 지냈다. 인종의 하문을 받고 다록(茶錄)을 지어서 바쳤고 인종으로부터 군모(君謨)라는 자를 하사받기도 했으며 그가 죽자 신종은 충혜(忠惠)라는 시호를 내려 주었고 묘비명은 구양수(歐陽脩)가 썼다.

④ 소동파(蘇東坡): 북송 때 (1036~1101년) 문학가, 서화가이다. 자는 자첨(子瞻) 호는 동파거사(東坡居士) 이름은 식(軾)이다. 미산(사천성) 사람으로 22세에 진사가 되고 신종 때 밀주(密州) 서주(徐州) 호주(湖州) 등 주지부(州知府)를 지냈고. 왕안석(王安石)의 신법(新法)을 반대하다가 황주(黃州)로 유배를 갔다. 철종 때 다시 복직이 되어 한림학사와 예부상서를 역임했다. 당송 8대가 중의 한 사람으로 그가 죽자 시호를 문충(文忠)이라고 했다.

제14송(校訂文)

채장용봉전교려(綵莊龍鳳轉巧麗) 비진만금성백병(費盡萬金成百餠).

[대소용봉단(大小龍鳳團) 시어정위(始於丁謂) 성어채군모(成於蔡君謨) 이향약합이성병(以香藥合而成餠) 병상식이용봉문공어자(餠上飾以龍鳳紋供御者) 이금장성(以金莊成). 동파시(東坡詩) 자금백병비만전(紫金百餠費萬錢)]

해설(解說)

제14송

제1구: 금으로 장식하고 비단으로 싼 용단 봉병의 귀한 차는 참으로 아름답기 그지없구나.

제2구: 만금을 들여서 만들어도 겨우 백여 개의 덩어리 차뿐이니 귀하고 값지기 이를 데 없네.

원문주: 크고 작은 용봉단차가 있는데 이는 정위가 처음 만들기 시작해서 채군모가 완성을 하였다고 한다. 그런데 이 사실을 부인하는 사람도 있었다. 웅번의 북원공다

록에는 「대개 용봉차 등은 모두 태종 때 만들어진 것으로 함평(咸平) 초에 정진공이 처음으로 다록에 기록하였던 것이다. 많이들 말하기를 용봉단차는 정진공으로부터 비롯되었다고 한다. 장순민(張舜民)의 화만록(畵漫錄)에도 전운사인 진공이 처음으로 용봉단차를 만들었다고 되어 있지만 이 말은 전해들은 것이지 사실이 아니다」라고 하였다. 하지만 채군모가 용단 봉단을 더욱 정교하고 아름답게 만들었다. 처음에 용단 봉단을 만들 때는 용뇌(龍腦)의 향료를 섞어서 만들어 진상하였지만, 차에 천성의 향기가 있어 이를 빼앗길까 염려하여 쓰지 않게 되었다. 떡차 표면에는 용과 봉의 무늬를 새기고 금(金)으로 장식하였으며 비단으로 쌌다. 진귀한 떡차 한 근에 금이 두 냥이 되는데, 일만 전을 들여서 자금색 떡차 백여 개를 만든다고 하였다. 이 떡차를 만드는 방법은 북원별록(北苑別錄: 趙汝礪)에 상세히 나와 있다. 제14송의 전체적인 뜻은 송나라 때 북원이라는 어용다원에서 전운사로 있던 정위가 처음 용봉단차를 만들기 시작해서 채군모가 소용봉단차를 만들어 정교하고 아름답기 이를 데 없게 하였는데, 이 차를 만드는 비용 만 전을 들여도 겨우 떡차 백여 개에 그치니 실로 진귀하기 비길 데 없다는 말이다. 이렇게 만든 떡차는 한 근(28덩어리)에 금 2냥이나 되는 비싼 차였다.

第十四頌(原文)

綵莊龍鳳轉巧麗 費盡萬①金成百餠.

[大小龍鳳團 始於丁謂 成於蔡君謨 以香藥合而成餠 餠上飾以龍鳳紋供御者 以金莊成. 東坡詩 紫金百餠費萬②錢]

원문교정(原文校訂)

① 만금(萬金): 만 냥의 금을 말하는데 다예관본에는 만(萬)으로 되어 있고 석오본에는 만(万)으로 되어 있다. 그러나 두 글자는 서로 통하는 자요, 약자이다.

② 만전(萬錢): 만 냥의 돈을 말하는데 다예관본과 석오본에는 만(萬)자가 각기 다르게 쓰여 있다. 만(萬)자가 정자이다.

인용문헌(引用文獻)

용봉단차에 대한 문헌은 여러 곳에 실려 있는데, 초의선사는 웅번의 「선화북원공다록」을 많이 활용하였으며, 원문을 그대로 인용하지 않고 내용을 요약해서 골자만 뽑아 썼다. 그리고 소동파의 시구는 「장기(蔣夔)가 보내준 차에 화합하여(和蔣夔寄茶)」라는 칠언고시(七言古詩)에서 한 구절을 뽑아 쓴 것이다. 그 앞뒤는 다음과 같다.

「청시양폭기천리(淸詩兩幅寄千里) 자금백병비만전(紫金百餠費萬錢)
음아팽초양기절(吟哦烹噍兩奇絶) 지공투걸번봉전(只恐偸乞煩封纏)
노처치자부지애(老妻稚子不知愛)」

동다송 15

뉘라서 알리오 스스로 갖춘 진색(眞色) 진향(眞香)을,

한 번만 오염되면 그 진성(眞性)을 잃게 되는 법.

[만보전서(萬寶全書)①에 「차에는 스스로 진향(眞香), 진미(眞味), 진색(眞色)②이 있는데, 한 번만 다른 물질에 오염이 되면 그 진성(眞性)을 잃는다」고 하였다]

주(註)

---

① 만보전서(萬寶全書): 만보전서는 백과사전의 일종이다. 여러 가지를 기록해 놓았는데, 채다론(採茶論)이 들어 있는 책은 경당증정만보전서(敬堂增訂萬寶全書)본이다.

② 진향, 진미, 진색(眞香, 眞味, 眞色): 차에는 스스로 갖추고 있는 참된 향내, 참된 맛, 참된 빛깔이 있다. 이것은 다른 물질에 한 번만 오염되면 그 참된 색깔과 향내와 맛을 잃게 된다. 중국인들은 예로부터 다른 물질을 많이 섞었는데 소금이나 향료나 과일 등을 넣어서 마셨다.

제15송(校訂文)

수지자요진색향(誰知自饒眞色香) 일경점염실진성(一經點染失眞性).

[만보전서(萬寶全書) 다자유진향(茶自有眞香) 진미(眞味) 진색(眞色) 일경타물(一經他物) 점염편실기진(點梁便失其眞)]

해설(解說)

제15송

제1구: 그 누가 알리요. 차에는 참다운 향기와 빛깔과 맛이 들어 있는 것을 스스로 갖추고 있는 이 참된 본성은,

제2구: 한 번만 오염되어도 그 진실한 성품을 잃어버린다네.

원문주: 만보전서라는 백과사전에 보면 차에는 스스로 갖추고 있는 진실한 향내와 진실한 맛과 진실한 빛깔이 있다고 하는데, 한 번만이라도 다른 물질에 오염이 되더라도 그 참다운 성품을 잃어버려 다시는 찾을 수가 없다.

제15송의 전체적인 뜻은 차는 오염이 잘 되는데, 한 번만 오염이 되면 차가 가지고 있는 진실한 향내와 진실한 맛과 빛깔은 다시 찾을 수 없게 된다. 그러니 오염이 되지 않도록 철저하게 주의를 하도록 하라는 뜻이다

第十五頌(原文)

誰知自饒眞色香 一經點染失眞性.

[萬寶全書 茶自有眞香 眞味① 眞色② 一經他物③ 點染便失其眞④]

원문교정(原文校訂)

① 진미(眞味): 다예관본이나 석오본에는 있을 유(有)자가 빠지고 진미라고 되어 있으나 만보전서나 장원(張源)의 다록(茶錄)이나 다신전의 원문에는 유진미(有眞味)라고 되어 있다. 있을 유(有)가 중복되므로 초의선사가 생략한 것 같다.

② 진색(眞色): 진색도 마찬가지로 있을 유(有)자를 생략하였다. 앞의 경우와 같다.

③ 타물(他物): 동다송 원문에는 오염시키는 물질을 타물이라고 표현하였으나, 이 글귀는 다신전이나 만보전서에는 없고, 타물 대신 실질적으로 오염시키는 물질의 이름을 거론하고 있다. 이 구절은 초의선사가 만들어 넣은 문구이다.

④ 기진(其眞): 동다송에는 기진(其眞)으로 문맥이 끝났으나, 만보전서 원문에는 기진 다음으로 오염시키는 물질 이름을 기록하고 있다. 생략된 부분은 다음과 같다. 「여수중착함(如水中着鹹) 다중착료(茶中着料) 완중착과(碗中着果) 개실진야(皆失眞也)」

인용문헌(引用文獻)

제15송의 인용문헌은 만보전서의 채다론(採茶論)을 인용하였는데, 전문을 모두 인용하지 않고 일부만 인용하였으며, 또 내용도 요약하고 생략하였다. 원문과 뜻은 부합하나 문구는 다르다. 원문은 만보전서의 점염실진(點染失眞)조를 인용하였는데, 이 글은 명(明)나라 때 장원(張源)이 1595년경에 찬술한 것을 만보전서에 수록하였다. 초의선사는 이글을 보고 인용한 것이다. 생략된 원문은 원문 교정란에 기재하였다.

동다송 16

도인(道人)은 좋은 차를 얻고자 하여.

일찍이 몽정산(蒙頂山)[①]에 들어가 차나무를 재배했네.

잘 가꾸어 만든 차 다섯 근을 임금님께 바치었는데.

그 이름은 길상예(吉祥蕊)와 성양화(聖楊花)라네.

[부대사(傅大士)[②]가 몽정산에 들어가 암자를 짓고 살면서 차를 심어 가꾼 지 3년 만에 절묘하게 좋은 차를 만들어 성양화(聖楊花)와 길상예(吉祥蕊)라고 이름 지어 겨우 다섯 근을 만들어 가지고 돌아와 바쳤다]

주(註)

---

① 몽정산(蒙頂山): 사천성(四川省)의 아안현(雅安縣) 명산현(名山縣) 노산현(蘆山縣)의 경계에 있는 산이다. 산정에 차밭이 있는데 이곳에서 나는 차를 몽산차(蒙山茶)라고 하는데 약효가 뛰어나다.

② 부대사(傅大士): 성은 부(傅)씨요 이름은 흡(翕)이요, 자(字)는 현풍(玄風)이다. 절강성(浙江省) 금화현(金華縣: 옛 東陽) 출신으로 24세 때 우연이 인도승(梵僧) 숭두타(崇頭陀)를 만나 알게 된 인연으로 출가하여, 송산(松山)에 들어가 암자를 짓고 고행 7년 만에 해탈(解脫)을 했다. 석가금속정광(釋迦金粟定光) 삼불(三佛)을 친견하고 난 뒤로는 신이(神異)하게 되었는데, 양 무제(梁武帝: 502~519년)가 매우 공경하였다. 선혜대사(善慧大士) 또는 동양대사(東陽大士)라고 불렸으며 특히 금강경(金剛經)에 밝았다. 진(陳) 대건(大建) 원년(元年: 569년) 4월 24일에 입적(入寂)하셨다. 부대사가 세운 쌍림사(雙林寺)는 중국 선림십찰(禪林十刹) 중의 하나로 여덟 번째로 꼽히는 명찰이다. 양 원제(梁元帝: 552~555년)가 세운 장사사아육왕상비문(長沙寺阿育王像碑文)과 부대사록(傅大士錄)에 의하면 쌍수(雙樹: 沙羅雙樹)의 인연으로 부대사가 세운 절이다.

제16송(校訂文)

도인아욕전기가(道人雅欲全其嘉) 증향몽정수재나(曾向蒙頂手栽那)

양득오근헌군왕(養得五斤獻君王) 길상예여성양화(吉祥蕊與聖楊花)

[부대사(傅大士) 자왕몽정결암(自往蒙頂結庵) 종다범삼년(種茶凡三年) 득절가자(得絶嘉者) 호성양화(號聖楊花) 길상예(吉祥蕊) 공오근(共五斤) 지귀공헌(持歸供獻)]

해설(解說)

제16송
제1구: 도인이 좋은 차 얻기를 바라고,
제2구: 일찍이 몽정산 속으로 들어가 차나무를 손수 가꾸어서,
제3구: 겨우 다섯 근의 좋은 차를 만들어 임금에게 바치었네.
제4구: 그 차 이름은 길상예와 성양화라고 한다네.
원문주: 부대사라는 도인이 스스로 몽정산 속으로 들어가 암자를 짓고 살면서 차를 심어서 가꾸기 3년 만에 절묘한 차를 만들었다. 이름하여 성양화와 길상예라고 하는데 각각 다섯 근이다. 가지고 돌아와 바쳤다.
제16송의 전체적인 뜻은 부대사(傅大士)라는 도인이 좋은 차를 만들기 위해서 예로부터 이름난 명산인 몽정산에 들어가 암자를 짓고 살면서, 차나무를 심어 가꾸기 어언 3년, 겨우 다섯 근의 절묘한 차를 만들었다. 이름을 지어 붙이기를 하나는 「성양화(聖楊花)」라고 했고, 다른 하나는 「길상예(吉祥예)」라고 하였다. 이 차를 가지고 돌아와서 임금님께 바쳤다.

第十六頌(原文)

道人雅欲全其嘉 曾向蒙頂手栽那
養得五斤獻君王 吉祥蕋與聖楊花
[傅大士① 自住②蒙頂結庵③ 種茶凡三年 得絶嘉④者 號聖楊花 吉祥蕋⑤ 共五斤⑥ 持歸供獻]

원문교정(原文校訂)

① 부대사(傅大士): 다예관본이나 석오본 모두 부대사라고 되어 있으나, 사고전서에 실린 청이록(淸異錄)에는 쌍림대사(雙林大士)라고 되어 있다. 성씨가 부(傅)이기에 부대사 또는 쌍림사(雙林寺)에 살았기에 쌍림대사라고 한다. 부대사나 쌍림대사는 동일인이다.

② 자주(自住): 청이록에는 머무를 주(住)자가 아니라 갈 왕(往)자이다. 갈 왕(往)자로 바로잡는다.

③ 결암(結庵): 청이록에는 결모(結茅)라고 되어 있다. 뜻은 서로 통하지만 암자 암(庵)자가 뜻이 더 좋다.

④ 가자(嘉者): 청이록에는 가(嘉)자가 가(佳)자로 되어 있다. 하지만 이 두 글자는 서로 뜻이 같다. 초의선사가 가(嘉)자를 쓴 것은 본문에서 운(韻)을 맞추기 위해서이다. 그리고 주석문에도 같은 글자를 선택한 것이다.

⑤ 길상(吉祥蕋): 청이록에는 예(蕋)자를 예(蕊)자로 썼다. 예(蕋)자는 꽃술 예(蕊)자의 속자이고 예(蕋)자는 예(蕊)자와 같은 글자이다. 무엇을 써도 무방하다.

⑥ 근(斤): 청이록에는 힘쓸 근(觔: 筋)자로 되어 있다. 그러나 본문의 내용으로 보아 근(斤)자가 알맞다.

인용문헌(引用文獻)

이 기록의 인용문헌은 청나라 때 유원장(劉源長)이 1669년경에 지은 다사(茶史)와 강희(康熙) 47년(1708)에 성조(聖祖)의 명을 받아서 왕호(汪灝) 등이 찬한 광군방보(廣群芳譜)에 실려 있다. 어정패문제 광군방보(御定佩文齊廣群芳譜) 권18 다보(茶譜) 다일(茶一)조의 청이록(淸異錄)에 나와 있다. 이 기록은 또 사고전서(四庫全書)에 등재되어 있는데, 이 기록의 원문을 보면 다음과 같이 나와 있다.

「쌍림대사(雙林大士) 자왕몽정결모(自往蒙頂結茅) 종다범삼년(種茶凡三年) 득절가자(得絶佳者) 호성양화(號聖楊花) 길상예(吉祥蕊) 공오근(共五觔) 지귀공헌(持歸供獻)」이라고 되어 있다.

동다송 17

설화(雪花)차와 운유(雲腴)차는 향기로움을 서로 다투고,

쌍정(雙井)차와 일주(日注)차는 홍주(洪州)①와 절강(浙江)②에서

그 품질을 겨루네.

[소동파(蘇東坡)③의 시에 「설화차와 우각(雨脚)차만으로 어찌 만족타 하리오」하였고, 황산곡(黃山谷)④의 시에는 「강남의 내 집에서 운유(雲腴)차를 땄네」라고 하였다.

소동파(蘇東坡)가 사원(僧院)에 이르니, 범영(梵英) 스님이 당우(堂宇)를 수리하여 그 전보다 더 깨끗하게 하고 차를 마시는데 매우 향기로웠다. 그래서 동파가 묻기를 「이 차가 새 차(新茶)입니까」하니, 범영스님이 대답하기를 「차의 성품이란 새 것과 묵은 것을 섞으면 향기와 맛이 회복되지요」하였다.

귀전록(歸田錄)에 초다(草茶)는 양절(兩浙)에서 성행했는데 양절에서 생산되는 차(茶) 중에서는 일주(日注)차가 제일이다. 북송 경우(景祐: 1034~1037년간) 이후에는 홍주(洪州)에서 쌍정(雙井)차와 백아(白芽)차가 점차로 성행터니, 근래에는 차 만드는 법이 더욱 정교하여져 그 품질이 일주(日注)차보다 좋아졌다. 마침내 초다(草茶)⑤ 중에서 제일로 치게 되었다]

주(註)

① 홍주(洪州): 지금의 강서성(江西省) 남창시(南昌市)를 중심으로 한 지방이다. 수(隋)의 개황(開皇) 7년(589년)에 설치, 당(唐) 때 남창(南昌)으로 고쳤다.

② 절강(浙江): 지금의 절강성(浙江省). 중국의 동중부 동지나해를 낀 지역, 전당강(錢塘江)을 중심으로 동서로 나누어 절동(浙東)과 절서(浙西)로 나눈다. 양절(兩浙)은 절동(浙東)과 절서(浙西)를 말한다.

③ 소동파(蘇東坡): 북송(北宋)의 대문장가로서 자(字)는 자첨(子瞻)이요, 이름은 식(軾)이요, 호(號)는 동파(東坡)이다. 소순(蘇洵)의 아들로서 부자가 모두 학문에 뛰어나서, 순

(洵)을 노소(老蘇), 동파를 대소(大蘇), 동생 철(轍)을 소소(小蘇)라고 하여 삼소(三蘇)라 불렀다. 또 동파는 시인이요, 문장가로서 당송팔대가(唐宋八大家)중의 한 사람이다. 동파(1036~1101년)는 진사시험 때 구양수(歐陽修)의 인정을 받아 관계에 진출 하였다.

④ 황산곡(黃山谷): 북송 때 시인으로 강서시파(江西詩派)의 시조(始祖)이다. 이름은 정견(庭堅: 1045~1105년)이요, 자는 노직(魯直)이요, 호는 산곡(山谷) 또는 배옹(涪翁)이라고 한다. 소동파의 천거로 관계에 진출하여 지방장관(知鄂州)을 역임했다. 글씨를 잘 쓰고 시(詩)와 문장(文章)에 능하였다. 의주(宜州)에서 죽었다. 저서로는 산곡내외집(山谷內外集)과 별집(別集)등이 전해진다.

⑤ 초다(草茶): 초다는 일창일기(一槍一旗: 차싹 하나에 잎 하나 붙은 것)의 어린 차싹을 따서 만든 차이다. 남송(南宋) 때 엽몽득(葉夢得)이 찬(撰: 1135년)한 피서록화(避暑錄話) 권하(卷下)에 보면 초다(草茶)의 극상품은 오직 쌍정과 고저(顧渚)에서만 난다고 한다. 차는 일 년에 대여섯 근 정도이다. 대개 차맛은 균일하나 정묘한 것은 어린싹에 있다. 처음 돋아나 참새 혀(雀舌)같은 것을 딴다.

제17송(校訂文)

설화운유쟁방열(雪花雲腴爭芳烈) 쌍정일주훤홍절(雙井日注喧洪浙).

[동파시(東坡詩) 설화우각하족도(雪花雨脚何足道). 산곡시(山谷詩) 아가강남적운유(我家江南摘雲腴). 동파지승원(東坡至僧院) 승범영(僧梵英) 즙치당우(葺治堂宇) 비구가엄결(比舊加嚴潔) 명음방열(茗飮芳烈) 문차신다나(問此新茶那) 영왈다성(英曰茶性) 신구교측(新舊交則) 향미복(香味復). 귀전록(歸田錄) 초다성어양절(草茶盛於兩浙) (이)양절지(다)품((而)兩浙之(茶)品) 일주위제일(日注爲第一) 자경우이후(自景祐已後) 홍주쌍정백아점성(洪州雙井白芽漸盛) 근세제작우정(近歲製作尤精) 기품원출일주상(其品遠出日注上) 수위초다제일(遂爲草茶第一)]

해설(解說)

제17송

제1구: 설화차와 운유차는 그 향기로움을 서로 다투는데,

제2구: 쌍정차와 일주차는 그 품질을 서로 겨루네.

원문주: 소동파는 시구로 설화차를 노래했고, 그의 제자 황산곡은 운유차를 자랑하

였다. 산곡의 강남 옛집에서는 해마다 봄이면 운유차를 땄다고 한다.
또 소동파가 범영스님께 갔을 때, 차를 끓여 대접하니 매우 향기로웠다. 동파가 묻기를 이 차가 올 햇차입니까 하니 범영스님이 대답하기를 차의 성품이란 새 차와 묵은 차를 섞으면 향기와 맛이 되살아나지요 하였다. 또 구양수의 귀전록에 보면 초다는 양절(절동과 절서)에서 나는데 그중에서 일주차가 제일이다. 북송 때에는 홍주에서 쌍정차와 백아차가 생산되는데, 근래에는 차 만드는 법이 더욱 정교하여져서 그 품질이 일주차보다 더 좋아졌다.
제17송의 전체적인 뜻은, 설화차나 운유차나 모두 뛰어난 차요 쌍정차나 일주차 역시 매우 좋은 차이지만, 이는 모두가 온갖 정성을 다해 정교하게 만드는 데서 비롯된 것이니, 좋은 차란 온갖 정성을 다해야만 하고 그런 연후에 품질의 우열을 따지는 것이다. 하지만 이러한 차들은 많이 만들 수 없는 것이며, 일 년에 몇 근 정도이니 어쩌면 사치하는 사람들의 구미에 맞을지도 모르겠다. 차 만드는 사람은 온 정성을 다 쏟아야만 하되 속임수가 있어서는 안 될 것이다.

第十七頌(原文)

雪花雲腴爭芳烈 雙井日注喧江①浙.
[東坡詩 雪花兩脚何足道.② 山谷詩③ 我家江南採雲腴. 東坡至僧院僧梵英 葺治堂宇④嚴潔 茗飮 芳烈 問此新茶那 英曰茶性 新舊交則 香味復. 草茶成兩浙⑤ 而兩浙之茶品 日注爲第一. 自景祐以來⑥ 洪州雙井白牙⑦漸盛 近世⑧製作尤精 其品遠出 日注之上 遂爲草茶第一]

원문교정(原文校訂)

① 강절(江浙): 강(江)자를 홍(洪)자로 바로잡는다. 쌍정(雙井)차는 홍주(洪州)에서 나고, 일주(日注)차는 양절(兩浙)에서 난다고 한다. 쌍정과 일주차가 나는 지명을 가리키는 말이다.
② 동파시(東坡詩): 소동파(蘇東坡)의 시구 중에 설화양각하족도(雪花兩脚何足道)의 양각(兩脚)을 우각(雨脚)으로 바로잡는다. 이 시의 원문은 소동파 시집 권2에 실려 있는 화전안도기혜건다(和錢安道寄惠建茶)의 내용이다. 칠언고시(七言古詩)로서 열한 번째 구절인 설화우각하족도(雪花雨脚何足道)의 내용만을 인용하였다.

③ 산곡시(山谷詩): 황산곡(黃山谷)의 시구 중에 아가강남채운유(我家江南採雲腴)의 채운유(採雲腴)는 적운유(摘雲腴)로 바로잡는다. 이 시의 원문은 황정견 시집(黃庭堅詩集)에 들어 있는 쌍정다송자첨(雙井茶送子瞻)의 내용이다. 이 시는 칠언율시(七言律詩)로서 다섯 번째 구절인 아가강남적운유(我家江南摘雲腴)라는 내용만 인용하였다.

④ 즙치당우엄결(葺治堂宇嚴潔): 이 일화는 동파집에 실려 있는 것인데, 원문에는 즙치당우비구가엄결(葺治堂宇比舊加嚴潔)이라고 되어 있다. 다예관본에는 즙치당우엄결이라고 되어 있어 비구가(比舊加)라는 구절이 누락되어 있다.

⑤ 초다성양절(草茶成兩浙): 이 구절은 귀전록(歸田錄)에 들어 있는 것인데 그 일부만을 간추려 인용하였다. 원문을 토대로 생략한 구절은 제외하고 복원해 본다. 초다성어양절(草茶盛於兩浙) 양절지품(兩浙之品) 일주위제일(日注爲第一) 자경우이후(自景祐已後) 홍주쌍정백아점성(洪州雙井白芽漸盛) 근세제작우정(近歲製作尤精) 기품원출일주상(其品遠出日注上) 수위초다제일(遂爲草茶第一)이라고 했다. 이 구절에서는 귀전록이라는 인용문헌의 명칭이 빠졌고, 성어(盛於)라는 구절이 성(成)자로만 되어 있고, 양절지품은 이양절지다품으로 되어 있다.

⑥ 이래(以來): 이래를 이후(已後)로 바로잡는다.

⑦ 백아(白牙): 백아의 아(牙)자를 싹아(芽)로 바로잡는다.

⑧ 근세(近世): 근세의 세(世)자를 햇 세(歲)자로 바로잡는다.

인용문헌

제1구절은 소동파 시집 권2에 실려 있는 화전안도기혜건다(和錢安道寄惠建茶)의 내용이다. 칠언고시인데,

아관어남금기시(我官於南今幾時) 상진계다여산명(嘗盡溪茶與山茗)
흉중사기고인면(胸中似記故人面) 구불능언심자성(口不能言心自省)
위군세설아미가(爲君細說我未暇) 시평기략차가청(試評其略差可聽)
건계소산수부동(建溪所產雖不同) 일일천여군자성(一一天與君子性)
삼연가애불가만(森然可愛不可慢) 골청육니화차정(骨清肉膩和且正)
설화우각하족도(雪花雨脚何足道) 철과시지진미영(啜過始知眞味永)
종복고경종가록(縱復苦硬終可錄) 급암소당관요맹(汲黯少戇寬饒猛)
초다무뢰공유명(草茶無賴空有名) 고자요사차완광(高者妖邪次頑懭)

체경수복강부범(體輕雖復强浮汎) 성체편공구산냉(性滯偏工嘔酸冷)
기간절품기불가(其間絶品豈不佳) 장우종현비골경(張禹縱賢非骨鯁)
규화옥과불역치(葵花玉銙不易致) 도로유험격운령(道路幽嶮隔雲嶺)
수지사자래자서(誰知使者來自西) 개함뢰락수백병(開緘磊落收百餠)
후향작미본비별(嗅香爵味本非別) 투지자각광형형(透紙自覺光炯炯)
비강단봉우소용(粃糠團鳳友小龍) 노예일주신쌍정(奴隷日注臣雙井)
수장애석대가객(收藏愛惜待佳客) 불감포리찬권행(不敢包裹鑽權倖)
차시유미군물전(此詩有味君勿傳) 공사시인노생영(空使時人怒生癭) 이라고 했다. 이 중에서 설화우각하족도의 구절만을 인용하였다.

제2구절은 황정견 시집(黃庭堅詩集)에 들어 있는 칠언율시로서 쌍정다송자첨(雙井茶送子瞻)의 내용이다.

인간풍일부도처(人間風日不到處) 천상옥당삼보서(天上玉堂森寶書)
상견동파구거사(想見東坡舊居士) 휘호백곡사명주(揮毫百斛瀉明珠)
아가강남적운유(我家江南摘雲腴) 낙애비비설불여(落磑霏霏雪不如) 유(腴)
위군환기황주몽(爲君喚起黃州夢) 독재편주향오호(獨載扁舟向五湖)라고 되어 있다.
이중에서 아가강남적운유라는 구절만 인용하였다.

주석문은 동파집에 실려 있는 것을 인용하였는데,
여거차십칠년(予去此十七年) 부여팽성장성도(復與彭城張聖途) 단양진보지동래원(丹陽陳輔之同來院) 승범영(僧梵英) 즙치당우(葺治堂宇) 비구가엄결(比舊加嚴潔) 명음방열(茗飮芳烈) 문차신다나(問此新茶那) 영왈다성(英曰茶性) 신구교측(新舊交則) 향미복(香味復)이라고 되어 있다. 이 중에서 일부만 인용하였다.

그리고 북송 때 구양수(歐陽修)가 1067년에 찬한 귀전록(歸田錄)을 인용하였는데 그 원문은 다음과 같다. 귀전록 권1에 보면,
납다출어검건(臘茶出於劍建) 초다성어양절(草茶盛於兩浙) 양절지품(兩浙之品) 일주위제일(日注爲第一) 자경우이후(自景祐已後) 홍주쌍정백아점성(洪州雙井白芽漸盛) 근세제작우정(近歲製作尤精) 낭이홍사(囊以紅紗) 불과일이양(不過一二兩) 이상다십수근양지(以常茶十數斤養之) 용벽서습지기(用辟暑濕之氣) 기품원출일주상(其品遠出日注上) 수위초다제일(遂爲草茶第一)이라고 되어 있다. 이 중에 일부만을 간추려 인용하였다.

동다송 18

건양(建陽)[①]의 단산(丹山)[②]은 물이 맑은 고장으로,

운감(雲龕)차와 월간(月澗)차를 특별하게 품격을 높였네.

[돈재한람(遯齋閑覽)[③]에 건안차(建安茶)를 천하제일이라 하더라. 손초(孫樵)[④]가 차를 보내면서 형부(刑部)로 보낸 글에 만감후(晩甘侯)라고 하였다. 열다섯 명의 시중 들 사람을 재각(齋閣)으로 보내니, 이들이 모두 번개같이 물을 길어다 차를 달여 올렸다. 무릇 건양의 단산은 물이 맑은 고장으로, 월간차와 운감차가 나오는데, 함부로 사용할 것이 아니다. 만감후란 차의 이름이다.

다산(茶山)[⑤]선생의 걸명소(乞茗疏)에[⑥] 「아침에 일어나 기분이 상쾌할 때, 흰 구름이 맑은 하늘에 둥실둥실 떠 있을 때 낮잠에서 막 깨어났을 때, 밝은 달이 시냇가에 떠 있을 때는 차 마시기에 좋은 때이다」라고 하였다.]

주(註)

---

① 건양(建陽): 복건성 서북쪽에 있는 고장 이름. 물이 맑다. 건계(建溪)가 있고 차가 많이 난다. 진나라 때 건양이라고 했다.

② 단산(丹山): 산 이름. 복건성 건양현(建陽縣)에 있다. 산간에 붉은 기운이 항상 덮여 있고, 숲과 고개가 붉어서 단산이라고 했다. 산에 붉은 구멍(丹穴)이 있다고 한다.

③ 돈재한람(遯齋閑覽): 북송(北宋) 때 범정민(范正敏)이 지은 책이다. 일종의 초록(抄錄)으로서 소계어은총화전집(苕溪漁隱叢話前集) 권46에 수록되어 있다. 또 증수시화총구후집(增修詩話總龜後集) 권30에도 수록되어 있다.

④ 손초(孫樵): 당나라 때 산문가. 자는 가지(可之) 또는 은지(隱之). 한유(韓愈)의 문하생으로 관동(關東) 사람. 벼슬은 희종 때 중서사인(中書舍人)을 제수 받음. 저서는 손가지집(孫可之集) 10권이 전한다.

⑤ 다산(茶山): 조선 말기 실학자. 성은 정(丁)씨이며 이름은 약용(若鏞)이요, 다산은 그의 호이다. 또 여유당(與猶堂)이라고도 했다.

강진군 도암면 귤동의 다산초당에 가서 유배생활을 했다.

⑥ 걸명소(乞茗疏): 다산 선생이 그와 친분이 두터웠던 아암혜장(兒菴惠藏)선사께 차를 구걸하는 글이다. 강진에 유배를 가서 지낼 때 혜장선사의 도움으로 고성사(高聲寺)에 옮겨 살면서 차를 늘 얻어 마셨다. 다산 선생은 혜장선사에게 차를 배웠다. 이 글은 을축년(1805) 겨울에 고성사 보은산방(寶恩山房)에서 지었다.

제18송(校訂文)

건양단산벽수향(建陽丹山碧水鄕) 품제특존운간월(品題特尊雲澗月).

[돈재한람(遯齋閑覽) 건안다위천하제일(建安茶爲天下第一). 손초송다초(孫樵送茶焦)형부서만감후(刑部書晩甘侯) 십오인견시재각(十五人遣侍齋閣) 차도개승뢰이적배수이화(此徒皆乘雷而摘拜水而和) 개건양단산벽수지향(蓋建陽丹山碧水之鄕) 월간운감지품(月澗雲龕之品) 신물천용(愼勿賤用) 만감후다명(晩甘侯茶名). 다산선생(茶山先生) 걸명소(乞茗疏) 조화시기(朝華始起) 부운정정어청천(浮雲皛皛於晴天) 오수초성(午睡初醒) 명월이이어벽간(明月離離於碧澗)]

해설(解說)

제18송

제1구: 복건성의 건양현에 있는 무이산(武夷山)은 예로부터 물이 맑기로 소문이 나 있는데,

제2구: 이곳에서는 운감차와 월간차가 그 품격이 매우 높아 특별하게 취급되었네.

원문주: 북송 때 문장가 범정민이 지은 돈재한람이란 책에 보면 복건성 건안에서 나는 건안차가 천하에서 제일 좋다고 하였다. 또 손초가 만감후라는 차를 보내면서 보낸 글귀에 건양의 단산은 물이 깊고 맑아서 좋은 차가 많이 나오는데 특히 월간차와 운감차는 품격이 매우 높다. 함부로 천하게 사용하지 말라고 하였다.

다산선생이 혜장 선사께 차를 구걸하고자 보낸 글(걸명소)에 보면 「아침에 일어나 기분이 상쾌할 때나, 흰 구름이 맑은 하늘에 두둥실 떠 있는 것을 보고 있을 때나, 낮잠에서 막 깨어나 정신이 흐릴 때나, 달이 시냇가에 떠 있는 것을 보고 있을 때는 차 마시기에 매우 좋은 때이다」라고 하였다.

제18송의 전체적인 뜻은 복건성 건양현의 무이산은 예로부터 물 맑고 좋은 차가 많

이 나기로 소문이 나 있는데, 그중에서도 운감차와 월간차는 더욱 그 품격이 높다네. 이러한 차는 함부로 사용할 차가 아니고 만감후차처럼 재각에 제사를 지내거나 다산 선생이 말하듯 흰 구름이나 밝은 달과 벗하여 마시는 것이 좋다는 뜻이다.

第十八頌(原文)

建陽丹山碧水鄕·品題特尊雲澗月.

[遯齋閑覽 建安茶爲天下第一. 孫樵送茶焦 丹[①]部曰[②]晩甘候[③] 十五人遣侍齋閣 此徒[④]乘雷而摘拜水而和 盖[⑤]建陽丹山碧水之鄕 月澗雲龕之品 愼勿賤用[⑥] 晩甘侯[⑦]茶名 茶山先生 乞茗疏 朝華始起 浮雲皛皛於[⑧]晴天 午睡初醒 明月離離於[⑨]碧澗]

원문교정(原文校訂)

① 단부(丹部): 단(丹)자를 형(刑)자로 바로잡는다. 형부(刑部)를 단부라고 잘못 적은 것이다. 청이록(淸異錄)에 실려 있는 원문에는 형부로 되어 있고, 다예관본에는 단부로, 석오본에는 형부로 되어 있다.

② 형부왈(刑部曰): 다예관본이나 석오본 모두 가로 왈(曰)자로 되어 있으나 청이록 원문에는 글 서(書)자로 되어 있다. 글 서(書)자로 바로잡는다.

③ 만감후(晩甘候): 다예관본에는 기후 후(候)자로, 석오본에는 임금 후(侯)자의 후(侯)자로 되어 있다. 임금 후(侯)자로 바로잡는다.

④ 차도(此徒): 다예관본이나 석오본에는 차도 다음에 다 개(皆)자가 빠져 있지만, 청이록의 원문에는 「차도개승뢰이적배수이화(此徒皆乘雷而摘拜水而和)」라고 되어 있다.

⑤ 개(盖): 다예관본이나 석오본 모두 개(盖)자로 나와 있다. 개(盖)자는 개(蓋)자의 약자이다.

⑥ 천용(賤用): 다예관본이나 석오본 모두 천용으로 되어 있으나, 청이록 원문에는 천용지(賤用之)라고 되어 있다. 갈 지(之)자가 누락되어 있다. 하지만 없어도 뜻이 통한다.

⑦ 만감후(晩甘矦): 다예관본이나 석오본 모두 임금 후(矦)자의 고자(矦)로 되어 있다. 정자(侯)로 바로잡는다.

⑧ 어(於): 다예관본이나 석오본 모두 어조사 어(於)자로 되어 있으나 여유당전서에는 어조사 호(乎)자로 되어 있다. 뜻이 서로 통하는 글자이다.

⑨ 어(於): ⑦번의 주석 참고.

인용문헌(引用文獻)

제18송에서 인용한 문헌은 모두 세 가지인데, 첫째는 범정민이 찬술한 돈재한람이다. 원문에는 여러 가지 문헌을 이용해서 기록해 놓았는데, 그중에서 육우의 다경을 인용한 부분은, 「육우다경(陸羽茶經) 통언복건천소등십주소출자(統言福建泉韶等十州所出者) 기미극가이기(其味極佳而已) 금건안위천하제일(今建安爲天下第一)」이라고 했다. 이 중에서 끝부분만을 인용하였다.

둘째는 광군방보(廣群芳譜)에 실려있는 청이록(淸異錄)의 고사인데, 「손초송다초(孫樵送茶焦) 형부서만감후(刑部書晩甘侯) 십오인견시재각(十五人遣侍齋閣) 차도개승뢰이적배수이화(此徒皆乘雷而摘拜水而和) 개건양단산벽수지향(盖建陽丹山碧水之鄕) 월간운감지품(月澗雲龕之品) 신물천용지(愼勿賤用之)」라고 되어 있다.

셋째는 여유당전서(與猶堂全書) 권1에 실려 있는 이아암선자걸명소(貽兒菴禪子乞茗疏)의 글귀이다. 「여인(旅人) 근작다도(近作茶饕) 겸충약이(兼充藥餌) 서중묘벽전통(書中妙辟全通) 육우지삼편(陸羽之三篇) 병리웅잠수갈(病裡雄蠶遂竭) 노동지칠완(盧同之七椀) 수침정척기불망기모경지언(雖侵精瘠氣不忘綦毋煚之言) 이소옹파반종유이찬황지벽(而消壅破瘢終有李贊皇之癖) 박호(泊乎) 조화시기(朝華始起) 부운정정호청천(浮雲皛皛乎晴天) 오수초성(午睡初醒) 명월이이호벽간(明月離離乎碧澗) 세주비설(細珠飛雪) 산등표자순지향(山燈飄紫筍之香) 활화신천(活火新泉) 야석천백토지미(野席薦白免之味) 화자홍옥(花瓷紅玉) 번화수손어로공(繁華雖遜於潞公) 석정청연(石鼎靑煙) 담소서지어한자(澹素庶之於韓子) 해안어안(蟹眼魚眼) 석인지완호도심(昔人之玩好徒深) 용단봉단(龍團鳳團) 내부지진령이경(內府之珍頒已罄) 자유채신지질(玆有采薪之疾) 연신걸명지정(聊伸乞茗之情) 절문(竊聞) 고해진양최중단나지시(苦海津梁最重檀那之施) 명산고액잠수초단지괴(名山膏液潛輸艸端之魁) 의념갈희(宜念渴希) 과간파혜(毌慳波惠)」라고 되어 있다. 이 중에서 일부분만을 인용하였다.

동다송 19

우리나라(東國)에서 생산되는 차도 원래 근본은 서로 같아서,

빛깔이나 향이나 맛이나 그 효능은 한 가지일세.

육안차(六安茶)①는 맛이 좋고 몽산차(蒙山茶)②는 약효가 있다는데,

우리나라 차는 그 두 가지를 다 겸했음을 옛사람이 판단했네.

[동다기(東茶記)③에 이르기를 어떤 이는 우리나라 차의 효능을 의심하여 중국차(中國茶)④만 못하다고 하지만, 내가 보기에는 빛깔이나 향내나 맛이 조금도 차이가 없다. 다서(茶書)⑤에 이르기를 육안차는 맛이 좋고 몽산차는 약효가 좋다고 하였는데, 우리나라 차(東茶)는 두 가지를 다 겸비하였다. 만약에 이찬황(李贊皇)⑥이나 육자우(陸子羽)⑦가 있다면 그 사람들은 반드시 내 말이 옳다고 할 것이다]

주(註)

① 육안차(六安茶): 안휘성(安徽省) 곽산현(霍山縣)에서 나는 이름난 차이다. 옛날에 곽산이 육안군(六安郡)에 소속되었기에 붙여진 이름이다. 차밭의 주위가 4백여 리인데, 선인충(仙人衝), 황계간(黃溪澗), 오매첨(烏梅尖), 불사(佛寺), 몽동만(濛潼灣) 등지에서 나는 차가 최고로 좋다. 찻잎의 표면에 하얀 털이 나서 백다(白茶)라고도 하며 잎이 쇠어서 털이 없는 것은 규명차(叫明茶)라고 한다.

② 몽산차(蒙山茶): 사천성(四川省)의 명산(名山), 아안(雅安), 노산(蘆山), 천회(天會) 등 4개 현의 경계에 있는 몽산(蒙山)에서 나는 차. 민산(岷山)의 지맥으로 산봉우리가 다섯이 있는데, 가운데 봉우리에서 나는 차가 제일 좋다. 일명 몽정차(蒙頂茶)라고도 한다. 유원장(劉源長)의 다사(茶史)나 허차서의 다소(茶疏)에도 나오는 차 이름이다. 당나라 때에는 이 몽정차를 최고로 삼았다.

③ 동다기(東茶記): 다산 정약용 선생의 저서라고 전해졌으나, 전의이(全義李)라는 사람의 저서로서 서문 2절 본문 12장(章)으로 엮어져 있다. 차에 대한 여러 가지 이야기들이 기록되어 있는데 그중에서 제6장 다지효(茶之效) 구절만 인용되었다.

④ 중국차(越産茶): 월산차 즉 중국차는 육안차나 몽산차를 가리키는 말로써 월국소산(越國所産)차라는 말인데 월나라는 지금의 절강성 소홍현에 도읍을 둔 12열국 중의 하나였다.
⑤ 다서(茶書): 이 다서는 구체적으로 어떤 책을 가리키는지 알 수는 없지만 인용한 문구의 내용이 허준의 동의보감(東醫寶鑑)과 일치하고 있다.
⑥ 이찬황(李贊皇): 당나라 무종(武宗) 때 재상을 지냈다. 자는 문요(文饒), 이름은 덕유(德裕: 787~849년), 찬황(贊皇)은 출생지의 지명이자 호이다. 이길보(李吉甫)의 아들로 헌종, 목종, 경종, 문종, 무종을 모시었다. 우승유(牛僧儒)와 격렬하게 당파싸움을 해서 사가(史家)들은 우리당쟁(牛李黨爭)이라고 한다. 선종 때 우당(牛黨)의 모함을 받아 애주(崖州)에서 사약을 받았다. 저서로는 회창일품집(會昌一品集)이 전하며 혜산천(惠山泉)의 물을 길어다 차를 달여 마셨다.
⑦ 육자우(陸子羽): 육우(陸羽: 727~804년). 중국 다도의 개조로서 다경(茶經)의 저자. 출생지와 부모를 알 수가 없고, 용개사의 지적선사(智積禪師)가 주워다 길렀다. 성은 육씨(陸氏), 이름은 우(羽)자는 홍점(鴻漸)이라고 한다.

제19송(校訂文)

동국소산원상동(東國所産元相同) 색향기미논일공(色香氣味論一功).

육안지미몽산약(六安之味蒙山藥) 고인고판겸양종(古人高判兼兩宗).

[동다기운(東茶記云) 혹의동다지효(或疑東茶之效) 불급월산(不及越産) 이여관지(以余觀之) 색향기미(色香氣味) 소무차이(少無差異). 다서운(茶書云) 육안다이미승(六安茶以味勝) 몽산다이약승(蒙山茶以藥勝). 동다개겸지의(東茶蓋兼之矣) 약유이찬황(若有李贊皇) 육자우(陸子羽) 기인필이여언위연야(其人必以余言爲然也)]

해설(解說)

제19송
제1구: 우리나라에서 생산되는 차도 원래 근본은 중국차와 서로 같아서,
제2구: 빛깔이나 향내나 맛이나 그 효능은 중국차와 한 가지일세.
제3구: 육안차는 맛이 좋고 몽산차는 약효가 있다는데,
제4구: 옛사람이 판결하기를 우리나라 차는 그 두 가지를 모두 겸비했다고 하였다.
원문주: 전의이(全義李)선생은 동다기(東茶記)를 통해서 말하기를, 어떤 사람은 우

리나라 차의 효능을 의심하여 중국차만 못하다고 하지만, 내가 보기에는 빛깔이나 향내나 맛이 모두 조금도 차이가 없다고 하였다. 또 다서(茶書)에 이르기를 육안차는 맛이 좋고 몽산차는 약효가 좋다고 하였는데, 우리나라 차는 이 두 가지를 겸비하였다. 만약에 여기에 이찬황이나 육우 같은 차의 달인이 있었다면 그들은 반드시 내 말이 옳다고 긍정할 것이다라고 하였다.

제19송의 전체적인 뜻은 우리나라에서 생산되는 차는 본래 그 품종이 중국차와 똑같아서 빛깔이나 맛이나 향내가 같을 뿐만 아니라, 육안차의 맛이나 몽산차의 약효를 다 겸비하였다고 한다. 이는 옛사람들도 증명한 바이지만 내가 보기에도 다르지 않다. 만약에 이 자리에 이찬황이나 육우 같은 차의 달인들이 있다면 나의 말에 모두 긍정할 것이라고 하였다.

第十九頌(原文)

東國所産元相同 色香氣味論一功.
陸安[①]之味蒙山藥 古人高判兼兩宗.
[東茶記云 或疑東茶之效 不及越産 以余觀之 色香氣味 少無差異. 茶書云 陸安[②]茶以味勝 蒙山茶以藥勝. 東茶盖[③]兼之矣 若有李贊皇 陸子羽 其人必以余言爲然也]

원문교정(原文校訂)

① 육안(陸安): 다예관본이나 석오본 모두 육안차의 육(陸)자가 육지 육(陸)자로 되어 있으나, 명나라 때 허차서(許次紓)의 다소(茶疏)에는 여섯 육(六)자로 되어 있다. 우리나라의 문헌인 허준(許浚)의 동의보감(東醫寶鑑)에는 육지 육(陸)자로 되어 있고, 조선왕조실록(朝鮮王朝實錄)에는 여섯 육(六)자로 되어 있다. 육안차는 중국의 안휘성 육안군(六安郡) 곽산(藿山)에서 나는 차 이름이다. 여섯 육(六)자로 쓴다.

② 육안다(陸安茶): 앞의 경우와 같음.

③ 개(盖): 다예관본이나 석오본 모두 개(盖)자로 나와 있다. 개(盖)자는 개(蓋)자의 약자이다.

인용문헌(引用文獻)

제19송에 인용된 문헌은 두 종류인데, 첫째는 전의이(全義李)선생이 저술한 동다기(東茶記)이다. 이 동다기는 지금까지 원문이 밝혀지지 않아서 많은 사람들의 마음을 아프게 했는데, 이번에 그 필사본을 발굴해서 전문을 알 수가 있게 되었다. 이 동다기의 제6장을 인용하였는데, 원문을 보면 다음과 같다.

「다지효(茶之效) 혹의동다(或疑東茶) 불급월산(不及越産) 이여관지(以余觀之) 색향기미(色香氣味) 소무차이(少無差異) 다서운(茶書云) 육안다이미승(陸安茶以味勝) 몽산다이약용(蒙山茶以藥用) 동다개겸지의(東茶盖兼之矣) 약유이찬황(若有李贊皇) 육자우(陸子羽) 기인측필이여언위연(其人則必以余言爲然)」이라고 되어 있다. 그리고 둘째는 동다기에서 인용한 문헌인데, 여기에 나오는 다서(茶書)는 어디에서 인용한 것인지 알 수가 없다. 그 내용이 허준(許浚)이 저술한 동의보감(東醫寶鑑)의 고다(苦茶)조와 내용이 유사하다.

「몽산다(蒙山茶) 성온(性溫) 치병최호의(治病最好宜) 흥다(興茶)육안차(陸安茶) 동백산차(東白山茶) 신화산차(神華山茶) 용정차(龍井茶) 민랍차(閩臘茶) 촉고차(蜀苦茶) 보경차(寶慶茶) 노산운무차(盧山雲霧茶) 구이미가득명(俱以味佳得名) 일인호식소아불철 (一人好食燒鵝不輟) 의자(醫者) 위기필생내옹후졸(謂其必生內癰後卒) 불병(不病) 방지차인(訪知此人) 매야필철량다일완다(每夜必啜凉茶一椀茶) 차기해독(此其解毒)」이라고 되어 있다. 이 글귀 중에서 「몽산차는 성질이 따뜻하여 병을 치료하는 데 좋고 육안차는 맛이 매우 좋아서 이름을 얻은 차이다」라고 하는 구절만 뽑아 인용한 것 같다.

동다송 20

늙은이를 젊게 하고 마르는 것을 막아주는 신이한 효험 빠르기도 하여,

팔십 늙은이의 얼굴이 복숭아꽃처럼 붉어지네.

[이백(李白)①이 말하기를, 「옥천사(玉泉寺)②의 진공(眞公)③ 스님이 나이가 팔십여 세인데, 얼굴빛이 복숭아꽃같이 붉다. 이곳 차는 맑고 향기롭기가 다른 곳의 차와는 달라서 능히 늙은이를 젊게 하고 마르는 것을 막아주며 사람으로 하여금 장수하게 한다」고 하였다]

주(註)

① 이백(李白): 당나라 때 시인, 자는 태백(太白), 호는 청련거사(靑蓮居士)라고 하며, 두보(杜甫)와 쌍벽을 이루는 당대 최고의 시인이다. (제2송의 주 참고)

② 옥천사(玉泉寺): 호북성 당양현(當陽縣)의 서쪽에 있는 옥천산(玉泉山)에 있는 절이다. (제2송의 주 참고)

③ 진공(眞公): 옥천사에 거주한 스님이다. 이분의 행적은 자세히 알 수가 없고, 평소 차를 좋아하여 옥천사 근처에서 나는 차를 상음(常飮)하였는데, 팔십여 세의 나이에도 불구하고 얼굴빛이 복숭아꽃처럼 붉었다고 한다.

제20송(校訂文)

환동진고신험속(還童振枯神驗速) 팔질안여요도홍(八耋顔如夭桃紅).

[이백운(李白云) 옥천진공(玉泉眞公) 년팔십여세안색여도화(年八十餘歲顔色如桃花) 차명향청이우타(此茗香淸異于他) 소이능환동진고이영인장수야(所以能還童振枯而令人長壽也)]

해설(解說)

제20송

제1구: 차는 신이한 효험이 있어서 늙은이를 젊게 하고 마르는 것을 막아 준다고 하였는데,

제2구: 팔십 늙은이의 얼굴빛이 복숭아꽃처럼 붉어진다고 하였다.

원문주: 이태백이 말하기를, 중국 호북성 당양현에 있는 청계산 옥천사에는 나이가 팔십여 세나 되는 진공이라는 스님이 계시는데, 얼굴빛이 복숭아꽃같이 붉다고 하였다. 그 까닭은 이곳 차는 향기롭고 맑아서 다른 곳의 차와는 다르기 때문이다. 능히 늙은이를 젊게 하고 마르는 것을 막아 줄 뿐만 아니라, 사람으로 하여금 장수하게 한다고 하였다.

제20송의 전체적인 뜻은 차라고 하는 것은 늙는 것을 방지해 주고 또 마르는 것도 막아 주며 사람으로 하여금 오래 살도록 하는 신이한 효과가 있다는 것이다. 이 신이한 효과가 팔십 늙은이의 얼굴빛을 복숭아꽃같이 붉게 하여 준다고 했다. 차는 노화방지를 위해서 좋은 약이다.

第二十頌(原文)

還童振枯神驗速 八耋顔如夭桃紅.

[李白云 玉泉眞公 年八十①顔色如桃李② 此茗香淸異于他③ 所以能還童振枯而令人長壽也④]

원문교정(原文校訂)

① 년팔십(年八十): 다예관본이나 석오본 모두 년팔십으로 되어 있으나, 이태백 시권(李太白詩卷)의 원문에는 년팔십여세(年八十餘歲)라고 되어 있다. 초의선사는 인용문을 요약해서 사용했는데 여세(餘歲)라는 구절을 생략하였다.

② 도리(桃李): 다예관본, 석오본 모두 도리라고 되어 있으나, 원문에는 도화(桃花)라고 되어 있다. 꽃 화(花)자로 바로잡는다.

③ 차명향청이우타(此茗香淸異于他): 다예관본, 석오본 모두 위와 같이 되어 있으나, 이태백 시권 원문에는 이차명청향골숙이어타자(而此茗淸香滑熟異於他者)라고 되어 있다. 이 구절을 요약해서 사용하였는데 그 뜻을 취하고 글자는 생략하였다.

④ 소이능환동진고이영인장수야(所以能還童振枯而令人長壽也): 다예관본이나 석오본 모두 위와 같이 되어 있으나, 이태백 시권 원문에는 소이능환동진고부인수야(所以能還童振枯扶人壽也)라고 되어 있다. 이 구절도 뜻을 알기 쉽게 인용하였는데 문구를 개작하여 간결하고 쉽게 이해할 수 있도록 하였다. 말미의 부인수야를 영인장수야(令人長壽也)로 바꾸었다.

인용문헌(引用文獻)

제20송에 인용된 문헌은, 제2송에 인용된 문헌과 똑같은 것으로 분류보주이태백시권(分類補註李太白詩卷)의 오언고시(五言古詩)중 답족질승중부증옥천산인장다 병서(答族姪僧中孚贈玉泉杣人掌茶 幷序)의 시구 중에서 서문을 인용한 것이다. 인용된 부분은 다음과 같다. 「유옥천진공(唯玉泉眞公) 상채이음지(常采而飮之) 년팔십여세(年八十餘歲) 안색여도화(顔色如桃花) 이차명청향골숙이어타자(而此茗淸香滑熟異於他者) 소이능환동진고부인수야(所以能還童振枯扶人壽也)」이 글귀 중에서 크게 필요 없는 글자는 삭제하고 뜻이 잘 통하도록 인용문구를 고쳐서 사용했다.

동다송 21

제21송

나(草衣)에게는 유천(乳泉)①이 있어서

수벽탕(秀碧湯)②과 백수탕(百壽湯)③을 만드는데,

어떻게 가지고 가서

목멱산(木覓山)④의 해거도인(海居道人)에게 드릴 수 있으랴.

[당나라 소이(蘇廙)⑤가 지은 16탕품(十六湯品)의 제3품 백수탕(百壽湯)⑥에 「사람이 백 살을 넘은 것과 같고, 물이 열 번을 끓어 넘은 것과 같은데, 혹은 이야기를 하다가 막히기도 하고, 혹은 일 때문에 내버려 두기도 한다. 이때 비로소 들어서 사용하려면 끓인 물은 이미 본성을 상실하고 만다. 감히 묻노니 머리털이 희고 얼굴이 창백한 나이 많은 늙은이가 젊어져서 활을 잡고 쏘아 과녁을 맞힐 수 있으며, 씩씩하게 높은 데를 올라가거나 기운차게 걸어서 멀리 갈 수 있을 만큼 돌이켜지겠는가」라고 하였다.

제8품 수벽탕(秀碧湯)에 「돌(石)이란 천지의 빼어난 기운이 응결되어 이루어진 것이니, 쪼아서 그릇을 만들면 빼어난 기운(秀氣)이 아직도 남아 있다. 그것에 탕을 끓이면 나쁠 수가 있겠는가」라고 하였다.

근래에 유당(酉堂)⑦ 노인께서 해남 대흥사(大興寺)⑧에 오셨을 때, 자우산방(紫芋山房)⑨에서 하룻밤을 묵었는데, 그때 샘(유천)물을 마셔보고 「수락(酥酪)⑩보다도 맛이 좋다」고 하였다.

주(註)

---

① 유천(乳泉): 우리나라 차의 성지(聖地)인 해남 대흥사 일지암(一枝庵)에 있는 샘물. 추사 김정희의 아버지인 유당 김노경(金魯敬)이 시를 지어 칭송한 샘이다. 모든 생명을 기르

는 젖(乳)과 같이 좋은 샘물을 말한다. 그러나 중국인들은 다른 견해를 가지고 있다. 명나라 전예형(田藝衡)이 지은 자천소품(煮泉小品)의 이천(異泉)조에 「유천이란 종유석(鐘乳石)의 샘이요, 산골(山骨)의 고수(膏髓)이다. 그 샘물의 빛깔은 희고 무거우며 지극히 달고 향기로워 마치 감로(甘露)와 같다」라고 하였다.

② 수벽탕(秀碧湯): 당나라 소이가 지은 탕품 가운데 제8품에 해당하는 내용이다. 돌의 빼어난 기운을 우려내며 마시는 것이다. 돌탕관에 끓인 탕을 수벽탕이라고 한다.

③ 백수탕(百壽湯): 당나라 소이가 지은 탕품 가운데 제3품의 내용인데, 사람이 백 살을 먹으면 노쇠하듯 물도 열 번 끓으면 늙어버려 본성을 상실한다. 이미 본성이 허약해진 탕수를 말한다.

④ 목멱산(木覓山): 서울 남산을 말하는데 서쪽 봉우리를 목멱산, 동쪽 봉우리를 종남산(終南山) 또는 인경산(引慶山)이라고도 한다.

⑤ 소이(蘇廙): 당나라 때 사람으로 그의 행적은 알 수가 없다. 도곡(陶穀)의 청이록(淸異錄)에 실려 있는 16탕품으로 해서 알려진 사람이다.

⑥ 십육탕품(十六湯品): 소이의 저서로서 원명은 탕품(湯品)인데, 16종류로 나누어서 써 놓았기 때문에 16탕품이라고 한다. 이 책의 원본은 전하지 않고 송나라 때 도곡이 지은 청이록 권4 명천부(茗荈部)에 실려 있었다. 저술 연대도 알 수가 없다.

⑦ 유당(酉堂): 김노경(金魯敬: 1766~1840년)의 호, 자는 가일(可一)이며 이조판서, 병조판서, 예조판서를 두루 역임하였으며, 청나라에 동지사(冬至使)로 다녀왔는데, 이때 추사 김정희를 데리고 갔다. 추사의 부친이다. 한 때 완도 고금도(古今島)에서 유배생활을 했는데 4년 만에 풀려 돌아갈 때 일지암에 들려서 하룻밤을 묵어갔다.

⑧ 대흥사(大興寺): 전라남도 해남군에 있는 절, 대한불교 조계종 제22교구 본사로서 백제 구이신왕 7년(426년) 정관존자(淨觀尊者)가 창건하였다. 두륜산 안에 자리 잡고 있는데 이 산 중턱에 일지암이 있다.

⑨ 자우산방(紫芋山房): 일지암의 다른 이름으로, 원래는 자우홍련사(紫芋紅蓮社)라고 하였는데, 추사 김정희가 자우산방이라고 줄여서 당호를 써주었다. 초의선사가 이곳에서 동다송과 다신전을 펴냈으며 독처지관(獨處止觀) 40여 년을 했다.

⑩ 수락(酥酪): 우유로 만든 음료이다. 제호(醍醐)를 만들기 전에 가공하여 만든 것으로 먼저 수(酥)를 만들고 다음에 수를 가지고 낙(酪)을 만들며, 낙을 가지고 제호를 만든다. 제호는 천하 음식 가운데 으뜸이다.

제21송(校訂文)

아유유천(我有乳泉) 읍성수벽백수탕(挹成秀碧百壽湯)

하이지귀(何以持歸) 목멱산전헌해옹(木覓山前獻海翁).

[당소이저(唐蘇廙著) 십육탕품(十六湯品) 제삼왈(第三曰) 백수탕(百壽湯) 인과백식(人過百息) 수유십불(水踰十沸) 혹이화조(或以話阻) 혹이사폐(或以事廢) 시취용지(始取用之) 탕이실성의(湯已失性矣) 감문파빈창안지대노(敢問皤鬢蒼顔之大老) 환가집궁말시이취중호(還可執弓抹矢以取中乎) 환가웅등활보이매원호(還可雄登闊步以邁遠乎). 제팔왈(第八曰) 수벽탕(秀碧湯) 석응결천지수기이부형자야(石凝結天地秀氣而賦形者也) 탁이위기(琢以爲器) 수유재언(秀猶在焉) 기탕불량(其湯不良) 미지유야(未之有也) 근유당대야(近酉堂大爺) 남과두륜(南過頭輪) 일숙자우산방(一宿紫芋山房) 상기천왈(嘗其泉曰) 미승수락(味勝酥酪).]

해설(解設)

제21송

제1구: 일지암에는 유천이라는 좋은 샘물이 있어서 초의선사가 수벽탕을 끓이기도 하고 백수탕을 끓이기도 하는데,

제2구: 이 탕수로 차를 달여 가지고 가서 목멱산(남산) 아래 사는 해거도인에게 드리고 싶으나 길이 멀어 어찌할 수 없구나.

원문주: 당나라 때 소이라고 하는 사람이 16탕품을 지었는데, 그 제3품에 보면 백수탕이 나온다. 백수탕은 사람이 백 살을 넘은 것과 같고 물이 열 번을 끓어 넘쳐서 기운이 허약하게 된 것과 같다. 이렇게 되는 까닭은 다른 사람과 이야기를 하다가 지나치거나 일을 하다가 깜빡 잊어버리기도 하는데, 이러한 탕수는 성품이 허약하고 늙어 버려서 사용할 수가 없게 된다. 이와 같이 늙어버린 물은 마치 머리털이 희고 얼굴이 창백해진 늙은이가 다시 젊어져서 활을 잡아 쏘아서 과녁을 맞힐 수 없듯이 돌이키기 어려우며, 또는 씩씩하게 젊은이처럼 높은 곳을 올라갈 수 없고, 멀리 활보할 수 없는 것처럼 돌이킬 수 없는 일이다. 이 같은 것을 백수탕이라고 한다. 사용할 수 있는 탕이 아니다.

또 제8품에 보면 수벽탕이 나오는데, 수벽탕은 천지의 빼어난 기운이 응결되어 있

는 좋은 돌로 탕관을 만들어서 그것에 물을 끓이면 돌 속에 남아 있는 수기(秀氣)가 우러나와 좋은 탕이 만들어진다. 이러한 탕수는 천하의 으뜸이다. 초의선사는 돌 탕관에 유천물을 끓여서 수벽탕을 만들었다.

근래에 추사 김정희의 아버지 유당 김노경 선생이 완도 고금도에 유배를 갔다가 4년 만에 풀려서 돌아갈 때(1883), 일지암에 들려서 하룻밤을 묵어갔는데 이때 유천의 물을 마셔보고 수락보다도 좋은 제호와 같다고 하였다. 유천은 예나 지금이나 변함없이 맑은 물을 쏟아 내고 있다.

제21송의 전체적인 뜻은, 초의선사가 거처하시는 일지암에는 유천이라는 좋은 샘물이 있어서 이것으로 백수탕과 수벽탕을 끓이는데, 백수탕은 너무 많이 끓여서 탕이 늙어 쓸 것이 못되고, 수벽탕은 천지의 기운을 받을 수 있어서 좋은 탕이 된다. 차를 끓이는 데 있어서 물은 매우 중요한 역할을 하는데, 물은 차의 몸이 되고 차는 물의 정신이 된다. 그러므로 좋은 물을 잘 끓여서 사용하는 것은 차를 다루는 사람에게 꼭 필요한 지식이다.

第二十一訟(原文)

我有乳泉 挹成①秀碧百壽湯
何以持歸 木覓山前獻海翁.

[唐蘇廙著 十六湯品 第三曰 百壽湯 人過百息 水逾②十沸 或以話阻 或以事廢③ 如④取用之 湯已生⑤性矣 敢問皤鬢⑥蒼顔之老夫⑦ 還可執弓抹⑧矢以取中乎 還可雄⑨濶步以邁遠乎. 第八曰 秀碧湯 石凝⑩天地秀 氣而賦形者也 琢而爲器⑪ 秀猶在焉 其湯不良 未之有也. 近西堂大爺 南過頭輪 一宿紫芋山房 嘗其泉曰 味勝酥酪.]

원문교정

① 파성(挹成): 다예관본에는 잡을 파(把)자로 석오본에는 잔질할 읍(挹) 자로 되어 있다. 잔질할 읍(挹) 자로 바로잡는다.

② 수유십불(水逾十沸): 다예관본, 석오본 모두 넘을 유(逾)자로 되어 있으나 십육탕품(十六湯品)에는 넘을 유(踰)자로 되어 있다. 뜻이 같은 글자이다.

③ 혹이사폐(或以事廢): 다예관본에는 고질 폐(癈)자로 되어 있고, 석오본에는 폐할 폐(廢)자로 되어 있는데, 원본에는 폐할 폐(廢)자로 되어 있다. 그러나 뜻은 서로 통하는 글자이다.

④ 여취용지(如取用之): 다예관본이나 석오본 모두 같을 여(如)자로 되어 있으나 원본에는 비로소 시(始)자로 되어 있다. 시(始)자로 바로잡는다.

⑤ 탕이생성의(湯已生性矣): 다예관본에는 날 생(生)자로 되어 있으나 석오본에는 잃을 실(失)자로 되어 있고, 원본에도 잃을 실(失)자로 되어 있다. 실(失)자로 바로잡는다.

⑥ 파빈(皤鬂): 다예관본이나 석오본 모두 빈(鬂)자로 되어 있으나 원본에는 구레나룻 빈(鬢)자로 되어 있다. 빈(鬂)자는 구레나룻 빈(鬢)자의 속자이다.

⑦ 노부(老夫): 다예관본, 석오본 모두 노부(老夫)로 되어 있으나 원본에는 대노(大老)로 되어 있다. 대노(大老)로 바로잡는다.

⑧ 부시(扶矢): 다예관본에는 도울 부(扶)자로 석오본에도 지울 말(抹)자로 되어 있다. 원본에는 지울 말(抹)자로 되어 있다. 지울 말(抹)자로 바로잡는다.

⑨ 웅 활보(雄 濶步): 다예관본, 석오본 모두 숫컷 웅(雄)자 다음 글자가 누락되어 있다. 원본에는 오를 등(登)자가 들어 있다. 오를 등(登)자를 채워 넣는다. 또 근고할 활(闊)자가 속자(濶)로 되어 있다. 정자(闊)로 바로잡는다.

⑩ 석응(石凝): 다예관본, 석오본 모두 석응 다음에 맺을 결(結)자가 빠져 있다. 원본에는 석응결천지(石凝結天地)라고 되어 있다. 맺을 결(結)자를 채워 넣는다.

⑪ 탁이위기(琢而爲器): 다예관본, 석오본 모두 어조사 이(而)자로 되어 있고 원본에는 써 이(以)자로 되어 있다. 써 이(以)자로 바로잡는다.

인용문헌(引用文獻)

제21송에 인용된 문헌은, 당나라 때 소이(蘇廙)가 저술한 16탕품(十六湯品)이다. 이 중에서 제3품과, 제8품만 전문을 인용하였는데 그 내용은 본문과 같기 때문에 여기에서는 생략한다. 이 16탕품의 저술 연대는 알 수가 없고 저자의 행적도 전해지지 않고 있다. 다만 이 탕품이 송나라 때 도곡이 지은 청이록에 전해져서 세상에 알려진 글이다.

동다송 22

차에는 아홉 가지 어려움(九難)이 있네,

아홉 가지 어려움(九難)①과 네 가지 향기(四香)②가 있으니

현묘하게 해야 한다.

[다경(茶經)에 이르기를, 「차에는 아홉 가지 어려움이 있는데, 첫째는 만들기(造)요, 둘째는 감별(別)이요, 셋째는 그릇(器)이요, 넷째는 불(火)이요, 다섯째는 물(水)이요, 여섯째는 불에 굽는 일(炙)이요, 일곱째는 가루 내는 일(末)이요, 여덟째는 끓이는 일(煮)이요, 아홉째는 마시는 일(飮)이다. 흐린 날에 차를 따거나 밤에 말리는 것은 만들기가 아니요, 씹어서 맛을 보거나 냄새를 맡아서 가려내는 것은 감별이 아니요, 노린내 나는 솥이나 비린내 나는 찻잔은 그릇이 아니요, 진이 나는 나무나 덜 탄 숯은 불이 아니요, 급하게 흐르는 물이나 고인 물은 물이 아니요, 겉만 익고 속이 설익은 것은 굽기가 아니요, 푸른 가루나 옥색 티끌은 가루가 아니요, 서툰 솜씨로 다루거나 휘젓는 것은 끓이는 것이 아니요, 여름에는 마시고 겨울에는 안 마시는 것은 마시는 것이 아니다」라고 하였다.

만보전서(萬寶全書)③에 「차에는 진향(眞香), 난향(蘭香), 청향(淸香), 순향(純香)이 있는데, 겉과 속이 같은 것은 순향이요, 설익지도 너무 익지도 않은 것은 청향이요, 불기운이 고르고 균일한 것은 난향이요, 비 오기 전 신이함을 갖춘 것을 진향이라고 한다. 이상을 가리켜 사향(四香)이라고 한다」고 하였다.]

주(註)

---

① 구난(九難): 아홉 가지 어려움(九難)은 차를 다루는 데 있어서 소홀히 해서는 안 되는 중요한 요체, 아홉 가지를 말한다. 이 내용은 다경의 6지음(六之飮)에서 끌어 온 것인데, 당나라 때 유행하는 가루차 다루는 법이다.

② 사향(四香): 차에는 네 가지 좋은 향이 있는데 진향(眞香), 난향 (蘭香), 청향(淸香), 순향(純香)을 말한다. 이 사향은 떡차의 향을 말한다.
③ 만보전서(萬寶全書): 백과사전의 일종으로 중국에서 만들어진 책이다. 사문유취(事文類聚)나 백미고사(白眉故事)와 같은 것이다. 지리산 칠불선원(七佛禪院)에 보관하고 있던 만보전서에는 다신전(茶神傳)의 저본이 되었던 채다론(採茶論)이 수록되어 있었다.

제22송(校訂文)

다유구난(茶有九難) 구난사향현묘용(九難四香玄妙用).

[다경운(茶經云) 다유구난(茶有九難) 일왈조(一曰造) 이왈별(二曰別) 삼왈기(三曰器) 사왈화(四曰火) 오왈수(五曰水) 육왈적(六曰炙) 칠왈말(七曰末) 팔왈자(八曰煮) 구왈음(九曰飮). 음채야배비조야(陰採夜焙非造也) 작미후향비별야(嚼味嗅香非別也) 전정성구비기야(羶鼎腥甌非器也) 고신포탄비화야(膏薪庖炭非火也) 비단옹료비수야(飛湍壅潦非水也) 외숙내생비자야(外熟內生非炙也) 벽분표진비말야(碧粉縹塵非末也) 조간교거비자야(操艱攪遽非煮也) 하흥동폐비음야(夏興冬廢非飮也). 만보전서(萬寶全書) 다유진향(茶有眞香) 유란향(有蘭香) 유청향(有淸香) 유순향(有純香) 표리여일왈순향(表裏如一曰純香) 불생불숙왈청향(不生不熟曰淸香) 화후균정왈란향(火候均停曰蘭香) 우전신구왈진향(雨前神具曰眞香) 차위사향(此謂四香).]

해설(解說)

제22송
제1구: 차에는 아홉 가지 어려움과 네 가지 향기가 있으니 현묘함을 다해야 한다고 하였다.
원문주: 다경의 6지음(六之飮)에 보면, 차에는 아홉 가지 어려움이 있다고 하였는데, 첫째는 차를 만드는 어려움으로, 흐린 날에 찻잎을 따거나 밤중에 차를 만드는 것은 잘못된 일이요, 맑은 날 오전에 따서 오후에 만드는 것이다. 둘째는 차를 감별하는 어려움으로, 차를 씹어서 맛을 보거나 냄새를 맡아서 가려내지 말고, 차의 생김새 빛깔 등을 살펴보아서 좋은 차인지 구별하는 방법이다. 셋째는 그릇을 고르는 어려움인데, 노린내 나는 솥이나 비린내 나는 찻잔은 그릇이 아니다. 냄새나는 그릇

이나 토기나 철기는 쓰지 않으며 도자기나 돌솥이 좋다. 넷째는 불을 다루는 어려움을 말하는데, 나무진이 나오는 땔감이나 연기가 나는 덜 탄 숯이나 급하거나 게으른 불은 양호한 불이 아니다. 연기가 나지 않고 체성이 튼튼한 불이어야만 한다. 다섯째는 좋은 물을 고르는 어려움을 말하는데, 급하게 굽이치는 물이나 고여서 상한 물은 쓰지 않는다. 돌 틈에서 솟아 나오는 샘물이 좋다. 물은 8덕(八德)을 겸비해야만 한다. 여섯째는 차를 불에 굽는 일인데, 겉만 익고 속은 익지 않으면 제대로 구웠다고 할 수 없다. 떡차를 불에 굽는데 겉과 속이 균일하게 잘 익도록 구어야 하며, 향기와 맛이 상하지 않도록 구어야 한다. 일곱째는 차를 가루로 만드는 일인데, 푸른 가루나 옥색 티끌이 나오도록 하는 가루는 좋은 가루가 아니다. 미세하게 갈아야 하며 푸른색이 나는 것은 덜 익은 색깔이다. 여덟째는 차를 끓이는 일인데, 서툰 솜씨로 휘젓거나 둘러엎는 것은 끓이는 법도가 아니다. 알맞게 끓여야 하며 모든 것이 정도에 맞아야 한다. 아홉째는 차를 마시는 일인데, 여름에는 마시고 겨울에는 안 마시는 것이나, 어떤 때는 많이 마시고 어떤 때는 적게 마시는 것은 좋은 것이 못 된다. 계절에 상관없이 여일하게 마셔야 한다. 이상이 아홉 가지 어려움이요, 다음은 네 가지 좋은 향내를 말했는데 만보전서 향(香)조에 보면, 차에는 진향, 난향, 청향, 순향이 있다고 하였다. 첫째로 진향이란, 비가 오기 전에 찻잎에 갖추어진 싱그럽고 진실한 기운을 살려낸 것이 진향이요, 둘째로 난향이란, 불기운을 고르고 균등하게 하여 난초처럼 잡것이 섞이지 않은 것을 난향이라고 하고, 셋째로 청향이란, 설익지도 타지도 않은 알맞게 익은 차에서 나는 맑은 향기를 청향이라 하고, 넷째로 순향이란, 겉과 속이 똑 같이 잘 익은 차에 순수한 향기가 그대로 보존된 것이 순향이다. 이상과 같은 것을 사향(四香)이라고 한다. 이 외의 향은 나쁜 향기이다.

제22송의 전체적인 뜻은 차에는 아홉 가지 어려움과 네 가지 좋은 향기가 있는데, 차를 다루는 사람은 모두가 이것을 터득해야만 되며, 이 기준은 차를 다루는데 있어서 꼭 알아야 할 기본 지식이다. 그러나 동다송에서 인용한 구난사향(九難四香)이 당나라 때 떡차를 다루는 어려움과 명나라 때 향기를 나누는 방법에 의해서 설명되어져 있기 때문에, 지금 우리나라에서 많이 마시고 있는 잎차와는 이론에 맞지 않는 부분이 많이 있다. 이 점은 시대적 차이와 차의 종류에 대한 차이에서 생긴 일이니 감안해서 이해해야만 될 것이다.

第二十二頌(原文)

又有[1]九難四香玄妙用.

[茶經云 茶有九難 一曰造 二曰別 三曰器 四曰火 五曰水 六曰炙 七曰末 八曰煮 九曰飮. 陰采①夜焙非造也 嚼味嗅香非別也 羶鼎腥甌非器也 膏薪庖炭非火也 飛湍生潦非水也 外熱②內生非炙也 碧粉飄庄③非末也 操艱攪遽④非煮也 夏興冬廢非飮也. 万宝⑤全書 茶有眞香 有蘭香 有淸香 有純香 表裡⑥如一曰純香 不生不熱⑦曰淸香 火候均停曰蘭香 雨前神具曰眞香 此謂四香.]

원문교정(原文校訂)

① 음채(陰采): 다예관본, 석오본 모두 캘 채(采)자로 되어 있으나 다경(茶經: 六之飮)의 원문에는 딸 채(採)자로 되어 있다.

② 외열(外熱): 다예관본, 석오본 모두 더울 열(熱)자로 되어 있으나, 다경에는 익을 숙(熟)자로 되어 있다. 숙(熟)자로 바로잡는다.

③ 표장(飄庄): 다예관본에는 표장(飄庄)으로 되어 있고, 석오본에는 표진(飄塵)으로 되어 있고, 다경에는 표진(縹塵)으로 되어 있다. 옥색빛 가루라는 뜻인 표진(縹塵)이 맞다.

④ 교거(攪遽): 다예관본에는 거(遽)자가 모방(方)변에 곳처(處)자로 되어 있는데, 없는 글자이다. 석오본과 다경에는 교거(攪遽)로 되어 있다. 교거(攪遽)로 바로잡는다.

⑤ 만보(万宝): 다예관본에는 만보(万宝)로 석오본에는 만보(萬寶)로 되어 있다. 약자로 쓴 것이다. 뜻은 서로 통하는 글자이다.

⑥ 표리(表裡): 다예관본에는 표리의 리자가 속자인 리(裡)자로 되어 있고 석오본이나 만보전서에는 정자인 안 리(裏)자로 되어 있다.

⑦ 불열(不熱): 다예관본에 더울 열(熱)자로, 석오본에는 익을 숙(熟)자로 되어 있다. 익을 숙(熟)자가 옳다.

---

1) 우유(又有): 다예관본이나 석오본 모두에 우유로 되어 있으나, 원문의 문체상 "다유구난(茶有九難)"로 고치는 것이 좋을 것 같다. 앞과 뒤의 문장에 모두 네자 시문구를 달아서 사용을 했기 때문이다. 我有乳泉, 何以持歸, 茶有九難, 何以教汝와 같이 되는 것이다.

인용문헌(引用文獻)

제22송에 인용된 문헌은 두 종류인데 첫째는 다경(茶經)의 6지음 (六之飮)이고 둘째는 경당증정만보전서(敬堂增訂萬寶全書) 권지14(劵之十四)의 채다론(採茶論)이다.
다경의 6지음(六之飮)은 상당히 긴 장문(長文)의 내용인데 이중에서 구난(九難)부분만 발췌 인용하였다. 인용된 부분은 본문의 내용과 똑같기 때문에 여기에서는 생략한다. 둘째로 경당증정만보전서 권14의 채다론(採茶論) 중에서 향(香)조의 일부 내용만 인용하였는데, 그 내용은 본문과 같고 나머지 취하지 않은 부분은 다음과 같다. 「갱유함향(更有含香) 루부향(漏浮香) 간향(間香) 차개부정지기(此皆不正之氣).」 그리고 이 채다론은 명(明)나라 장원(張源)이 저술(1595年 前後)한 다록(茶錄)을 옮겨 적은 글이다.

동다송 23

너희들을 어떻게 가르칠 수 있으랴,

옥부대(玉浮臺)[①] 위에 좌선(坐禪)[②]하는 무리들아.

[지리산(智異山) 화개동(花開洞)[③]에는 차나무가 사오십 리에 걸쳐 번성하고 있는데, 우리나라 차밭 중에서는 이보다 넓은 곳이 없다. 골짜기에 옥부대가 있고, 대 아래에 칠불선원(七佛禪院)[④]이 있는데, 좌선하는 스님들이 항상 늦게 늙은 찻잎을 따서 땔나무 말리듯 햇볕에 말려서 나물국을 끓이듯 솥에다 달이니, 빛깔은 붉고 탁하며 맛은 심히 쓰고 떫다. 정소(政所)[⑤]가 말하기를 「천하에 좋은 차를 속된 솜씨로 버려 놓았다」고 하였다.]

주(註)

① 옥부대(玉浮臺): 경남 하동군 화개면 칠불암 위에 옥부대가 있다. 그 위에 칠불암의 전신인 운상원(雲上院)이 있는데, 지금은 다시 개축하여 옛 면모를 재현하였다.

② 좌선(坐禪): 불교에서 스님들이 진리(道)를 깨닫기 위해서 수행하는 방법으로 가부좌를 하고 앉아서 하는 수행방법이다.

③ 화개동(花開洞): 경남 하동군 화개면 일대를 말하는데 화개장터에서 쌍계사, 신흥사 일대에 이르는 골짜기를 가리킨다.

④ 칠불선원(七佛禪院): 화개면 쌍계사(雙磎寺) 위에 있는 선원으로, 칠불암이라고도 한다. 옛날 가락국의 7왕자가 외삼촌인 장유화상(長游和尙)을 따라 들어와 함께 수도하여 모두 성불(成佛)했다고 하는 곳이며 아자(亞字)방 선원으로 이름이 널리 나있다. 동국 제일의 선원이라고 한다.

⑤ 정소(政所): 정소가 사람의 이름인지 아니면 사무를 보는 곳을 말하는지 확실하게 알 수가 없다. 다만 이곳이 칠불암의 사정을 자세히 알고 있는 곳임에는 틀림이 없다. 중국에서는 사무를 보는 곳을 가리킨다.

제23송(校訂文)

하이교여(何以敎汝) 옥부대상좌선중(玉浮臺上坐禪衆).

[지리산(智異山) 화개동(花開洞) 다수라생(茶樹羅生) 사오십리(四五十里) 동국다전지광(東國茶田之廣) 요무과차자(料無過此者) 동유옥부대(洞有玉浮臺) 대하유칠불선원(臺下有七佛禪院) 좌선자상만취노엽(坐禪者常晩取老葉) 쇄건연시(曬乾然柴) 자정여팽채갱(煮鼎如烹菜羹) 농탁색적(濃濁色赤) 미심고삽(味甚苦澁) 정소운(政所云) 천하호다다위속수소괴(天下好茶多爲俗手所壞)]

해설(解說)

제23송

제1구: 옥부대 위에 운상원(雲上院)에서 좌선하는 무리들에게 어떻게 차 만드는 법을 가르쳐줄 수 있으랴.

원문주: 지리산 화개동은 우리나라에서 제일 큰 차밭이 있는데, 이 야생차 밭은 무려 사오십리에 걸쳐 번성하고 있다. 이 골짜기에는 옥부대라는 명승지가 있는데 그대 아래에 칠불선원이 있고, 이 아자방(亞字房) 선원에서 참선하는 스님들은 차 만드는 법을 몰라, 항상 늦게 찻잎을 따서 햇빛에 땔나무 말리듯 말려서 나물국 끓이듯 솥에다 넣고 달여서 마시고 그 빛깔은 붉고 탁하며 맛은 매우 쓰고 떫다. 정소(政所)에서 말하기를 천하에 이름난 좋은 차를 속된 솜씨로 버려 놓았다고 하였다.

제23송의 전체적인 뜻은 지리산 칠불선원에서 수도하는 스님들은 차 만드는 법이나 끓여 마시는 법을 몰라서, 늙은 찻잎을 늦게 따서 볶지 않고 햇볕에 땔나무 말리듯 건조시켜서, 나물국 끓이듯 푹푹 달여서 마시니, 그 빛깔은 붉고 탁하며 맛은 매우 쓰고 떫다. 이 같은 스님들에게 어떻게 차 만드는 법과 끓여 마시는 방법을 가르쳐 줄 수 있을까 하고 한탄하는 것이다.

第二十三頌(原文)

何以敎汝 玉浮臺上坐禪衆.

[智異山 花開洞 茶樹羅生 四五十里 東國茶田之廣 料無過此者 洞有玉浮坮① 坮② 下有七佅③禪院 坐禪者常晩取老葉 晒④乾然柴 煮鼎如烹菜羹 濃濁色赤 味甚苦澁 政所云 天下好茶多爲俗手所壞]

원문교정(原文校訂)

① 옥부대(玉浮坮): 옥부대의 대(坮)자가 다예관본에는 고자(古字)인 대(坮)자로 되어 있고, 석오본에는 대(臺)로 되어 있다. 같은 글자이다.

② 대하(坮下): 대하의 대자도 전주(前註)와 같이 쓰여 있다. 동일한 글자이다. 주① 을 참조.

③ 칠불선원(七佅禪院): 다예관본에는 칠불선원의 불(佅)자가 고자(古字)로 되어 있으나 석오본에는 부처 불(佛)자로 되어 있다. 같은 뜻의 글자이다.

④ 쇄건(晒乾): 다예관본이나 석오본 모두 속자(俗字)인 쇄(晒)자로 되어 있으나 원 글자는 햇빛 쬘 쇄(曬)자이다.

인용문헌(引用文獻)

제23송은 남의 문헌을 인용하지 않고 초의선사께서 보고 들은 바를 그대로 기록하신 것이다. 원문이나 주석문 모두 칠불선원에 가서 보고 들은 이야기를 기록한 것으로, 이 글귀는 은사스님을 따라서 무자년(1828) 여름에 칠불선원에 가서 만보전서(萬寶全書)를 보고 그중에 채다론(採茶論)을 베껴 와서 다신전(茶神傳)을 펴냈는데, 이때 보고 들은 이야기를 기록한 것이다.

동다송 24

구난(九難)을 어기지 않고 사향(四香)을 온전하게 하면,

지극한 맛은 궁궐에 진상할 만한데,

취도(翠濤)와 녹향(綠香)만이 겨우 진상하게 되었네.

[우심군(于心君)이 궁궐에 입조(入朝) 했는데, 다보(茶譜)① 소서(小序)에 이르기를 「찻잔에는 푸른 거품(翠濤)이 뜨고 맷돌에는 푸른 가루가 날린다」고 하였다. 또 다신전에서는 「차는 청취(靑翠)색을 좋다고 하고 찻물은 남백(藍白)색을 좋다고 한다. 차는 노랗고(黃), 검고(黑), 붉고(紅), 어두운 색(昏)은 모두 품격에 넣을 수가 없고, 찻물은 눈빛(雪濤)을 상품으로, 푸른빛(翠濤)을 중품으로, 누런빛(黃濤)을 하품으로 한다」고 하였다.

진미공(陣麋公)②의 시(試茶詩)에 「아름다운 그늘 옹기종기 덮였는데, 신령스런 풀(차)의 기이함을 시험하네, 죽로(竹爐)에 그윽이 끓여 보니, 소나무 불은 사정없이 나르고, 물은 끓어서 맑아지네. 차 끓이기 싸움(茗戰)③을 흥겹게 하니, 푸른 향기(綠香)만 길에 가득하여, 하루 종일 돌아갈 것을 잊었네」라고 하였다.

주(註)

① 다보(茶譜): 다보는 촉(蜀)나라 때 모문석(毛文錫)이 찬(935년경) 한 것이 있는데, 원본은 없어지고 송나라 때 태평환우기(太平寰宇記)에 실려 있는 것이 있으며, 또 명(明)나라 때 주권(朱權)이 찬(1440년경)한 다보가 있는데, 이는 원본이 전해지고 있으며, 또 명(明)나라 때 전춘년(錢椿年)이 편찬(1539년)한 다보가 있다.

② 진미공(陣麋公): 진계유(陳繼儒: 1558~1639년)는 지금의 상해시(上海市) 송강(松江) 사람인데, 미공(麋公, 眉公)은 호이다. 명나라 때 문학가요, 서화가로서 자는 중순(仲醇)이다. 자칭 은사(隱士)라고 하며 소곤산(小昆山)에 살았다. 저서로는 진미공전집(陳眉公全集)이 있고 국조명공시선(國朝名公詩選)을 편집하기도 했다.

③ 명전(茗戰): 차를 잘 끓이기 싸움이다. 일종의 풍류놀이로서 차를 맛있게 끓이기인데, 같은 차와 물을 가지고 끓여서 맛을 겨룬다. 일명 투다(鬪茶)라고도 하는데, 우리나라는 고려 때부터 명전놀이가 있었다. 영남의 사원에 놀러 갔던 이연종(李衍宗)이 스님들과 명전(茗戰) 놀이를 많이 했다고 한다.

제24송(校訂文)

구난불범사향전(九難不犯四香全) 지미가헌구중공(至味可獻九重供)

취도녹향재입조(翠濤綠香纔入朝).

[입조우심군(入朝于心君) 다보소서왈(茶譜小序曰) 구범취도(甌泛翠濤) 년비녹설(碾飛綠屑). 다신전운(茶神傳云) 다이청취위승(茶以青翠爲勝) 도이남백위가(濤以藍白爲佳) 황흑홍혼(黃黑紅昏) 구불입품(俱不入品) 설도위상(雪濤爲上) 취도위중(翠濤爲中) 황도위하(黃濤爲下). 진미공시(陳麋公詩) 기음찬개(綺陰攢蓋) 영초시기(靈草試奇) 죽로유토(竹爐幽討) 송화노비(松火怒飛) 수교이담(水交以淡) 명전이비(茗戰而肥) 녹향만로(綠香滿路) 영일망귀(永日忘歸)]

해설(解說)

제24송

제1구: 아홉 가지 어려움을 어기지 않고 잘 지키며 네 가지 향기를 온전하게 해야만 한다.

제2구: 지극한 맛이 나야만 구중궁궐의 임금님께 진상할 만한데,

제3구: 푸른 거품이 나는 차와 푸른 향기가 나는 차만이 겨우 궁중에 진상할 수 있었다.

원문주: 궁궐에 진상한 차가 있는데, 다보에 이르기를 「찻잔에는 푸른 거품이 뜨고 맷돌에는 푸른 가루가 날린다」고 하였는데 이는 말차를 말한 것이다. 또 만보전서에는 차는 푸른 취색이 좋은 것이고, 찻잔에 따라 놓은 차 빛은 남백색이 좋다고 한다. 차로서는 노랗거나 검거나 붉거나 어두운 색은 좋지 못하며, 찻물은 하얀 눈과 같은 거품을 상품으로 치고 푸른빛을 중간으로 치며 노란빛을 하품으로 친다고 하였다.

진미공의 시다시에 보면, 그늘 속에 옹기종기 모여 있는 신령스런 찻잎을 따다가 만들어 기이함을 시험해 보고자 죽로에 물을 끓이니, 솔불이 사정없이 날고 물은 끓어서 맑아지고 차 잘 끓이기 경쟁은 집에 돌아가는 일조차 잊게 하는데, 길에는 차 달이는 연기만 자욱하다.

제24송의 전체적인 뜻은 차에는 아홉 가지 어려움과 네 가지 향기가 있는데, 온갖 정성을 다 들여 이를 어기지 않고 잘 만들어야만 구중궁궐의 임금님께 진상할 만한 좋은 차가 된다. 이러한 차는 겨우 한두 가지뿐인데, 그중에는 푸른 거품이 나는 것과 푸른 향기가 나는 것들뿐이다.

第二十四頌(原文)

九難不犯四香全 至味可献①九重供 翠濤綠香纔入朝.

[入朝于心君 茶序曰② 甌泛翠濤 碾飛綠屑. 又云③ 茶以靑翠爲勝 濤以藍白爲佳 黃黑紅昏 俱不入品 雲濤④爲上 翠濤爲中 黃濤爲下. 陳麋公詩 綺陰攢盖⑤ 靈艸試旂⑥ 竹爐幽討 松火怒飛⑦ 水交以淡 茗戰以肥⑧ 綠香滿路 永日忘故.⑨]

원문교정(原文校訂)

① 가헌(可献): 다예관본에는 속자인 헌(献)자로 되어 있고, 석오본에는 정자인 헌(獻)자로 되어 있다. 정자로 바로잡는다.

② 다서왈(茶序曰): 다예관본, 석오본 모두 입조우심군(入朝于心君) 다서왈(茶序曰)로 되어 있으나, 이 구절의 인용문은 군방보(群芳譜)에 실려 있는 글로서 다보소서(茶譜小序)라고 되어 있다.

③ 우운(又云): 다예관본, 석오본 모두 우운(又云)이라고 되어 있으나 이 글귀는 다신전의 채다론에서 끌어온 것으로 다신전운(茶神傳云)으로 바로잡는다.

④ 운도(雲濤): 다예관본, 석오본 모두 구름 운(雲)자인 운도로 되어 있으나 만보전서의 원본에는 눈 설(雪)자인 설도(雪濤)로 되어 있다.

⑤ 찬개(攢盖): 다예관본, 석오본 모두 속자인 찬개(攢盖)로 되어 있으나, 군방보의 원문에는 정자인 찬개(攢蓋)로 되어 있다.

⑥ 영초시기(靈艸試旂): 다예관본, 석오본 모두 위와 같이 되어 있으나, 원본에는 풀 초(艸)자가 정자인 초(草)자로 기(旂)자가 기(竒)자로 되어 있다.

⑦ 송화서비(松火恕飛): 다예관본에는 어질 서(恕)자로 되어 있고 석오본에는 성낼

노(怒)자로 되어 있다. 원본에는 성낼 노(怒)자로 되어 있기에 바로잡는다.

⑧ 명전이비(茗戰以肥): 다예관본, 석오본 모두 이 자가 써 이(以)자로 되어 있으나 원본에는 어조사 이(而)자로 되어 있기에 바로잡는다.

⑨ 영일망귀(永日忘敀): 다예관본에는 돌아갈 귀(敀)자가 속자로 되어 있으나 석오본과 원본에는 정자인 귀(歸)자로 되어 있다.

인용문헌(引用文獻)

제24송의 인용문헌은 모두 3종류이다. 첫째는 명나라 때 왕상진(王象晉)이 찬(1621년)한 군방보(群芳譜)에 실려 있는 글귀를 인용한 것인데, 「다보소서(茶譜小序) 다희목야(茶喜木也)……기천지간우물(豈天地間尤物) 생고불수수연사(生固不數數然邪) 구범취도(甌泛翠濤) 년비녹설(碾飛綠屑) 불적운유(不籍雲腴) 숙구수마(孰驅睡魔) 작다보(作茶譜)」라고 되어 있다. 이중에서 두 구절만 뽑아서 쓴 것이다. 그러나 다예관본이나 석오본 모두에 있는 「입조우심군(入朝于心君) 다서왈(茶序曰)」의 구절은 나와 있지 않다. 이 구절은 어느 곳에서 인용했는지 밝혀지지 않고 있다.

다음 둘째는 만보전서에 있는 채다론(採茶論) 중에서 색(色)조를 인용한 것인데, 이 구절도 전문을 다 인용하지 않고 부분만 인용하였다. 이 구절은 명나라 때 장원(張源)의 다록(茶錄)을 만보전서에 수록한 것으로 그 원문에 보면 「신천활화(新泉活火) 자명현공(煮茗玄工) 옥명빙도(玉茗冰濤) 당배절기(當杯絶技)」라는 구절이 생략되어 있다.

셋째는 광군방보(廣群芳譜)에 실려 있는 권19의 사언고시(四言古詩) 중에서 명나라의 진계유(陣繼儒)의 시다(試茶) 시구를 인용한 것이다.

동다송 25

총명함은 사방으로 통달하여 체하거나 막히는 것이 없으니,

너의 신령스런 뿌리를 신성한 산에 의탁하였구나.

[지리산을 세상에서는 방장산(方丈山)①이라고도 한다.]

주(註)

---

① 방장산(方丈山): 지리산을 일명 방장산이라고도 하는데, 지리산은 경상남도와 전라북도, 전라남도 사이에 위치한 산으로 우리나라 남부 지방에서 제일 웅장한 산이다. 주위에는 예로부터 사찰이 많이 있고 불교와 인연이 깊은 까닭으로 지리(智異)나 방장(方丈)이 모두 불교에서 유래되었다.

제25송(校訂文)

총명사달무체옹(聰明四達無滯壅) 신이영근탁신산(矧爾靈根托神山)

[지이산 세칭방장(智異山世稱方丈)]

해설(解說)

제25송

제1구: 차나무의 성품이 총명하여 사방으로 통달하여 체하거나 막히는 것이 없으니 좋아할 만하고,

제2구: 하물며 신령스런 뿌리를 신성한 산에 의탁하였으니 기이함이 뛰어나구나.

원문주: 세상 사람들이 말하기를 지리산을 방장산이라고도 한다.

제25송의 전체적인 뜻은 총명한 차나무는 스스로 알아서 신령스런 산에 그 뿌리를 의탁해서 그 정기를 받고 있으니 좋지 않을 수 있으랴, 이러한 차의 기운은 막히거

나 체하지 않고 두루 통하게 마련이다.

第二十五頌(原文)

聰明四達無滯壅 矧爾靈根托神山
[智異山世稱方丈]

인용문헌(引用文獻)

제25송은 남의 문헌을 인용하지 않고 초의선사께서 알고 있는 사항을 그대로 인용하여 기록한 것이다. 지리산에서 자라는 차나무를 보고 그 성품이 자못 총명함에 찬탄을 한 대목이다. 이 구절은 제23송과 연계성이 있는 구절이다

동다송 26

신선 같은 풍모와 옥 같은 기골은 스스로 종자(根本)부터 다르고,

녹아(綠芽)①와 자순(紫筍)②은 바위(雲根)③를 뚫고 자라서,

오랑캐의 신발, 들소의 가슴팍, 주름진 물결과 같네.

[다경(茶經)에 이르기를, 「난석(爛石)에서 자란 것이 상품이요, 역양토(礫壤土)에서 자란 것이 다음이다」라고 하였고, 또 다신전에는 「골짜기(谷中)에서 난 것이 상품이다」라고 하였다.

화개동(花開洞)④의 차밭은 모두가 골짜기와 난석지대에 있다. 다신전에 또 말하기를 「차 싹은 자줏빛 나는 것이 상품이요 피부가 주름진 것이 다음이다」라고 했다. 또 다경에서는 「자줏빛이 상품이고 푸른 것이 다음이다. 죽순 같은 것이 상품이고, 움싹 같은 것이 다음이다. 그 차의 생김새가 오랑캐의 신발같이 쭈그러졌거나 들소의 가슴팍같이 가지런히 늘어졌거나, 가벼운 바람이 수면을 쓸어 맑은 물결과 같은 것은, 모두 차의 정유(精腴)이다.」]

주(註)

① 녹아(綠芽): 찻잎의 푸른 색깔, 푸른빛의 어린 찻잎을 가리키는 말이다.

② 자순(紫筍): 자순은 찻잎의 빛깔이 자주색으로 나는 어린 찻잎을 말한다. 여기에서 유래되어 자순차라는 차 이름도 생겨났다.

③ 운근(雲根): 돌의 다른 이름, 구름은 산의 암석 사이에서 나온다는 데서 생겨난 말이다. 구름이 일어나는 근원.

④ 화개동(花開洞): 경상남도 하동군 화개면 일대로 화개 장터에서 쌍계사 절로 들어가는 골짜기를 일컫는다. 지금도 이곳에서는 많은 야생차가 생산된다.

第26송(校訂文)

선풍옥골자령종(仙風玉骨自另種) 녹아자순천운근(綠芽紫筍穿雲根)

호화봉억추수문(胡靴犎臆皺水紋).

[다경운(茶經云) 생난석중자위상(生爛石中者爲上) 역양자차지(礫壤者次之). 다신전왈(茶神傳曰) 곡중자위상(谷中者爲上). 화개동다전(花開洞茶田) 개곡중겸난석의(皆谷中兼爛石矣). 다신전왈(茶神傳曰) 다아자자위상(茶芽紫者爲上) 면추자차지(面皺者次之). 다경운(茶經云) 자자상(紫者上) 녹자차지(綠者次之) 여순자위상(如筍者爲上) 사아자차지(似芽者次之) 기상여호인화자(其狀如胡人靴者) 축축연(蹙縮然) 여봉우억자(如犎牛臆者) 렴첨연(廉襜然) 여경표불수자(如輕飆拂水者) 함담연(涵澹然) 차개다지정유야(此皆茶之精腴也)]

해설(解說)

第26송

제1구: 차나무는 신선 같은 풍모와 옥 같은 기골을 지녔는데 다른 것과는 근본 종자부터가 다르다.

제2구: 푸른 싹과 자색빛 순은 바위를 뚫고 뿌리를 뻗어 자라났는데,

제3구: 오랑캐의 신발 같기도 하고 또는 들소의 가슴처럼 주름진 물결같이 생겼구나.

원문주: 다경에 보면, 작은 자갈밭에서 자란 차나무 잎이 상품이요, 역질양토에서 자란 것이 다음이고, 또 자줏빛 나는 것이 상품이고, 푸른빛 나는 것이 다음이라고 했으며, 또 죽순 같은 것이 상품이고, 움싹 같은 것이 다음이라고 하였다. 그리고 찻잎의 생김새가 오랑캐의 신발같이 쭈그러졌거나 들소의 가슴팍같이 가지런하게 늘어졌거나, 가벼운 바람이 물결을 일으켜 맑게 파도치듯 한 것은 모두가 차(떡차)의 정품이다.

그리고 다신전에 보면 골짜기에서 나는 것이 상품이다라고 하였고, 또 찻잎은 자줏빛 나는 것이 상품이요, 피부가 주름진 것이 다음이다라고 하였는데, 지금의 화개동 일대의 차밭은 모두 골짜기와 자갈밭에 있어서 매우 좋다. 품질이 뛰어난 차가 생산된다.

제26송의 전체적인 뜻은 차나무는 신선 같은 풍모와 옥 같은 기골을 가졌는데, 그 뿌리를 깊은 골짜기 바위 그늘에 묻고 그 바위의 수기를 흡수하여 신령스런 기운을 간직하였는데 그 찻잎의 모양을 보면 오랑캐의 신발같이 쭈그러졌거나 들소의 가슴팍같이 가지런히 늘어졌거나, 가벼운 바람이 수면 위를 스쳐서 맑은 물결이 일어난 듯한 것이 좋은 차이다. 이와 같은 것들은 골짜기나 자갈밭에서 나는 것들이다. 자줏빛이 나고 피부가 쭈글쭈글한 것이 상품이다. 또는 둘둘 말리거나 연한 녹색이나 푸른색이 나는 것이 좋다. 이처럼 좋은 찻잎은 맛 좋고 향기롭고 빛깔 좋은 차를 만들 수가 있다. 차가 나는 지역 환경과 찻잎의 생김새와 빛깔에 대해서 상세하게 설명한 구절이다

第二十六頌(原文)

仙風玉骨自另種 綠芽紫筍穿雲根 胡靴犎臆皺水紋.
[茶經云 生爛石中者爲上 礫①壤者次之. 又曰② 谷中者爲上. 花開洞茶田 皆谷中兼爛石矣. 茶書又言③ 茶紫者爲上④ 皺者次之⑤ 綠者次之⑥ 如筍者爲上⑦ 似芽者次之⑧ 其狀如胡人靴者⑨ 蹙縮然 如犎牛臆者 廉沾⑩然 如輕飆拂衣⑪者 涵澹然 此皆茶之精腴也.]

원문교정(原文校訂)

① 역양(礫壤): 다예관본이나 석오본 모두 조약돌 력(礫)자로 되어 있으나, 다경(百川學海本)에는 가죽나무 력(櫟)자로 되어 있다. 그러나 조약돌 력(礫)자가 옳다. 후에 나온 다경에는 조약돌 력(礫)자로 되어 있다.

② 우왈(又曰): 다예관본, 석오본 모두 우왈로 되어 있으나, 이 글귀는 다경에 실려 있는 글이 아니라 다신전(茶神傳) 채다(採茶)조에 실려 있는 글귀이니, 다신전왈(茶神傳曰) 또는 만보전서왈(萬寶全書曰)로 고쳐야 된다.

③ 다서우언(茶書又言): 다예관본이나 석오본 모두 「다서우언」이라고 되어 있으나, 이 구절은 다신전의 채다(採茶)조에서 인용한 글귀이다.

④ 다자자위상(茶紫者爲上): 다예관본에는 「다자자위상」으로 되어 있고, 석오본에는 「엽자자위상(葉紫者爲上)」으로 되어 있다. 그러나 다신전에는 「다비자자위상(茶非紫者爲上)」으로 되어 있고, 장원의 다록(茶錄)에는 「다아자자위상(茶芽紫者爲上)」으로 되어 있다. 원문의 내용과 같이 고친다.

⑤ 추자차지(皺者次之): 다예관본이나 석오본 모두 위와 같이 되어 있으나, 다신전에는 「이추자차지(而皺者次之)」라고 되어 있고, 다록에는 「면추자차지(面皺者次之)」라고 되어 있다. 글의 내용으로 보아 다록의 내용으로 바로잡는다.

⑥ 녹자차지(綠者次之): 이 글귀는 다경에서 인용한 구절이기에 앞의 구절과 구별하기 위해서 인용 문헌인 다경운(茶經云)이라는 문구를 채워 넣는다. 그리고 원문에는 「녹자차(綠者次)」라고 되어 있어 갈 지(之)자가 들어 있지 않다. 그러나 글의 내용으로 보아 갈지(之)자가 들어가는 것이 좋다.

⑦ 여순자위상(如筍者爲上): 다예관본이나 석오본 모두 위와 같이 되어 있으나 다경의 원문에 보면 「순자상(笋者上)」으로 되어 있다. 그러나 뜻이 같고 글자도 같은 글자이다. 순(筍)자나 순(笋)자는 동일한 뜻의 글자이다.

⑧ 사아자차지(似芽者次之): 다예관본이나 석오본 모두 위와 같이 되어 있으나, 다경의 원문에는 「아자차(牙者次)」라고 되어 있다. 다예관본에는 싹 아(芽)자로, 다경에는 어금니 아(牙)자로 되어 있는데, 싹 아(芽)자가 옳다.

⑨ 기상여호인화자(其狀如胡人靴者): 다예관본이나 석오본 모두 위와 같이 되어 있으나 다경에는 「여호인화자(如胡人韡者)」라고 되어 있다. 신 화(靴)자나 수여자 화(韡)자나 똑 같은 글자이다. 서로 뜻이 통하므로 어느 자나 써도 좋다.

⑩ 렴첨연(廉沾然): 다예관본이나 석오본 모두 위와 같이 되어 있으나 다경의 원문에는 「렴첨연(廉襜然)」이라고 되어 있다. 다예관본에는 젖을 첨(沾)자로 다경에는 옷가지런할 첨(襜)자로 되어 있다.

⑪ 여경표불의자(如輕飇拂衣者): 다예관본에는 위와 같이 되어 있고, 석오본에는 「여경표불수자(如輕飇拂水者)」로 되어 있다. 다경의 원문에는 「경표불수자(輕飈拂水者)」로 나와 있는데 다예관본에는 미친바라 표(飇)자로 다경에는 회오리바람 표(飈)자로 되어 있다. 정자는 표(飆)자이다. 그리고 다예관본에는 옷 의(衣)자로 되어 있으나 원본에는 물 수(水)자로 되어 있다.

인용문헌(引用文獻)

제26송의 인용 문헌은 육우의 다경과 다신전과 만보전서를 활용하였는데, 다경의 일지원(一之源)에서 차의 산지와 여건에 대해서, 그리고, 찻잎의 생김새와 빛깔에 대해서는 삼지조(三之造)에서 인용하였다. 그러나 원문 그대로를 인용하지 않고 동다송의 글에 맞게 글을 다시 재구성하여 인용하였다. 이 같은 사례는 다신전이나 만보전서에서도 마찬가지다. 그러므로 인용문구가 생략되거나 수정 보완된 곳이 한 두 군데가 아니고, 내용에 있어서도 뜻을 취하고 글의 번잡함을 피하기 위해서 함축성 있게 문구를 만들었다. 이와 같이 인용의 단계를 넘어 창작의 단계에까지 오른 문헌의 인용 구절이 되었다.

동다송 27

맑고 깨끗한 밤이슬을 흠뻑 다 마셨는지,

삼매경(三昧境)에 든 손끝에 기이한 향기 어리네.

[다신전에 이르기를, 「차를 따는 것은 그 시기가 매우 중요하다. 너무 이르면 맛이 온전하지 못하고, 늦으면 신이(神異)함이 흩어진다. 곡우(穀雨)① 전 5일이 으뜸이요, 곡우 뒤 5일이 다음이며, 그 5일 뒤가 그 다음이다」라고 하였다. 그러나 내가(草衣) 경험해보니, 우리나라 차(東茶)는 곡우 전·후면 너무 이르고 입하(立夏)② 전·후가 적기이다. 차를 따는 법은, 밤새도록 구름이 없고 맑은 이슬을 받은 것을 딴 것이 상품이요, 한낮에 딴 것이 다음이요, 구름이 끼거나 비가 오는 날은 따기에 적당치 않다. 소동파(老坡)가 겸선사(謙禪師)를 보내는 시구에 이르기를, 「도인이 새벽에 남병산(南屛山)③을 나서서, 내게 와서 삼매경에 든 솜씨로 차를 달이네」라고 하였다.

주(註)

---

① 곡우(穀雨): 24절기의 하나로 여섯 번째 절후, 청명(淸明)과 입하(立夏)사이에 드는데, 양력으로 4월 20일이나 21일이 된다.

② 입하(立夏): 24절기의 하나로 일곱 번째 절기, 곡우와 소만(小滿) 사이에 들며, 양력으로 5월 5일이나 6일이 된다.

③ 남병산(南屛山): 절강성 항주시(抗州市) 서호(西湖)의 남쪽에 있는 산으로 산봉우리가 서로 연이어서 병풍처럼 둘러져 있어 붙여진 이름이다. 이 산록에는 용정(龍井)과 정자사(淨慈寺)가 있고, 이 산줄기가 뻗어서 서호에 닿아 소제(蘇堤)로 연결되어 있다. 겸선사는 이 절에 계신 스님인데 동파와 친숙하게 지내어 서로 시를 화답하곤 하였다.

제27송(校訂文)

흡진양양청야로(吸盡瀼瀼淸夜露) 삼매수중상기분(三昧手中上奇芬).

[다신전운(茶神傳云) 채다지후(採茶之侯) 귀급기시(貴及其時) 태조측미부전(太早則味不全) 지측신산(遲則神散) 이곡우전오일위상(以穀雨前五日爲上) 후오일차지(後五日次之) 재오일우차지(再五日又次之). 연험지동다(然驗之東茶) 곡우전후태조(穀雨前後太早) 당이입하전후위급시야(當以立夏前後爲及時也). 기채법(其採法) 철야무운(徹夜無雲) 읍로채자위상(浥露採者爲上) 일중채자차지(日中採者次之) 음우하불의채(陰雨下不宜採). 노파송겸사시왈(老坡送謙師詩曰) 도인효출남병산(道人曉出南屛山) 내시점다삼매수(來試點茶三昧手)]

해설(解說)

제27송

제1구: 차나무가 봄날의 맑고 깨끗한 밤이슬을 흠뻑 마셨는지,

제2구: 삼매경에 든 손끝에 기이한 향기가 어리는구나.

원문주: 만보전서 채다론에 보면, 차를 따는 일은 그 시기가 매우 중요한데, 너무 이르면 맛이 온전하지 못하고 늦으면 싱그러움이 흩어진다고 하였다. 곡우 5일 전이 최상품이요, 곡우 뒤 5일이 다음이며 그 5일 뒤가 그 다음이다라고 하였는데, 초의선사께서 경험해 보니 중국은 곡우 전후가 적기라고 하나, 우리나라 차는 곡우 전후는 너무 이르고 입하 전후가 적기이다라고 하였다. 요즘 기후를 보면 곡우 전에 딴 우전차가 있는데 이는 너무 일러서 맛과 향기가 온전하지 못하고, 곡우 뒤 5일 차도 좀 이른 감이 있으며, 곡우 뒤 10일에 딴 차가 상품이며 (4월 25일에서 30일까지 사이) 입하 전 5일(5월 1일에서 5월 5일 사이)이 다음이며, 그 다음은 입하 뒤 5일(5월 6일부터 5월 10일까지)이다. 지역에 따라 며칠씩 늦어지는 경우가 있어도 5월 15일을 넘으면 차는 싱그러움이 흩어진다.

차를 딸 때는 밤새도록 구름이 없고 맑은 이슬을 흠뻑 마신 찻잎이 제일 좋고, 이슬이 걷힌 한낮에 딴 것이 다음이고, 비가 오거나 구름이 많이 끼었을 때는 차 따기에 적당치 않다.

소동파 선생이 남병산에 사는 겸선사와 친숙했는데, 겸선사를 보내는 시구에 이르기를, 「도인이 새벽에 남병산을 내려와서 나를 찾아와 삼매경에 든 솜씨로 차를 달이

네」라고 하였다.

第二十七頌(原文)

吸盡瀼瀼淸夜露 三昧手中上奇芬.

[茶書云① 採茶之侯 貴及時② 太早則茶不全③ 遲則神散 以穀雨前五日爲上 浚④五日次之 浚⑤五日又次之. 然驗之東茶 穀雨前浚⑥太早 當以立夏浚⑦爲及時也. 其⑧徹夜無雲 浥露採者爲上 日中采⑨者次之 陰雨下不宜采⑩. 老坡送謙師詩曰⑪ 道人曉出南屛山 來試點⑫茶三昧手.]

원문교정(原文校訂)

① 다서운(茶書云): 다예관본이나 석오본 모두 다서운으로 되어 있으나, 인용한 문헌이 다신전에서 초출해 낸 글귀이다. 그러므로 구체적인 출전을 밝히면 다신전의 채다론이다.

② 귀급시(貴及時): 다예관본, 석오본 모두 위와 같이 되어 있으나, 다신전 원문에는 「귀급기시(貴及其時)」로 되어 있다. 그 기(其)자가 빠져 있다.

③ 태조즉다부전(太早則茶不全): 다예관본에는 「다부전(茶不全)」이라고 되어 있고, 석오본에는 「항부전(香不全)」이라고 되어 있으나, 원본에는 「미부전(味不全)」이라고 되어 있다. 원본에 맞추어 미부전으로 바로잡는다.

④ 후오일차지(浚五日次之): 다예관본, 석오본 모두 뒤 후(後)자를 삼수변(氵)에 썼다. 정자는 두인변(彳)이다.

⑤ 후오일우차지(浚五日又次之): 다예관본, 석오본 모두 후오일(浚五日)로 되어 있으나 만보전서나 다록에는 다시 재(再)자로 되어 있다. 재오일(再五日)로 바로잡는다.

⑥ 곡우전후태조(穀雨前浚太早): 뒤 후자가 주 ④와 같이 삼수 변(氵)으로 되어 있다. 두인 변(彳)으로 바로잡는다.

⑦ 당이입하후위급시야(當以立夏浚爲及時也): 다예관본에는 입하후(立夏浚)라고 되어 있으나, 석오본에는 입하전후(立夏前後)라고 되어 있다. 입하전후로 바로잡는다.

⑧ 기철야무운(其徹夜無雲): 다예관본에는 기철야무운으로 되어 있으나, 석오본에는 기채법철야무운(其採法徹夜無雲)으로 되어 있다. 채법(採法)이란 문구가 누락되어 있다.

⑨ 일중채자차지(日中采者次之): 다예관본, 석오본 모두 캘 채(采)자로 되어 있고, 원본에는 딸 채(採)자로 되어 있다. 그러나 뜻은 서로 통하는 글자이다. 하지만 차는 캐는 것이 아니라 따는 것이므로 딸 채(採)자로 사용한다.

⑩ 음우하불의채(陰雨下不宜采): 다예관본, 석오본 모두 앞의 경우와 같이 캘 채(采)자로 되어 있으나, 원본에는 딸 채(採)자로 되어 있다.

⑪ 노파송겸사시왈(老坡送謙師詩曰): 다예관본, 석오본 모두 노파(老坡)라고 했는데, 노파는 소동파(蘇東坡)를 가리킨다. 늙은 동파라는 뜻에서 노파라고 했다.

⑫ 래시묵다삼매수(來試黙茶三昧手): 다예관본에는 침묵할 묵(黙)자로 석오본에는 점 점(點)자로 되어 있다. 원본에는 점 점(點)자로 되어 있다. 점(點)자로 바로 잡는다.

인용문헌(引用文獻)

第27송은 두 가지 문헌을 인용하였는데, 첫째는 만보전서(萬寶全書)의 채다론(採茶論)이고, 둘째는 소동파(蘇東坡)의 시(詩)이다. 첫째 만보전서의 채다론은 장원(張源)의 다록(茶錄)을 옮겨 적은 것으로 채다(採茶)항 중에서 일부만을 발췌해서 인용한 것이고, 둘째로 소동파의 시구는 동파전집(東坡全集)에서 인용된 것이다.

동다송 28

차에는 중정(中正)①의 현묘함이 있는데 그 묘함을 나타내기는 어려운 것,

참다운 정기는 체(體)②와 신(神)③을 분리시키지 않는데 있네.

[(다신전)의 조다(造茶)편에 「새로 딴 차는 쇤잎은 가려내고, 솥을 뜨겁게 해서 볶는데, 솥이 매우 뜨거워졌을 때, 찻잎을 넣고 급히 볶는다. 불기운이 약해져서는 안되며, 차가 볶아지는 것을 기다려 불에서 꺼내, 체에 담아 가볍게 굴려 체질하고, 비벼서 다시 솥에 넣고 점점 불기운을 줄이면서 알맞게 말려 낸다. 이 가운데 현미함이 있으니 말로는 다 표현하기가 어렵다」고 했다.

품천(品泉)편에 「차는 물의 신(神: 마음, 정신)이요, 물은 차의 체(體: 몸)이니, 진수(眞水)④가 아니면 그 신(神)이 나타나지 않고, 진다(眞茶: 精茶)⑤가 아니면 그 체(體)를 규명할 수가 없다」고 했다.]

주(註)

① 중정(中正): 중정이란 중(中)과 정(正)이 합쳐진 말로써, 중이란 알맞다, 적당하다는 뜻이고 정(正)이란 바른 것을 말하니, 합쳐서 중정이라고 하면 바르고 알맞은 것을 말한다.

② 체(體): 여기에서 말하는 체란 몸을 말하는 것으로, 모든 것의 형상을 이루는 형체를 말한다. 유가철학의 체용(體用)과는 다른 것으로 몸과 마음을 구분할 때 몸에 해당된다.

③ 신(神): 신이란 마음, 정신, 즉 뜻을 의미하며 여기에서는 차 속에 들어 있는 차의 정신을 말하는 것으로 차의 기운이다. 물속에 녹아들어 있는 차의 성분을 말한다.

④ 진수(眞水): 참된 물, 오염되지 않은 물, 알맞게 잘 끓인 물을 말한다. 차의 성분이 오염되거나 변질되지 않고 잘 합쳐질 수 있는 물을 가리킨다.

⑤ 진다(眞茶): 참된 차, 알맞게 정성을 다해서 만든 차, 오염되지 않은 차, 변질되지 않은 차, 법도에 맞도록 잘 만든 차를 말한다. 이 차를 정다(精茶)라고도 한다.

제28송(校訂文)

중유현미묘난현(中有玄微妙難顯) 진정막교체신분(眞精莫敎體神分).

[다신전(茶神傳) 조다편운(造茶篇云) 신채간거노엽(新採揀去老葉) 열과배지(熱鍋焙之) 후과극열(候鍋極熱) 시하다급초(始下茶急炒) 화불가완(火不可緩) 대숙방퇴화(待熟方退火) 철입사중(徹入篩中) 경단나수편(輕團挪數遍) 복하과중(復下鍋中) 점점감화(漸漸減火) 배건위도(焙乾爲度) 중유현미(中有玄微) 난이언현(難以言顯). 품천편운(品泉篇云) 다자수지신(茶者水之神) 수자다지체(水者茶之體) 비진수막현기신(非眞水莫顯其神) 비진다갈규기체(非眞茶曷窺其體)]

해설(解說)

제28송
제1구: 차에는 현묘함이 있는데 이 현묘함을 나타내게 하기는 참으로 어려운 것이니,
제2구: 이 참다운 정기(현묘함)는 체(몸)와 신(정신)을 분리시키지 않고 중화를 이루도록 하는데 있다.
원문주: 다신전의 조다편에 보면 새로 따온 찻잎은 늙고 병든 찻잎을 가려서 버리고, 솥을 뜨겁게 달궈서 솥이 매우 뜨거워졌을 때 찻잎을 넣고 급히 볶아 내는데 불기운이 약해져서는 안 된다. 차가 익으면 솥에서 꺼내 체에 담아 가볍게 체질하고 비벼서 냉각시킨다. 다시 솥에 넣어 불기운을 점점 줄이면서 알맞게 말려 낸다. 이 가운데 현묘함이 있으니 말로는 다 표현할 수가 없다고 하였다.
또 품천편에 보면, 차는 물의 마음이요, 물은 차의 몸이니, 진수가 아니면 마음이 나타나지 않고, 진다가 아니면 그 몸을 규명할 길이 없다고 하였다.
제28송의 전체적인 뜻은 차에 들어 있는 현묘함은 체와 신을 분리시키지 않고 하나로 만드는데 있다. 몸과 마음은 하나일 때 완전한 것이지, 몸 따로 마음 따로 있는 것은 바르지 못하다. 몸만 있는 것을 송장이라 하고 마음만 있는 것을 귀신이라고 하듯이, 차도 몸만 있으면 물이요 마음만 있으면 차일 뿐이다. 차와 물이 합쳐져서 맛있는 한 잔의 차가 되어야만 완전해지는 것이다. 이렇게 완전한 차를 만들기 위해서는 온갖 정성과 현묘함을 다해야 한다는 것이다.

第二十八頌(原文)

中有玄微妙難顯 眞精莫敎體神分.

[造茶篇云[①] 新採揀去老葉 熱鍋焙之[②] 候鍋極熱 始下茶急妙[③] 火不可緩 待熟方退[④] 徹入簁中[⑤] 輕團枷數遍[⑥] 復下鍋中 漸漸減火 焙乾爲度 中有玄微 難以言顯. 泉品云[⑦] 茶者水之神 水者茶之体[⑧] 非眞水莫顯其神 非眞茶莫窺其體.[⑨]]

원문교정(原文校訂)

① 조다편운(造茶篇云): 다예관본, 석오본 모두 조다편운으로 되어 있으나, 조다편은 다록(茶錄)이나, 만보전서(萬寶全書)나, 다신전(茶神傳)에 들어 있는 대목 중에서 일부분만을 인용한 것으로 실제로 사용한 인용문헌은 다신전이다.

② 열과배지(熱鍋焙之): 다예관본, 석오본 모두 열과배지라고 되어 있으나, 원문에는 이런 구절이 없다. 이 구절은 초의선사가 글귀를 맞춰서 만들어 넣은 것이다. 생략된 부분에 맞게 앞뒤의 문맥이 통하도록 했다.

③ 시하다급묘(始下茶急妙): 다예관본에는 묘(妙)자로 석오본에는초(炒)자로 되어 있다 다록이나 만보전서나 다신전에 모두 초(炒)자로 되어 있다 초(炒)자로 바로잡는다.

④ 대숙방퇴(待熟方退): 다예관본, 석오본 모두 대숙방퇴로 되어 있으나, 만보전서에는 숙(熟)자가 열(熱)자로 되어 있으며 끝에 불 화(火)자가 들어 있다. 또 다록에는 대숙방퇴화(待熟方退火)로 되어 있어서 내용으로 볼때 불 화(火)자를 첨가하고 열(熱)자는 숙(熟)자로하는 것이 옳다. 대숙방퇴화(待熟方退火)로 바로잡는다.

⑤ 철입사중(徹入簁中): 다예관본, 석오본 모두 체 사(簁)자로 되어 있으나, 다록이나 만보전서에는 체 사(篩)로 되어 있다. 두 글자의 뜻이 서로 같으나 원문에 의해서 바로잡는다.

⑥ 경단가수편(輕團枷數遍): 다예관본, 석오본 모두 위와 같이 되어 있으나, 만보전서에는 칼 가(枷)자가 잡아휠 나(挪)자로 되어 있고, 다록에는 가(枷)자가 빠지고 경단수편(輕團數遍)이라고만 되어 있다.

⑦ 천품운(泉品云): 다예관본, 석오본 모두 천품운으로 되어 있으나, 다록이나 만보전서에는 품천(品泉)으로 되어 있다. 원문에 준해서 품천편운(品泉篇云)으로 바로잡는다.

⑧ 수자다지체(水者茶之体): 다예관본에는 체(体)자로, 석오본에는 체(體)자로 되어 있다. 만보전서에는 체(体)자로, 다록에는 체(體)자로, 다신전에는 체(體)자로 되어 있다. 체(体)자는 체(體)자의 속자(俗字)이다.

⑨ 비진다막규기체(非眞茶莫窺其體): 다예관본에는 진다(眞茶)로 석오본에는 정다(精茶)로 되어 있다. 다록이나 만보전서나 다신전에 모두 정다(精茶)로 되어 있다. 그러나 앞의 글귀와 대를 이루려면 진다(眞茶)라고 하는 것이 좋다. 또 정다(精茶)나 진다(眞茶)는 글자는 틀리지만 의미는 같은 것이다. 정다(精茶)라야만 진다(眞茶)라고 할수 있다. 또 다예관본이나 석오본에 막규(莫窺)라고 되어 있으나 다록이나 만보전서에는 갈규(曷窺)로 되어 있다.

인용문헌(引用文獻)

제28송의 인용문헌은 두 가지인데, 모두 다신전(茶神傳)에서 인용한 것이다.

첫번째는 조다(造茶)편을 인용하였는데 전문을 다 인용하지 않고 부분만을 발췌해서 인용하였다.

둘째는 품천(品泉)편을 인용하였는데 이것도 전체를 다 인용하지 않고 부분만 발췌해서 인용하였다. 이 인용문들은 다 옮겨 적을 수가 없기에 생략하기로 하겠다. 다만 이 다신전(茶神傳)은 만보전서(萬寶全書)에서 초출해 내었고, 만보전서는 장원의 다록(茶錄)을 옮겨 적은 것이다. 그러므로 이 인용문의 원전은 장원의 다록인 것이다.

동다송 29

체(體)와 신(神)이 비록 온전하더라도 오히려 중정(中正)을 잃을까 두렵구나.

중정을 잃지 않으면 건(健)①과 영(靈)②을 함께 얻는다.

[(다신전) 포법편(泡法篇)에 이르기를, 탕(湯)이 순숙(純熟)③한 것을 살펴 곧 끌어내려, 먼저 다관 속에 조금 부어서 냉기를 가셔 낸 다음 쏟아 내버리고 차를 넣는데, 차의 많고 적음을 알맞게 가늠하여 중정을 잃지 않도록 해야만 한다. 차가 많으면 맛이 쓰고 향기가 적으며, 물이 많으면 빛깔이 맑고 맛이 적다. 두 개의 다관을 두고 쓸 때마다 냉수로 깨끗하게 씻어서 다관을 청결하게 해야만 한다. 그렇지 않으면 차의 향기가 감소된다. 탕관이 뜨거우면 (탕이 너무 뜨겁다) 다신(茶神)이 건실(健)하지를 못하고, 다관이 깨끗하면 수성(水性)이 항상 신령(靈)스럽다. 차와 물이 잘 충화(沖和)되기를 기다렸다가 술 거르듯 베에 걸러서 마시는데, 빨리 걸러도 안 되고 늦게 걸러 마셔도 안 된다. 빠르면 다신(茶神)이 피어나지 않고, 늦으면 묘한 향기가 먼저 사라진다.

초의선사가 평해서 말하기를, 「차를 따는 것은 그 현묘(玄妙)함을 다해야 하고, 만들 때는 그 정성을 다해야 하며, 물은 그 참된 것(眞水)을 얻어야 하고, 차를 끓이는 데는 그 중정(中正)을 얻어야 한다. 그래야만 체(體)와 신(神)이 서로 중화하고, 건(健)과 영(靈)이 서로 어우러져 하나가 된다. 이 지경에 이르러야만 다도(茶道)라고 할 수 있다」고 하였다.]

주(註)

① 건(健): 차에서 말하는 건이란 건전(健全) 건실(健實)한 것을 말한다. 차의 신(神)과 체(體)가 건전해야만 한다.
② 영(靈): 영이란 신령(神靈)스러운 것을 말한다. 차의 신과 체가 신령스러워야만 한다.
③ 순숙(純熟): 차를 끓일 탕수(湯水)가 알맞게 끓여진 것을 말한다. 무성(無聲)인 상태에까지 이르러 잘 익은 물을 가리키는 것이다.

제29송(校訂文)

체신수전유공과중정(體神雖全猶恐過中正)

중정불과건영병(中正不過健靈併).

[다신전(茶神傳) 포법편운(泡法篇云) 탐탕순숙(探湯純熟) 편취기(便取起) 선주소허호중(先注少許壺中) 거탕냉기(祛盪冷氣) 경출(傾出) 연후투다(然後投茶) 다다과의작(茶多寡宜酌) 불가과중실정(不可過中失正) 다중측미고향침(茶重則味苦香沈) 수승측색청미과(水勝則色淸味寡) 양호후(兩壺後) 우용냉수탕척(又用冷水蕩滌) 사호량결(使壺凉潔) 불측감다향의(不則減茶香矣) 관열측(礶熱則) 다신불건(茶神不健) 호청측(壺淸則) 수성상영(水性常靈) 초사다수충화(稍俟茶水沖和) 연후(然後) 분시포음(分釃布飮) 시불의조(釃不宜早) 음불의지(飮不宜遲) 조측다신미발(早則茶神未發) 지측묘복선소(遲則妙馥先消). 초의선사(草衣禪師) 평왈(評曰) 채진기묘(採盡其妙) 조진기정(造盡其精) 수득기진(水得其眞) 포득기중(泡得其中) 체여신상화(體與神相和) 건여영상병(健與靈相併) 지차이다도진의(至此而茶道盡矣).]

해설(解說)

제29송
제1구: 차의 체와 신이 비록 온전하게 잘되었다 하더라도 오히려 중정을 잃게 되면 안 된다.
제2구: 중정을 잃지 않으면 건과 영을 함께 얻게 되는데 이는 신과 체를 얻어야만 가능하다. 신과 체를 얻어도 중정을 잃으면 건과 영을 얻지 못한다.

원문주: 다신전의 포법편에 이르기를 차를 우릴 탕이 순숙한 것을 살펴서 탕관을 들어내어 먼저 다관에 조금만 부어서 냉기를 가셔 낸 다음 다관을 기울여 쏟아내 버리고 차를 넣게 되는데, 차의 양을 많게 해도 안 되고 적게 해도 안 된다. 꼭 알맞게 해서 중정을 잃지 않도록 해야만 한다. 차가 많고 물이 적으면 맛이 쓰고 떫으며 향기가 온전하지 못하며, 차가 적고 물이 많으면 빛깔이 맑고 맛이 싱겁다. 항상 두개의 다관을 준비해 두고 쓸 때마다 냉수로 깨끗하게 씻어서 다관을 청결하게 해서 보관해야만 한다. 그렇지 않으면 차의 향기가 감소되고 맛을 상하게 된다. 탕관이 너무 뜨겁게 되면 탕수가 늙어 버려 다신이 건전하지를 못하고, 다관이 깨끗하지 못하면 수성이 항상 신령스럽지 못하다. 차와 물이 잘 충화가 되어 신과 체가 어우러져야 하며 잘 중화된 차를 마포에 걸러서 마시게 되는데 너무 빨리 걸러도 안 되고 늦게 걸러도 안 된다. 빠르면 다신이 피어나지 않고 너무 늦으면 묘한 향기가 사라진다.

초의선사가 평해서 말하기를, 찻잎을 딸 때는 현묘함을 다 해야만 하고, 차를 만들 때는 그 정성을 다해야 하며, 차 끓일 물은 그 진수를 얻어야 하고, 차를 끓일 때는 그 중정을 얻어야 한다. 그래야만 체와 신이 서로 중화하고 건과 영이 서로 어우러져 하나가 되며 이 지경에 이르러야만 비로소 다도의 경지에 도달했다고 할 수가 있다.

제29송의 전체적인 뜻은 체와 신을 얻어서 중정을 잘 지킬 것 같으면 건과 영을 얻게 되는데, 신과 체와 건과 영을 함께 얻는 것을 다도의 경지에 도달했다고 할 수가 있는 것이다. 초의선사는 동다송의 중심 사상을 이 29송에서 설파하였다. 초의선사의 다도관은 신체건영을 규명하여 현묘한 경지에 도달하는 것을 말하는데, 이것이 동다송의 핵심 사상이다. 이 구절이 없다면 동다송은 읽을 가치가 없다고 해도 과언이 아닐 것이다. 여기에서 초의선사는 차의 정신과 최후에 도달해야 할 경지를 밝히고 있다. 그 골자는 26자로 표현되었는데, 채다는 그 현묘함을 다 해야 하고, 만드는 것은 그 정성을 다 해야 하고, 물은 그 진수를 얻어야 하고, 포법은 그중정을 얻어야 하며 체와 신이 서로 중화하여 건과 영을 함께 얻는 것이 다도의 경지에 이르렀다는 것이다.

이것을 알기 쉽게 도표로 그리면 다음과 같다.

도　해

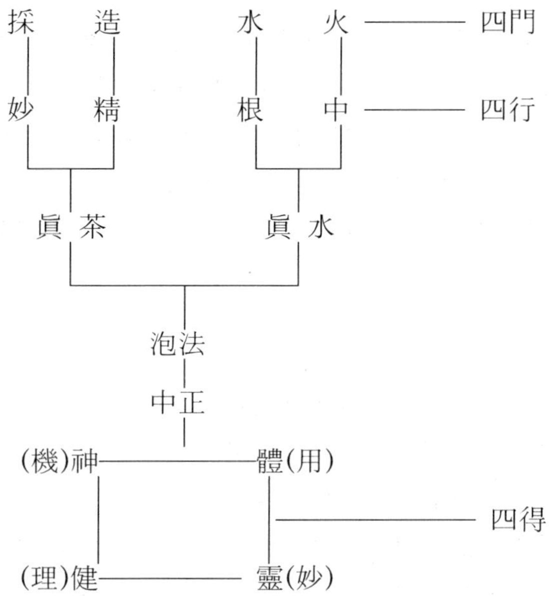

4문(四門)의 채(採)란 채다(採茶)를 말하며, 조(造)란 조다(造茶)를 말하며, 수(水)란 수품(水品)을 말하며, 화(火)란 화후(火候)를 말한다. 그리고 4행의 묘(妙)는 채다의 현묘(玄妙)함을 말하며, 정(精)은 조다의 정성(精誠)스러움을 말하며, 근(根)은 수품의 근본(根本)을 말하며, 중(中)은 화후의 중화(中和)를 말한다.

4득은 진다(眞茶)와 진수(眞水)를 얻어야만 얻을 수 있는데, 차는 물(水)의 신(神)이요, 물은 차(茶)의 체(體)이니, 진수(眞水)가 아니면 그 신(神)이 나타나지 않으며, 진다(眞茶)가 아니면 그 체(體)를 엿볼 수가 없다. 체와 신이 비록 온전하다 하더라도 오히려 중정(中正)을 잃으면 안 된다. 중정을 잃지 않으면 건(健)과 영(靈)을 함께 얻는다. 그러므로 신(神)이 건(健)하면 기(機)가 리(理)하고, 신(神)이 영(靈)하면 기(機)가 묘(妙)하고 체(體)가 건(健)하면 용(用)이 리(理)하고 체(體)가 영(靈)하면 용(用)이 묘(妙)하다. 신과 체는 기(機)와 용(用)과 같아서 불이(不二)해야만 건과 영을 얻는다. 건과 영이 불이(不二)하면 묘리(妙理)하고, 묘리(妙理)하면 묘경(妙境)하고 묘경(妙境)하면 묘각(妙覺)한다. 묘각(妙覺)한다는 말은 현묘(玄妙)한 경지(境地)를 깨닫는다는 말이다.

第二十九頌(原文)

體神雖全猶恐過中正 中正不過健靈併.

[泡法云① 探湯純熟 便取起 先注壺中小許② 盪袪冷氣③ 傾出 然后投茶④ 葉多寡宜的⑤ 不可過中失正 茶重則味苦香沈 水勝則味寡色淸⑥ 兩壺後⑦ 又冷水蕩滌⑧ 使壺凉潔 否則減茶香⑨ 盖罐熱則⑩ 茶神不健 壺淸則水性當靈⑪ 稍候茶水沖和 然后⑫ 令布釃飮⑬ 釃不宜早 早則茶神不發⑭陰不宜遲⑮ 遲則妙馥先消. 評曰⑯ 采盡其妙⑰ 造盡其精 水得其眞 泡得其中 体与神相和⑱ 健与灵相併⑲ 至此而茶道盡矣.]

원문교정(原文校訂)

① 포법운(泡法云): 다예관본, 석오본 모두 포법운으로 되어 있으나, 이 구절은 다신전의 포법을 인용한 것이다. 그래서 다신전의 포법편운(泡法篇云)으로 고친다.

② 선주호중소허(先注壺中小許): 다예관본이나 석오본 모두 위와같이 되어 있으나 만보전서나 다록에는 선주소허호중(先注壺少許壺中)이라고 되어 있다. 다신전에도 선주소허호중이라고 되어 있다. 그리고 소(小)자도 작을 소(小)자가 아니고 적을 소(少)자로 되어 있다.

③ 탕거냉기(盪袪冷氣): 다예관본, 석오본 모두 씻을 탕(盪)자와 물리칠 거(袪)자로 되어 있다. 그리고 만보전서에는 물리칠 거(袪)자와 넓고클 탕(蕩)자로 되어 있고 다신전에는 물리칠 거(袪)자와 끓일 탕(湯)자로 되어 있다. 이 글귀의 내용으로 보아 물리칠 거(袪)자와 씻을 탕(盪)자가 옳다. 거탕냉기(袪盪冷氣)로 바로잡는다.

④ 연후투다(然后投茶): 다예관본이나 석오본 모두 후(后)자로 되어 있으나 다록이나 만보전서나 다신전에는 뒤 후(後)자로 되어 있다. 황후 후(后)자는 뒤 후(後)자와 뜻이 서로 통한다.

⑤ 엽다과의적(葉多寡宜的): 다예관본에는 이파리 엽(葉)자와 밝을 적(的)자로 석오본에는 엽(葉)자와 잔질할 작(酌)자로, 다록과 만보전서에는 차 다(茶)자와 작(酌)자로 되어 있고, 다신전에는 엽(葉)자와 작(酌)자로 되어 있다. 다록에 있는 차 다(茶)자와 작(酌)자를 원본으로 바로잡는다.

⑥ 수승측미과색청(水勝則味寡色淸): 다예관본, 석오본에는 위와 같이 되어 있으나 다신전에는 색청미과(色淸味寡)로 되어 있다. 또 다록에는 포청기과(包淸氣寡)로 되어 있고 만보전서에는 색청미과(色淸味寡)로 되어 있다. 만보전서나 다신전을

따라서 색청미과(色淸味寡)로 바로잡는다.

⑦ 양호후(兩壺浚): 다예관본, 석오본 모두 뒤 후(浚)자가 삼수변(氵)로 되어 있다. 두인변(彳)으로 바꾸어 정자(後)로 고친다. 다신전이나 다록이나 만보전서에는 뒤 후(後)자로 되어 있다.

⑧ 우냉수탕척(又冷水蕩滌): 다예관본, 석오본 모두 위와 같이 되어 있으나, 다신전이나 다록이나, 만보전서에는 또 우(又)자 다음에 쓸 용(用)자가 들어 있다. 우용냉수탕척(又用冷水蕩滌)이라고 바로잡는다.

⑨ 부측감다향(否則減茶香): 다예관본, 석오본 모두 위와 같이 되어 있으나, 다신전이나 다록이나 만보전서에는 불측감다향의(否則減茶香矣)라고 되어 있다. 원문에 맞춰서 바로잡는다.

⑩ 개관열측(蓋罐熱則): 다예관본, 석오본 모두 위와 같이 되어 있으나 다신전과 다록에는 관숙측(罐熟則)이라고 되어 있고, 만보전서에는 관열측(罐熱則)이라고 되어 있다. 원문에 준해서 관열측(罐熱則)이라고 바로잡는다.

⑪ 수성당령(水性當靈): 다예관본, 석오본 모두 위와 같이 되어 있으나, 다록과 만보전서에는 수성상령(水性常靈)이라고 되어 있다. 원본을 따라 상령(常靈)이라 바로잡는다.

⑫ 연후(然后): 다예관본, 석오본 모두 위와 같이 되어 있으나, 다신전이나 다록이나 만보전서에는 뒤 후(後)자로 되어 있다. 뜻은 통하지만 정자는 뒤 후(後)자이다.

⑬ 영포시음(令布釃飮): 다예관본, 석오본 모두 위와 같이 되어 있으나, 다신전이나 만보전서에는 영시포음(令釃布飮)으로 되어 있고, 다록에는 분시포음(分釃布飮)으로 되었다. 다록의 내용대로 분시포음(分釃布飮)으로 고친다.

⑭ 조측다신불발(早則茶神不發): 다예관본, 석오본 모두 위와 같이 되어 있으나 다록이나 만보전서나 다신전에는 불발(不發)이 아니라 미발(未發)로 되어 있다. 미발(未發)로 고친다.

⑮ 음불의지(飮不宜遲): 다예관본, 석오본 모두 이 구절이 지금과 같은 순서로 되어 있으나, 다록이나 만보전서나 다신전에는 음불의지(飮不宜遲)가 조측다신미발의 구절앞에 나와 있다. 이 구절의 순서를 원문대로 바꾼다.

⑯ 평왈(評曰): 다예관본이나 석오본 모두 평왈로 되어 있다. 이 구절은 초의 선사의 평론이므로 초의선사(草衣禪師) 평왈(評曰)로 표기해 둔다.

⑰ 채진기묘(采盡其妙): 다예관본, 석오본 모두 위와 같이 되어 있으나, 이 구절의 캘 채(采)자를 딸 채(採)자로 바로잡는다.

⑱ 체여신상화(体与神相和): 다예관본에는 몸 체(體)자와 더불 여(與)자가 속자로 되어 있다. 이것을 정자로 바로잡는다.

⑲ 건여영상병(健与灵相併): 다예관본에는 더불 여(與)자와 신령령(靈)자가 속자로 되어 있다. 이것을 정자로 바로잡는다.

인용문헌(引用文獻)

제29송의 인용문헌은 한 가지로 다신전의 포법(泡法)을 전문 인용하였다. 그리고 말미에 평설을 붙여 놓았다. 먼저 다신전의 포법은 만조전서나 다록에 있는 문헌과 약간의 글자가 다른 곳이 있지만 대체로 거의 동일하고 오자나 순서가 바뀐 정도이다. 포법은 전체를 그대로 인용구로 활용했으며 빼거나 보태지 않았다.

다음의 평설은 초의선사가 차의 요점을 정리하여 만든 문구로서 대단히 중요한 구절이다. 다신전의 여러 대목에서 인용, 요약한 것으로 그 뜻과 정신을 명쾌하게 정리 하였다.

먼저 채진기묘(採盡其妙)는 채다론(採茶論)의 내용을 요약한 것이고, 조진기정(造盡其精)은 다위(茶衛)의 조시정(造時精)에서 요약한 것이고, 수득기진(水得其眞)은 품천(品泉)의 비진수막현기신(非眞水莫顯其神)에서 요약한 것이고, 포득기중(泡得其中)은 포법(泡法)의 불가과중실정(不可過中失正)에서 요약한 것이고, 체여신상화(體與神相和)는 품천(品泉)의 다자수지신(茶者水之神) 수자다지체(水者茶之體)에서 요약한 것이고 건여영상병(健與靈相併)은 포법(泡法)의 다신불건(茶神不健) 수성상령(水性常靈)에서 요약한 것이고, 지차이다도진의(至此而茶道盡矣)는 다위(茶衛)의 다도진의(茶道盡矣)에서 인용 요약한 것이다. 이처럼 다신전의 각항에서 인용, 요약하여 그 정신과 뜻을 간결하고 심오하게 발전시켰다.

동다송 30

옥화(玉花)차를 한 잔 기울이니 겨드랑이에서 바람이 일고,

몸 가벼워 이미 맑은 곳[淸境]에 올랐네.

[진간재(陳簡齋)[①]의 다시(茶詩)에 이르기를, 「이 옥화차의 향내를 맛보네」라고 하였고, 노옥천(盧玉川)[②]의 다가(茶歌)에 이르기를, 「오직 두 겨드랑이에서 맑은 바람이 솔솔 이는 것을 깨닫겠네」라고 하였다.]

주(註)

---

① 진간재(陳簡齋): 남송 때 시인으로 지금의 하남성(河南省: 洛陽) 사람. 이름은 여의(與義): 1090~1138), 자는 거비(去非), 호는 간재이다. 벼슬은 참지정사(參知政事)를 지냈으며, 시풍은 두보(杜甫)를 받들었다. 소동파와 황정견과 진사도 등과 함께 강서시파(江西詩派)에 속한다. 저서로는 간재집(簡齋集), 무주사(無住詞)가 있다.

② 노옥천(盧玉川): 당나라 때 시인으로 지금의 하북 탁현(涿縣) 사람이다. 이름은 동(仝: 약 795~835)이고 옥천(玉川)은 그의 호이다. 옥천은 하남의 소실산(少室山)에 은거하여 살았는데 빈곤하여 끼니를 잇기가 어려웠다. 그러나 책은 쌓여만 갔고 훗날, 낙양의 허물어져가는 헌 집을 구해서 이사하였다. 이러한 청절이 조정에 알려져 간의대부(諫議大夫)로 부름을 받았으나 출사하지 않았다. 당시의 세도가인 왕애(王涯)와 친하게 지내어 그의 서당에 출입하게 되었는데, 왕애는 차의 세법을 개정하여 백성의 원한을 사 훗날 감로의 변 때 맞아 죽고, 노동도 왕애의 집에 있다가 함께 참변을 당했다. 저서로는 옥천자시집(玉川子詩集)이 있다.

제30송(校訂文)

일경옥화풍생액(一傾玉花風生腋) 신경이섭상청경(身輕已涉上淸境).

[진간재(陳簡齋) 다시운(茶詩云) 상차옥화내(嘗此玉花匂). 노옥천(盧玉川) 다가운(茶歌云) 유각양액습습청풍생(唯覺兩腋習習淸風生)]

해설(解說)

제30송
제1구: 옥화차 한 잔을 마시니 겨드랑이에서 맑은 바람이 일어나는 듯하여,
제2구: 가벼워진 몸으로 하늘나라에 노니는 듯 상쾌하구나.
원문주: 진간재의 시구에 보니 옥화차의 향내를 맛본다고 하였고, 또 옥천자의 다가에는 일곱 잔 차를 마시지도 않았는데, 두 겨드랑이에서 맑은 바람이 솔솔 일어나 하늘나라에 오르는 것 같다는 것이다.
제30송의 전체적인 뜻은 향기로운 차는 한 잔만 마시어도 양 겨드랑이에서 맑은 바람이 일어나 하늘나라에 오르는 듯 상쾌한 기분이 든다는 것이다. 이처럼 맑고 향기로운 차는 골수를 신선으로 바꿔 하늘나라 백성이 되게 하는 것이다.

第三十頌(原文)

一傾玉花風生腋 身輕已涉上淸境.
[陳簡齋 茶詩① 嘗此玉花匂.② 盧玉川 茶歌③ 唯覺兩腋習習生淸風.④]

원문교정(原文校訂)

① 다시(茶詩): 다예관본, 석오본 모두 위와 같이 되어 있으나 전례로 보아 운(云)자를 붙인다.
② 옥화내(玉花匂): 다예관본에는 향내 내(匂)자로 되어 있고, 석오본에는 가지런할 윤(勻)자로 되어 있다. 다예관본을 따른다.
③ 다가(茶歌): 다예관본, 석오본 모두 위와 같이 되어 있으나 전례로 보아 운(云)자를 붙인다.

④ 습습생청풍(習習生淸風): 다예관본, 석오본 모두 위와 같이 되어 있으나 노동(盧仝)의 다가에는 습습청풍생(習習淸風生)으로 되어 있다.

인용문헌(引用文獻)

제30송의 인용문헌은 두 가지인데 하나는 진간재의 다시이고, 하나는 노동의 다가이다.

첫째 진간재의 다시는 오언고시(五言古詩)인데 그 전문은 전하지 않고 일부분만 전해지고 있다.

둘째 노동(盧仝)의 다가(茶歌)인데, 이 글의 원제목은 「주필사맹간의기신다(走筆謝孟諫議寄新茶)」이다. 이 시는 유명한 다시로서 우리나라 사람들의 다시에도 많이 인용되었다.

그 원문은 다음과 같다.

「日高丈五睡正濃 軍將打門驚周公 口云諫議送書信 白絹斜封三道印
開緘宛見諫議面 手閱月團三百片 聞道新年入山裏 蟄蟲驚動春風起
天子未嘗陽羡茶 百草不敢先開花 仁風暗結珠琲瓃 先春抽出黃金芽
摘鮮焙芳旋封裹 至精至好且不奢 至尊之餘合王公 何事便到山人家
柴門反關無俗客 紗帽籠頭自煎喫 碧雲引風吹不斷 白花浮光凝碗面
一碗喉吻潤 兩碗破孤悶 三碗搜枯腸 惟有文字五千卷
四碗發輕汗 平生不平事 盡向毛孔散 五碗肌骨淸 六碗通仙靈
七碗喫不得 唯覺兩腋習習淸風生 蓬萊山在何處 玉仙子乘此淸風欲歸去
山下群仙司下土 地位淸高隔風雨 安得知百萬億蒼生命 墮在巓崖受辛苦
便爲諫議問 蒼生到頭還得蘇息否.」

주필(走筆)로 맹간의가 보내준 햇차에 사례하다.

「해는 높아 한 길 반인데 졸음은 정녕 깊어져,
군대의 장군은 문을 두드려 주공(周公)을 놀라게 하네.
간의(諫議)가 서신을 보낸다고 입으로 전해 왔는데,
흰 비단은 비스듬히 삼도(三道)의 도장으로 봉해졌네.
봉함을 여니 완연하게 보이는 간의의 글발,
손으로 끄르니 월단(月團: 차) 3백편(片)이네.
듣자하니 새해에 산 속으로 들어가니,

겨울잠 자던 벌레들 놀라 움직이고 봄바람 일어나,
천자(天子)도 아직 양선차(陽羨茶)를 맛보지 못했고,
백초(百草)도 감히 앞질러 꽃피지 못하네.
어진 바람은 남 몰래 구슬꾸러미 같은 봉우리를 맺어 놓고,
이른 봄에 황금 같은 싹을 피어나게 하네.
신선하게 딴 싹을 불에 말려서 둥글게 봉하였는데.
지극히 정갈하고 지극히 좋고 또한 사치스럽지 않아.
지극히 존귀함은 왕공(王公)에게나 맞을 진데,
어찌하여 문득 산 사람의 집에 이르렀는가.
사립문은 닫혀서 속된 나그네도 없으니
사모(紗帽)를 둘러쓰고 손수 달여 마시네.
푸른 구름은 바람을 이끌어 끊임없이 불고,
흰 꽃의 광채는 잔의 탕면에 엉겨서 떠 있네.
첫째 잔은 목구멍과 입술을 윤기 나게 하고,
둘째 잔은 외로운 번민을 씻어 주고,
셋째 잔은 메마른 창자를 찾나니 생각나는 문자가 5천 권이나 되네.
넷째 잔은 가벼운 땀이 나와 평생의 불평이 모두 털구멍으로 흩어지네.
다섯째 잔은 기골(肌骨)이 맑아지고,
여섯째 잔은 선령(仙靈)과 통하였네.
일곱째 잔은 마시지도 않았는데 양 겨드랑이에서 맑은 바람이 솔솔 나는 것을 깨닫겠네.
봉래산이 어느 곳에 있느냐
옥선자는 이 맑은 바람을 타고 돌아가려 하네.
산 아래 군선(群仙)은 아래 땅을 맡고,
지위는 맑고 높아 비바람을 막네.
백만 억 창생의 목숨이 편안한지,
낭떠러지에 떨어져 신고(辛苦)를 겪는지 알겠는가.
오로지 간의에게 묻노니,
창생이 끝내 숨 돌릴 수 있는지 없는지를.」
이 시구 중에서 7잔째의 원문 한 구절만을 인용하였다.

동다송 31

밝은 달은 촛불이며 벗이 되었고,

흰 구름은 방석이며 병풍이 되었네.

대나무 소리와 솔바람은 시원도 하여

맑은 기운이 뼈와 가슴 속에 스미네.

오직 허락하노니 백운(白雲)과 명월(明月) 두 손님뿐,

도인의 앉은 자리가 이보다 좋을소냐.

[차를 마시는 법도란, (객이 적은 것을 귀하게 여긴다) 객이 많으면 시끄럽고, 시끄러우면 아취가 없어진다. 혼자서 마시는 것을 신(神)①이라 하고, 두 사람을 승(勝)②이라 하며, 서넛을 취(趣)③라고 하고, 오륙을 범(泛)④이라 하며, 칠팔을 시(施)⑤라고 한다.]

주(註)

① 신(神): 혼자서 차를 마시는 경지를 표현한 말인데, 그 뜻은 신령스럽다, 또는 그윽하다, 또는 고요하고 적적하다, 또는 이속(離俗)한 경지, 적정의 경지를 말한다. 신선이나 누릴 만한 고상하고 맑고 담아한 경계를 한마디로 신(神)이라고 한 것이다. 동원(東原: 杜瓊)의 시다록(試茶錄)에 보면, 혼자 마시는 것을 유(幽)라고 하였다.

② 승(勝): 둘이서 마시는 것을 말하는데, 그 의미는 좋다, 또는 승경(勝景)이다, 한적(閑適)하다는 말이다. 백운(白雲) 청산(靑山)은 좋은 두 손님이고, 또 백운(白雲)과 명월(明月)도 좋은 손님이다.

③ 취(趣): 서너 사람이 함께 마시는 정취를 가리키는 말인데, 취미적이다, 재미있다, 즐겁다, 유쾌(愉快)하다는 뜻이다. 뜻이 맞는 벗 서너 명이 모여서 차를 달여 마시며 담소하는 광경이다. 온갖 시비를 놓아 버리고 걸림 없이 노는 경지는 즐겁기만 하다.

④ 범(泛): 대여섯 사람이 차를 마시는 모양이다. 평범하다, 범사(泛事)스럽다, 일상적이라

는 뜻이다. 또는 저속(低俗)하다고도 하며 속되다 라고도 한다. 동원의 시다록(試茶錄)에는 범(汎)이라고 하였다. 범(泛)자와 뜻이 서로 통하는 글자이다.

⑤ 시(施): 일곱 여덟이 둘러앉아서 차를 마시는 자리이다. 음식을 나누어 먹는 것과 같다. 무언가 나누어 먹는 자리, 또는 베푸는 자리, 무시하는 투로 박애(博愛)라고도 한다. 차 마시는 분위기는 깨어지고 음식 먹는 자리가 되었다.

제31송(校訂文)

명월위촉겸위우(明月爲燭兼爲友) 백운포석인작병(白雲鋪席因作屛)

죽뢰송도구소량(竹籟松濤俱蕭凉) 청한형골심간성(淸寒瑩骨心肝惺).

유허백운명월위이객(惟許白雲明月爲二客) 도인좌상차위승(道人座上此爲勝).

[음다지법(飮茶之法) 이객소위귀(以客少爲貴) 객중측훤(客衆則喧) 훤측아취핍의(喧則雅趣乏矣) 독철왈신(獨啜曰神) 이객왈승(二客曰勝) 삼사왈취(三四曰趣) 오육왈범(五六曰泛) 칠팔왈시야(七八曰施也)]

해설(解說)

제31송

제1구: 차 마시는 자리에 밝은 달(明月)은 촛불도 되고 또한 벗도 되어 주는구나.
제2구: 흰 구름(白雲)은 방석도 되어 주고 병풍도 되어 주었네.
제3구: 해맑은 댓바람 소리와 솔바람 소리는 시원한 고요이고,
제4구: 맑은 기운 뼛골 속에 스며들어 간장과 폐부를 맑게 해주네.
제5구: 오로지 밝은 달, 흰 구름 이 두 손님만을 허락하노니,
제6구: 도인의 앉은 자리가 이 보다 좋으랴.

원문주: 차를 마시는 자리에는 손님이 적어야 한다. 손님이 많으면 시끄럽고 수선스러우며, 시끄러우면 맑은 정취가 사라진다. 그래서 혼자 마시는 것을 신령스럽다, 이속한 경지라고 하고, 둘이서 마시는 것을 좋다, 또는 한적한 경지라고 하며, 서너 사람이 마시는 것을 취미적이다, 재미있다고 하고, 대여섯 사람이 마시는 것을 평범하다, 일상적이다 하며, 칠팔 명이 마시는 것을 나누어 먹기와 같다는 것이다.

제31송의 전체적인 뜻은 차를 마시는 자리와 그 분위기 그리고 손님의 숫자에 대해

서 논하고 있는데, 혼자 마시는 것이 최상의 경지이고, 둘이서 마시면 좋지만 속된 무리보다는 흰 구름 밝은 달이 가장 멋진 손님이며, 뜻이 맞는 친구 서너 명이 함께 마시는 것은 재미있고 유쾌한 일이나, 그 이상의 많은 사람이 함께 마시는 것은 나누어 먹기와 같고 저속하여 맑고 고상한 정취를 느낄 수가 없다는 것이다. 또 차 마시는 분위기도 해맑은 솔바람 댓바람 소리는 마음과 정신을 맑혀 줌으로 좋지만 시끄럽고 수선스럽고 잡음이 많이 나는 것은 좋지 않다는 것이다. 애써 고요하고 한적하고 평화스럽고 유쾌한 분위기를 만들려고 하는 것은 편안하고 여유 있는 마음을 얻어 삶을 풍요롭게 하기 위함이다. 삶의 여유, 그것은 참다운 삶의 철학이기 때문이다. 차는 거들먹거리기 위해서 마시는 것이 아니라 삶을 아름답고 풍요롭게 하기 위해서 마시는 것이다.

第三十一頌(原文)

明月爲燭兼爲友 白雲鋪席因作屛
竹籟松濤俱蕭凉 淸寒瑩骨心肝惺
惟許白雲明月爲二客 道人座上此爲勝.
[飮茶之法[①] 客衆則喧 喧則雅趣索然[②] 犻[③]啜曰神 二客曰勝 三四曰趣 五六曰泛 七八曰施也.[④]]

원문교정(原文校訂)

① 음다지법(飮茶之法): 다예관본이나 석오본 모두 음다지법으로 되어 있으나 다신전 원문에는 음다(飮茶)라고만 되어 있다. 이 구절은 초의선사가 만든 문구이다. 그리고 이 구절 뒤에 나오는 한 구절(以客少爲貴)이 생략되어 있다. 이는 초의선사가 번거로움 때문에 생략 시킨 것 같다. 그러나 내용을 알기 쉽게 하기 위해서 채워 넣는다.

② 훤측아취색연(喧則雅趣索然): 다예관본, 석오본 모두 위와 같이 되어 있으나 다신전에는 색연(索然)이 아니라 핍의(乏矣)라고 되어 있다. 다록이나 만보전서에도 핍의라고 되어 있다.

③ 폐철왈신(犻啜曰神): 다예관본에는 개성낼 패(犻)자로 되어 있고 석오본이나 다신전에 홀로 독(獨)자로 되어 있다. 독(獨)자로 바로잡는다.

④ 칠팔왈시야(七八曰施也): 다예관본, 석오본 모두 이끼 야(也)자가 말미에 붙어 있

으나 다신전이나 다록에는 야(也)자가 없다. 그러나 이 글자는 초의 선사가 붙인 글자로서 어조사 정도로 쓰인다. 그대로 붙여 두어도 무방하다. 동다송의 대단원이 마치는 글이라서 붙인 것 같다.

인용문헌(引用文獻)

제31송의 인용문헌은 한 가지로 다신전의 음다(飮茶)항이다. 음다항목의 거의 전문을 인용하였는데 그중에 일부분만 생략시켰다. 생략시킨 대목은 이객소위귀(以客少爲貴)라는 구절이다. 이 구절은 생략해도 뜻이 통하는데 아무 장애가 없기 때문이다. 그러나 역자는 독자들의 이해를 돕기 위해서 이 구절을 채워 넣었다.

동다송 題跋

초의선사가 햇차를 시험하니 푸른 향기 피어오르고,

날짐승의 혀(禽舌)① 같은 가늘은 곡우전(穀雨前)②의 첫물차.

말하지 마라 단산(丹山)③의 운감차(雲龕茶)④나 월간차(月澗茶)⑤를,

찻잔에 가득 찬 뇌소차(雷笑茶)⑥가 수명을 연장하네.

백파거사(白坡居士)⑦ 제(題)

주(註)

---

① 금설(禽舌): 새의 혀를 말하는데 찻잎의 모양새가 새의 혀처럼 생겼다고 해서 붙여진 이름이다. 작설(雀舌)이나 작설(鵲舌)도 같은 뜻이다. 까치나 참새 같은 날짐승의 혀처럼 가늘게 생긴 차의 모양을 말한다.

② 곡우전(穀雨前): 곡우는 일 년 24절기 중의 하나로 여섯 번째에 해당하는데, 대개 양력 4월 20일이나 21일에 온다. 우리나라는 곡우 때 보다 입하 때가 적기이나, 곡우 4~5일 전에도 남쪽 지방의 따뜻한 곳에서는 차를 딴다. 이것을 우전차(雨前茶)라고 하고, 곡우 뒤에 딴 차를 우후차(雨後茶)라고 한다.

③ 단산(丹山): 산 이름, 복건성 건양현(建陽縣)에 있다. 산간에 붉은 기운이 항상 덮고 있고, 숲과 고개가 붉어서 단산이라고 했다. 산에 붉은 구멍(丹穴)이 많이 있다고 한다.

④ 운감차(雲龕茶): 차의 일종으로 단산에서 생산되는 차이다. 청이록(淸異錄)에 나오는 기록에 보면 건양(建陽)의 단산(丹山)은 물이 맑은 고장이다. 여기서는 예로부터 이름난 차가 많이 생산되는데 그중에서 운감차와 월간차를 꼽는다고 하였다.

⑤ 월간차(月澗茶): 차의 일종으로 건양에서 나는 차이다. 앞의 기록에 나오듯이 운감차와 함께 이름이 높은 차이다. 이 차 이야기는 동다송 제18송에도 나와 있다.

⑥ 뇌소차(雷笑茶): 차의 일종으로 초의선사가 가끔 끓여 마시던 차였다. 이 차는 초의선사가 만든 차인지 아니면 중국에서 가져온 것인지 알 수는 없지만, 시문 가운데 등장하는 차의 이름이다. 그러나 이 차 이름은 동다송의 제11송에 나오는 경뇌협(驚雷莢)이란 차 이름에서 유래 되었는지도 모르겠다.

⑦ 백파거사(白坡居士): 조선 후기의 문인. 이름은 신헌구(申獻求: 1823~?) 자는 계문(季文)이며, 호는 백파거사이다. 고령 신씨 응모(應模)의 아들로 철종 13년(1862)에 정시(庭試)·병과(丙科)에 급제하였다. 초의선사의 시집(一枝盦詩稿)에 발문(跋文)을 썼다.

제발(校訂文)

초의신시녹향연(艸衣新試綠香煙) 금설초섬곡우전(禽舌初纖穀雨前)

막수단산운월간(莫數丹山雲月澗) 만종뇌소가연년(滿鍾雷笑可延年).

백파거사 제(白坡居士 題)

해설(解說)

제발(題跋)

초의선사가 햇차를 시험 삼아서 달이는데 푸른 향기가 연기처럼 피어오르고, 날짐승의 혓바닥 같은 작설차는 곡우전에 따서 만든 첫물차로구나.

함부로 말하지 마라. 중국 복건성 건양현의 단산에서 나는 운감차나 월간차만 좋다고, 찻잔에 가득 찬 한 잔의 뇌소차는 사람의 목숨을 연장시켜 준다네.

제발의 전체적인 뜻은, 초의선사가 곡우 전에 따서 만든 햇차를 시험 삼아 달이는데 그 모습을 지켜보고 있던 백파거사가 칠언절구(七言絶句)의 시로써 읊은 것이다. 초의선사는 이 차를 뇌소차라고 이름 붙였던 것 같다. 그래서 백파거사도 뇌소차 한 잔이 사람의 목숨을 연장시켜 준다고 하였다. 이 뇌소차는 중국의 운감차나 월간차에 비해서 조금도 뒤지지 않으니, 중국차만 좋다고 말하지 말라는 것이다.

題跋(原文)

艸衣新試綠香煙 禽舌初徵[①]穀雨前
莫數丹山雲澗月[②] 滿鍾雷笑可延年.
白坡居士 題

원문교정(原文校訂)

① 초섬(初纖): 다예관본에는 갈 섬(纖)자로 되어 있으나 시구의 내용으로 보아 가늘 섬(纖)이 옳은 것 같다. 간다(行貌)는 뜻은 맞지 않고, 가늘다(羅縠細)는 뜻이 타당하다.

② 운간월(雲澗月): 다예관본에는 운간월이라고 되어 있으나, 이것은 건양(建陽: 복건성)의 단산(丹山)에서 나는 차 이름을 말하는 것으로 월간차(月澗茶)와 운감차(雲龕茶)를 말하는 것이다. 동다송 제18송에 나오는 구절을 인용하여 지었다. 이 구절을 시의 운(韻)을 맞춰서 바꾼다면 운월간(雲月澗)이라고 고쳐야 한다.

인용문헌(引用文獻)

제발의 시문은 백파거사 신헌구(申獻求)가 지은 것으로 초의선사의 글이 아니다. 그래서 석오본(石梧本)에는 들어 있지 않고 다예관본(茶藝館本)에만 들어 있는 것이다. 이 다예관본은 백파거사가 필사한 것이다. 백파거사는 초의선사보다 38살이 아래로, 초의선사가 말년에 일지암(一枝庵)에 계실 때 찾아와서 뵙고 선사의 제자들과 교분을 맺어 자주 왕래했던 사람이다. 그 후 초의선사가 입적하신 뒤로 제자들의 부탁을 받아 초의선사시집(一枝盦詩稿)에 발문(1875년)을 썼다.

見 艸衣大禪師(초의선사를 보다)

허공을 향해
팔을 저으면
소매 끝에 구름이 걸린다.

천년은 이슬만 마시고,
만년은 구름만 먹으며,
구름 농사지은 지
얼마이던고?

문득 한 생각
머무는 곳.

그곳에
당신이 계셨지요.

한 걸음에
달려가

차(茶) 한잔 달여 놓고,

당신의 미소만
보았지요.

지금은
어느 산하(山河)에
지팡이를 꽂았습니까?

古月 龍雲

東茶頌에 對한 考察

석용운 스님

1. 序言

동다송은 초의의순의 저술이다. 근자에 차를 좋아하는 사람들이 많아지면서 동다송에 대한 관심도 높아져 여러 사람이 번역을 해서 단행본으로 간행하였다. 그러나 동다송에 대한 깊이 있는 연구가 이루어지지 않고 그저 번역문에 그치고 있어서 아쉬운 마음을 금할 길이 없었다. 지금까지 동다송에 관해서는 한편의 논문도 발표된 적이 없다. 이에 본 연구는 동다송 전반에 걸쳐 개괄적으로 내용을 분석하고 동다송의 저술 동기 등을 살펴서 초의의순이 왜 동다송을 저술하였고, 또 무엇을 가르쳐 주고자 했는지를 파악해 보고자 한다. 또한 동다송이 우리나라 차문화에 미친 영향에 대해서도 알아보고자 한다.

초의의순의 차사상(茶思想)에 대해서 알고자 한다면 다음 세 가지 측면에서 접근하지 않고는 알 수가 없을 것이다. 먼저 동다송을 통해 본 다도관(茶道觀)과 다신전(茶神傳)을 통해 본 차 생활(茶生活) 그리고 다시(茶詩)를 통해 본 차정신(茶精神)일 것이다. 그러나 본고에서는 동다송만을 다루기로 하겠다.

지금까지 밝혀진 동다송에 대한 내용들은 주로 개인적 견해이거나 주관적인 해석에 국한되어 있었다. 이러한 억측과 강변에서 벗어나 학문적이고 논리적인 연구와 해석이 필요하다고 느껴서 본 연구를 하게 되었다.

2. 本論

1) 東茶頌[2]의 저술 年代와 동기

동다송은 초의의순이 茶道를 알고자 해서 묻는 해거도인(海居道人) 홍현주(洪顯周)[3]에게 지어서 보낸 차에 대한 종합서이다. 「東茶라는 말은 우리나라에서 생산되는 차라는 뜻이다. 이 차를 송구(頌句)로 지었다고 해서 「東茶頌이라고 했다. 이 동

---

2) 초의의순이 52세(1837년)때에 저술한 차에 대한 전문서이다. 우리나라(東國)의 차(東茶)에 대한 이야기를 중국의 차와 비교해서 그 근본이 하나임을 밝히고 우리차의 우수성을 예찬한 다서이다.

3) 자는 세숙(世叔), 호는 해거재(海居齋), 약헌(約軒), 정조(正祖)의 딸인 숙선옹주(淑善翁主)에게 장가들어 영명위(永明尉)가 되었다. 풍산인(豊山人), 영의정(領議政) 낙성(樂性)의 손자이자, 우부승지(右副承旨) 인모(仁謨)의 아들이다. 형 석주(奭周)는 좌의정(左議政)을 지냈다, 순조 15년(1815)에 지돈녕부사(知敦寧府事)가 되었고, 문장에 뛰어났다

다송을 처음에는 「동다행(東茶行)[4]」이라고 했는데 뒤에 「頌」이라고 고쳐 불렀다. 초의의 나이 52세(1837년)되던 해[5] 봄에 일지암(一枝庵)[6]에서 저술하여 여름에 서울 청량리 청량산방[7]에 거주하는 홍현주에게 보냈다. 이때는 초의의 사상이 완숙기에 들어 선논(禪論)과 다론(茶論), 시학(詩學)에 이르기까지 일가를 이루어 미혹됨이 없을 때이다. 열다섯 살 때부터 익혀 온 차 생활이 계속 되면서 30대에는 중국의 다서(茶書)들을 구해 읽었고, 43세 때에는 萬寶全書[8]를 얻어 보았고, 45세(1830년) 때에는 「다신전(茶神傳)[9]」을 펴냈다. 그런 뒤에 동다송을 저술했으니 우리나라 차에 대해서 각별한 견해를 밝힌 것이다. 여기에서 동다송을 저술해서 함께 보낸 서간문을 통해 동다송 저술의 동기를 살펴보자.

「근자에 북산도인(北山道人) 변지화(卞持和)[10]가 와서 말하기를 당신(海居道人)께서 다도(茶道)를 물으신다 하기에 옛사람이 전하는 뜻에 의지해서 동다행(東茶行) 한편을 저술하여 올립니다. 말이 창달하지 못한 곳은 본문을 초열(抄列)하여 물으시는 뜻에 답합니다. 내용이 산만하고 난번(亂煩)하여 읽으시느라 괴로움이 많을 것입니다. 혹시 그 가운데 글이 될 만한 것이 있다면 칼로 깎아 손질하시는 수고를 아

---

4) 동다송의 처음 이름이다. 초의는 동다송을 저술해서 해거도인에게 보낼 때 책 제목을 동다행이라고 하였다. 동다행은 백낙천(白樂天)의 비파행(琵琶行)과 같은 형식을 취해서 지은 글이다.

5) 草衣意洵 「文字般若集」朝鮮 pp. 11. 上海居道人書, 丁酉夏. 「云云 近有北山道人 承教垂問茶道 遂依古人所傳之意 謹述東茶行一篇 以進 云云.」

6) 초의의순이 39세때에 대둔사 산내의 중록에 지은 암자이다. 말년을 이곳에서 보내며 동다송, 다신전, 일지암시고, 일지암문고 등 저술을 남겼다

7) 해거도인 홍현주의 별장이다. 동대문밖 청량산에 있다. 이곳에 송풍헌이라는 정자를 짓고 초의, 추사, 동리, 자하등 많은 선비들과 교유를 하였다

8) 백과사전의 일종이다. 명나라에서 편집 간행한 책으로 여러 가지 기록들을 수집 정리해 놓았는데, 다신전의 내용인 채다론(採茶論)이 수록되어 있다. 만보전서의 종류도 여러 가지가 있다. 이 중에서 경당증정만보전서(敬當增訂萬寶全書)에 채다론이 들어 있다.

9) 초의의순이 만보전서에서 가려 뽑아 만든 차 생활 지침서이다. 채다에서 다도까지 전체 22개 항목으로 정리된 차 생활 기본서이다.

10) 변지화 조선후기 사람, 진도부사를 지냈다. 진도에 부임하는 길에 초의를 일지암으로 찾아보고 해거도인의 뜻을 전해서 동다송을 저술하게 한 사람이다.

끼지 마십시오.[11]」

이와 같이 동다송은 다도를 묻는 해거도인에게 답하기 위해서 저술하였던 것이다. 그러나 어찌 해거도인만을 위해서 저술했다고 하랴. 이후에 동다송 한편은 천하에 명성을 떨치고 많은 선비들과 선승들이 앞을 다투어 베껴 가기에 이르렀으니, 비단 해거도인과의 인연으로 저술을 하게 되었으나 글 내용을 보면 대중을 위해서 저술한 것임을 알 수가 있다. 더욱이 단숨에 저술한 듯한 글귀의 흐름으로 보아 미리 저술의 기회를 준비하고 있었던 것을 짐작할 수가 있다.

2) 東茶頌의 各句 해설.

동다송은 詩의 형태로 장편(長篇) 고시체(古詩體)[12]에 속한다. 단 한편의 장편시(長篇詩)이다. 그러나 시어(詩語)만으로는 그 뜻을 모두 헤아릴 수가 없으므로 각 구절마다 주(註)를 달아서 시의(詩意)를 파악하도록 하였다. 이 한편의 시의 내용을 파악하기 위해서 편의상 주를 달은 것을 중심으로 각 구절로 나누었다.

동다송은 원문(原文) 68句[13]와 주석(註釋) 31句[14]로 이루어져 있는데 각 구절마다 註를 붙여서 설명을 했다. 편의상 앞에서부터 각 송구마다 번호를 붙여서 표기하도록 하겠다.

제1송에서는 차나무의 생김새와 자라는 장소에 대해서 말했고(6句42字),

제2송에서는 차나무 잎의 모습은 푸른새의 혀와 같으며 이태백(李太白)이 말하기를 형주(荊州) 옥천사(玉泉寺)의 산에서 나는 차가 벽옥(碧玉)과 같다고 했다.(2句14字)

---

11) 앞의 책 「文字般若集」朝鮮 pp. 11-12. 云云 近有北山道人 承敎垂問茶道 遂依古人所傳之意 謹述東茶行一篇 以進獻語之未暢處 抄列本文而現之 以對下問之意 自爾陳辭亂煩 冒瀆鈞聽 極切主臣 如或有句可存者 無惜一下金鎞之勞 云云.

12) 詩의 형식은 다양하다. 오언(五言), 칠언(七言), 절구(絶句)와 율시(律詩), 그리고 고시체(古詩體)가 있다. 동다송은 기본적으로 7언 고치체를 써서 지은 글이다.

13) 동다송은 원문과 주로 이루어져 있다. 원문이 모두 68구절이 되고 그 사이에 주를 달아 놓았다.

14) 동다송에 주석을 달아 논 구절마다 뜻을 이해하기 편리하도록 하였다. 이 주석을 중심으로 편의상 송구를 나누었다. 이렇게 나누면 모두 31구절이 된다.

제3송에서는 천인(天人)이나 신선(神仙)이나 사람이나 귀신이나 다 차를 좋아 한다고 했으며, 炎帝(神農)가 식경(食經)에 차의 효능에 대해서 기록했다.(3句21字)

제4송에서는 제호(醍醐)나 감로(甘露)라는 茶名을 말했다.(1句7字)

제5송에서는 차는 술을 깨게 하고 잠을 적게 하는 효과가 있다고 하였다.(1句7字)

제6송에서는 안자가 조밥에 차나물을 먹었다고 했다.(1句7字)

제7송에서는 神仙이 차를 좋아하여 사람들에게 大茗을 나누어 주었다는 말이다.(2句14字)

제8송에서는 땅속의 귀신도 차를 얻어 마시고는 보은 하더라고 했다.(1句7字)

제9송에서는 한 잔의 차는 天情의 으뜸으로 진수성찬보다도 낫다.(1句7字)

제10송에서는 수문제가 두통을 차로써 치료했다고 했다.(1句7字)

제11송에서는 당나라 때에 경뇌협(驚雷莢)과 자용향(紫茸香)이라는 차가 만들어졌다.(1句7字)

제12송에서는 차는 모든 음식의 으뜸이며 자영(紫英)은 궁중의 차이다.(2句14字)

제13송에서는 차를 만드는 법제법이 성행하였다고 했다.(2句14字)

제14송에서는 용단(龍團)과 봉단(鳳團)이라는 차가 만들어 지기 시작했다고 했다.(2句14字)

제15송에서는 차는 잡것이 섞이면 진성(眞性)을 잃는다고 했다.(2句14字)

제16송에서는 명산(蒙頂山)에 들어가 차나무를 재배해서 좋은 차를 만든다.(4句28字)

제17송에서는 설화(雪花), 운유(雲腴), 쌍정(雙井), 일주(日注)라는 名茶가 있다.(2句14字)

제18송에서는 건양단산(建陽丹山)에서 명차가 나온다. 차의 산지와 차 마시는 때를 말했다.(2句14字)

제19송에서는 우리나라 차가 맛이나 효능이 중국의 차와 똑같다. 이는 육우나 李德裕(贊皇)가 증명할 것이다.(4句28字)

제20송에서는 차는 늙지 않게 하고 장수하는 효험이 있다.(2句14字)

제21송에서는 一枝庵의 유천(乳泉) 물로 수벽탕(秀碧湯)과 백수탕(百壽湯)을 끓였다. (4句22字)

제22송에서는 차에는 구난(九難)과 사향(四香)이 있다.(1句9字)

제23송에서는 화개동(花開洞) 차밭은 우리나라 제일의 차밭이며 옥부대(玉浮臺)와 칠불선원(七佛禪院)은 차의 산지이다.(2句11字)

제24송에서는 구난(九難)과 사향(四香)을 제대로 하여야 진향(眞香), 진미(眞味)

를 맛볼 수 있으며 진상할 수 있다.(3句21字)

제25송에서는 차는 총명하고 영특하여 막히지 않았으며 신령스런 산에 의탁하여 자란다.(2句14字)

제26송에서는 찻잎의 모양새와 산지의 적당함을 말하고 지리산 화개동은 차의 적지이다.(3句21字)

제27송에서는 찻잎을 따는 시기를 말했는데 중국에서는 곡우 전후, 우리나라에서는 立夏 전후가 적기이다.(2句14字)

제28송에서는 차에는 체(體)와 신(神)이 있는데 분리시키지 말아야 하며 조다(造茶)는 현묘(玄妙)해야 한다.(2句14字)

제29송에서는 중정(中正)을 잃지 않고 포법(泡法)을 다하면 건(建)과 영(靈)을 얻을 수 있다. 다도에 있어서 채다는 현묘하고 조다는 정성(精誠)스러워야 하며 물은 진수(眞水)를 얻고 포법(泡法)은 중정(中正)을 얻어 체(體)와 신(神), 건(建)과 영(靈)을 얻어야 한다.(2句16字)

제30송에서는 좋은 차를 마시면 선천 세계에 올라 노는 듯하다.(2句14字)

제31송에서는 차 마시는 자리의 분위기를 말하였다. 객이 많으면 수선스럽고 객이 적으면 아람한 정취가 있다.(6句44字)

동다송 각송 해설도

명 칭	송구번호	회 수
차나무 모양	1, 2송	2회
다인(茶人)	3, 7, 8송	3회
다명(茶名)	4, 11, 12, 14, 17송	5회
차의 효능	5, 9, 10, 20, 25, 30송	6회
차나물	6송	1회
조다법(造茶法)	13, 22, 24, 28송	4회
보관법	15송	1회
차밭(茶田)	16, 23송	2회
차의 산지(茶山地)	18, 26송	2회
차의 품질	19송	1회
찻물(茶水)	21송	1회
채다시기(採茶)	27송	1회
차 우리는 법(泡法)	29송	1회
차 마시는 법(飮茶)	31송	1회
計	14항목, 31송	

이상의 31송으로 동다송은 이루어 졌으며 말미에 백파거사(白坡居士) 신헌구(申獻求)[15]가 제발(題發)로 칠언절구(七言絶句) 詩 한수를 첨부해 놓았다. 그러나 석오본(石梧本)에는 제시(題詩)가 들어 있지 않다. 다시 각 송구를 정리해 보면 위의 표와 같다.

이상에서 보는 바와 같이 초의는 첫째로 차의 효능에 대해서 강조하고 있다. 차를 오래도록 마시면 황홀한 뜻과 힘을 얻고 건강해져서 장수한다고 했으며, 둘째로 좋은 차에 대해서 말하고 차를 만드는 방법의 어려움과 신이한 맛을 말했다. 셋째로 차는 天人이나 神仙이나 땅속의 귀신이나 사람이 다 함께 즐겨 한다고 했으며 좋은 차의 산지에 대해서 말하고 있다. 이상의 점으로 보아 동다송의 대의(大意)를 세 가지로 집약할 수 있다.

첫째, 차는 인간에게 너무나도 좋은 약과 같은 것이니 차를 꼭 마셔라.

둘째, 우리나라 차는 중국의 차에 비해서 약효나 맛에 있어 결코 뒤지지 않는다. 육안차의 맛이나 몽산차의 약효를 함께 겸비하고 있다.

셋째 차에는 현묘(玄妙)함과 지극(至極)한 경지가 있어 「茶道」라고 한다는 것이다.

3) 東茶頌에 인용한 문헌

초의는 당신이 창작하신 원문 송구(頌句)마다 「고인소전지의(古人所傳之意)[16]」의 주해(註解)를 달아서 설명하고 있다. 원문 31頌 총394字는 초의의 창작이고 그 뒤에 붙인 주해는 옛 문헌을 인용한 것이다 여기에서 인용한 문헌이 무엇인지 알아보겠다.

---

15) 조선 후기의 문인. 이름은 신헌구(申獻求: 1823~?) 자는 계문(季文)이며, 호는 백파거사이다. 고령 신씨 응모(應模)의 아들로 철종 13년(1862)에 정시(庭試)·병과(丙科)에 급제하였다. 초의선사의 시집(一枝盦詩稿)에 발문(跋文)을 썼다.

16) 앞의 책 「文字般若集」朝鮮 pp. 11-12. 云云 承敎垂問茶道 遂依古人所傳之意 謹述東茶行一篇以進云云.

동다송에 인용한 문헌

문 헌 명	인용구 번호	인 용 회 수
茶經	1, 2, 8, 13, 22, 26송	6회
李太百의 詩	2, 20송	2회
食經	3송	1회
神異記	7송	1회
羅大經의 瀹湯詩	4송	1회
爾雅	5송	1회
廣雅	5송	1회
晏子春秋	6송	1회
遯齋閑覽	18송	1회
張孟陽의 登樓詩	9송	1회
蘇東坡의 詩	14, 17, 27송	3회
萬寶全書	15, 22, 28, 29, 31송	5회
黃山谷의 詩	17송	1회
乞茗疏	18송	1회
東茶記	19송	1회
十六湯品	21송	1회
茶書	26, 27송	2회
陳麋公의 詩	24송	1회
茶序	24송	1회
陣簡齋의茶詩	30송	1회
盧仝이 茶歌	30송	1회
21개 문헌		34회 인용

이상과 같이 초의는 21개 문헌을 34회에 걸쳐 적절하게 인용하여 당신의 원문과 대조시켜서 자신의 다론(茶論)이 옛 법도와 어긋나지 않고 古人이 이미 고증한 바와 같다고 하였으며 또 이를 증명시킨 것이다. 옛 법을 고수하는 뜻은 선사상(禪思想)에서도 잘 나타나 재래의 이종선(二種禪)을 고집하면서 「옛 법을 바꾸는 것은

지금 사람들의 큰 병통이다(變古易常 今人之大病也)」라고 하여 백파선사(白坡禪師)의 삼종선(三種禪) 주창을 논박하였다.

4) 東茶의 품질

동다란 우리나라에서 생산되는 차라는 뜻이다. 동다의 품질에 대해서는 여러 차례에 걸쳐 문제가 되어 왔다. 고려 때 서긍(徐兢)의 「고려도경(高麗圖經)」[17]과 이규보(李奎報)의 유다시(孺茶詩)[18], 조선(朝鮮)의 선조(宣祖)와 양호(楊鎬)[19], 그리고 다산(茶山)과 초의선사(草衣禪師) 등이다. 이 외로도 박영보(朴永輔)와 범해선사(梵海禪師) 등 몇 사람이 더 있다.

서긍의 고려도경 다조항(茶俎項)을 보면 「토산차는 맛이 쓰고 떫어서 입에 넣을 수가 없다. 그래서 오직 중국의 납다(蠟茶)와 용봉사단(龍鳳賜團)을 귀하게 여기는데 송나라에서 증여해 오는 것 외에 장사치들이 무역해 다가 판매하는 것이 있어 근래에 와서는 차 마시기를 아주 좋아하게 되었다.[20]」라고 하여 우리나라 차가 아

---

17) 서긍(徐兢, 1091~1153)의 《선화봉사고려도경(宣和奉使高麗圖經)》 40권은 그가 송 휘종(宋徽宗)이 파견한 고려에의 국신사(國信使) 일행에 제할인선예물관(提轄人船禮物官)으로 개경에 다녀간 경과와 견문을 그림을 곁들여서 엮어 낸 사행보고서다. 서긍이 개경을 다녀간 것은 선화 5년(1123, 고려 인종1)으로, 북송이 금(金)에 멸망되기 4년 전이고 고려 예종(睿宗)이 홍거하고 인종(仁宗)이 즉위한 이듬해다.

18) 李奎報 「東國李相國全集卷第十三」 古律詩 雲峯住老珪禪師。得早芽茶示之。予目爲孺茶。師請詩爲賦之。

19) 朝鮮王朝實錄 101卷 宣祖 31年 6月 23日 (丙子) - 前日言於予曰: '貴國有茶, 何不採取?' 使左右, 取茶來示曰: '此南原所産也。 厥品甚好。 貴邦人何不喫了?' 予曰: '小邦習俗, 不喫茶矣。' 此茶採取, 賣諸遼東, 則十斤當銀一錢, 可以資生。 西蕃人喜喫膏油, 一日不喫茶則死矣。 中國採茶賣之, 一年得戰馬萬餘匹矣。' 予曰: '此非六安茶之流, 乃鵲舌茶也。' 對曰: '此一般也。 貴國啜人參茶, 此湯也, 非茶也。 啜之中心煩熱, 不如啜之爽快矣。 使貴國陪臣喫茶, 則心開氣擧, 而百事能做矣。 仍贈予茶二包, 似是爾若喫茶, 則或可做事, 以(驚) [警] 之之意也。 此非爲茶言之, 專爲不做事而發, 設辭言之也。 鄭琢曰: "此直戲侮之言也。 怠慢之氣, 豈喫茶所能療也?"

20) 徐兢 「高麗圖經」31器皿 茶俎. 高麗. 「土産茶, 味苦澁不可入口, 惟貴中國臘茶幷龍鳳賜團, 自錫賚之外, 商賈亦通販, 故邇來頗喜飮茶, 益治茶具, 金花烏盞, 翡色小甌, 銀爐湯鼎, 皆竊效中國制度, 凡宴卽烹於庭中, 覆以銀荷, 徐步而進, 候贊者云, 茶徧乃得飮, 未嘗

주 하품(下品)에 속하는 것으로 평했다. 그런가 하면 이규보는 그의 유다시에서 「만 개의 순을 따서 겨우 한 개 떡만 한 차를 만드니 차 한 조각이 천금(千金)을 주고도 바꾸기가 어렵다.」(摘將萬粒成一餠 一餠千金那易致)라고 하여 동다의 (여기서는 유다를 말함) 품질이 뛰어 남을 말했다.

조선시대에는 선조대왕과 명장 양호가 남원(南原)에서 생산된 차를 놓고 평했는데, 선조는 「이것은 육안다의 종류가 아니요, 작설차(雀舌茶)라고 하는 것이요.」라고 하여 동다가 중국차만 못하다고 말하고 양호는 이를 부정하여 품질이 매우 좋다고 말했다. 「이 차는 남원에서 나는 것입니다. 그 품질이 매우 좋습니다.」라고 하여 그 평이 자못 엇갈리었다[21].

이렇게 각 설을 말하는 가운데 초의와 다산, 그리고 추사가 동다의 진가를 알아 중국차보다 못하지 않다고 증명하였다. 전의이는 그의 저서 동다기(東茶記)에서 「어떤 사람은 동다가 월국(중국)의 차만 못하다고 했으나 내가 보건대 色이나 香이나 그 맛에서 조금도 차이가 나지 않는다.[22]」라고 하였고, 초의도 같은 견해를 보였다.

• 不飮冷茶矣, 館中以紅俎布列茶具於其中, 而以紅紗巾羃之, 日嘗三供茶, 而繼之以湯, 麗人謂湯爲藥, 每見使人飮盡必喜, 惑不能盡以爲慢己, 必怏怏而去, 故常勉强爲之啜也.」

21) 선조 31년 무술(1598, 만력 26) 6월 23일(병자) - 지난번 나에게 '귀국에는 차(茶)가 있는데 왜 채취하지 않는가?' 하고는, 좌우를 시켜 차를 가져오라고 하여 보여주며 '이것은 남원(南原)에서 생산된 것인데 그 품질이 매우 좋다. 그런데 귀국 사람들은 무엇 때문에 이것을 마시지 않는가?' 하기에, 내가 '우리나라는 풍습이 차를 마시지 않는다.' 고 하였다. 그는 다시 '이 차를 채취해서 요동(遼東)에 내다 판다면 10근에 1전(錢)은 받을 수 있으니 그것만으로도 생활이 가능할 것이다. 서번인(西蕃人)들은 기름기를 즐겨 먹기 때문에 하루라도 차를 마시지 않으면 죽을 지경이다. 그래서 중국에서는 차를 채취하여 팔아서 1년에 전마(戰馬) 1만여 필씩을 사고 있다.' 하기에, 내가 '이것은 육안차(六安茶)의 종류가 아니고 작설차(鵲舌茶)이다.' 하니, 답하기를 '그것은 마찬가지이다. 귀국에서는 인삼차를 마시는데 이것은 탕(湯)이지 차가 아니다. 그것을 마시면 마음에 번열이 생기므로 마음이 상쾌해지는 차를 마시는 것만 못하다. 귀국의 배신(陪臣)들이 차를 마신다면 마음이 열리고 기운이 솟아나서 온갖 일들을 잘할 수 있을 것이다.' 하고는, 이어 나에게 차 두 봉지를 주었는데, 이는 당신도 차를 마시면 일을 잘할 수 있을 것이라는 뜻으로 깨우쳐 주려는 것처럼 보였다. 이는 또 차를 위해 말한 것이 아니라 오로지 일을 잘하지 못한다 하여 꺼낸 말이니, 계획적으로 한 말이다."하자, 정탁이 아뢰기를, "이것은 단지 희롱하고 업신여기는 말일 뿐입니다. 태만스런 기운이 어떻게 차를 마신다고 고쳐질 수 있겠습니까."하였다.

동다송에는 동다를 예찬한 대목이 여섯 구절이 나온다.

첫째는 동다가 그 근본이 중국에서 들여온 것이라서 色, 香, 味가 똑같다. 육안차의 맛이나 몽산차의 약효를 겸비한 것이 우리나라 차이다.

둘째는 차는 물의 신(神)이요, 물은 차(茶)의 체(體)인 진수(眞水)가 아니면 그 神이 나타나지 않으며 진다(眞茶)가 아니면 그 체(體)를 엿볼 수 없다고 하였는데 나에게 유천(乳泉)이 있어 체와 신을 갖추어 건(健)과 영(靈)을 얻는다 하였다.

셋째는 지리산 화개동은 우리나라 최고의 차밭인데 제다(製茶)를 잘못하여 좋은 차를 버려 놓았다고 개탄하였다. 「화개동의 옥부대 아래 칠불선원에서 좌선하는 무리들은 항상 늙은 찻잎을 늦게 따서 햇빛에 말려 나물국처럼 끓이니 색은 탁하고 붉으며 맛은 심히 쓰고 떫더라.[23]」라고 하여 「천하에 좋은 차를 속된 솜씨로 버려 놓았다.」(天下好茶多爲俗手所壞)고 하였다.

넷째로 지리산은 신령스런 산인데 차가 명산에 의지하였으니 명다(名茶)임이 분명하다.

다섯째로 지리산 화개동의 차밭은 다경(茶經)에서 말하는 적지이니 바위나 골짜기가 차로 하여금 신령스럽게 한다.

여섯째는 차를 따는 시기가 중국의 경우는 곡우의 전후가 적기임에 비해서 동다는 입하 전후가 적기다라고 하여 경험에 의해 밝혔다.

이상에서 밝힌 바대로 동다의 품질과 유천의 수품(水品), 제다에 따른 동다의 품질 동다의 산지 또는 채다 시기에 까지 명확한 견해를 밝혔다. 그리고 초의의 제자인 범해각안(梵海覺岸)은 「다가(茶歌)」에서 동다의 품격을 지역별로 나누어 말하고 있다. 「보림사의 작설차는 관청에 들어갔고 화개동의 진품은 궁궐에 바쳤으며 함평 무안의 토산차는 남방에서 기이하고 강진 해남에서 만든 차는 중국(北京)에까지 알려졌다.[24]」고 하였다.

---

22) 全義李 東茶記 本文 第六章

一. 茶之效 或疑東茶 不及越産 以余觀之 色香氣味 少無差異. 茶書云 六安茶以味勝 蒙山茶以藥勝 東茶盖兼之矣 若有李贊皇陸子羽 其人則必以余言爲然也.

동다기는 全義李씨 이덕리(李德履. 1728-?)의 저술이라는 설(한양대 정민교수)이 있음.

23) 草衣 東茶頌 朝鮮. 云云 花開洞有玉浮臺 臺下有七佛禪院 坐禪者常晩取老葉 晒乾然柴者 鼎如烹菜羹 濃濁色赤 味甚苦澁 云云

24) 梵海 梵海覺岸文集「茶歌」 朝鮮. 云云, 寶林禽舌輸營府 花開珍品貢殿陛 咸務土産南方奇

5) 東茶頌에 나타난 茶道觀

초의는 동다송에서 다도(茶道)란 神, 體, 健, 靈을 함께 얻는 것이라고 말했다.

「평해서 말하기를 채다(採茶)는 그 묘(妙)를 다해야 하고, 조다(造茶)는 그 정성(精誠)을 다해야 하고, 물은 그 진(眞)을 얻어야 하고, 포법(泡法)은 중정(中正)을 얻어야 하는 것이다. 체와 신이 서로 고르고, 건과 영이 서로 함께하는 것을 일컬어 다도(茶道)에 이르렀다고 한다.」(評曰 採盡基妙 造盡基精 水得基眞 泡得基中 體與神相和 健與靈相併 至此而茶道盡矣)

초의는 다도관을 알고자 한다면 문(門), 행(行), 득(得)의 길을 거쳐야 한다. 대저 문(門)이 있어서 들고 행(行)해서 얻는(得) 법이다. 문(門)에는 사문(四門)이 있으니 채(採), 조(造), 수(水), 화(火)가 그것이며 행(行)에는 사행(四行)이 있으니 묘(妙), 정(精), 근(根), 중(中)이 그것이며 득(得)에는 사득(四得)이 있으니 신(神), 체(體), 건(健), 영(靈)이 그것이다. 사문의 채(採)란 채다(採茶)를 말하며, 조(造)란 조다(造茶)를 말하며, 수(水)란 수품(水品)을 말하며, 화(火)란 화후(火候)를 말한다. 사행의 묘(妙)는 채다(採茶)의 현묘(玄妙)함을 말하며, 정(精)은 조다(造茶)의 정성(精誠)스러움을 말하며, 근(根)은 수품(水品)의 근본(根本)을 말하며, 중(中)은 화후(火候)의 중화(中和)를 말한다.

사득(四得)은 진다(眞茶)와 진수(眞水)를 얻어야 만이 얻을 수 있는데 차(茶)는 수(水)의 신(神)이요, 수(水)는 차(茶)의 체(體)이니 진수(眞水)가 아니면 그 신(神)이 나타나지 않으며 진다(眞茶)가 아니면 그 체(體)를 볼 수가 없다. 체(體)와 신(神)이 비록 온전하다 하더라고 오히려 중정(中正)을 잃으면 안된다. 중정을 잃지 않으면 건(健)과 영(靈)을 함께 얻는다. 그러므로 신(神)이 건(健)하면 기(機)가 리(理)하고, 신(神)이 영(靈)하면 기(機)가 묘(妙)하고, 체(體)가 건(健)하면 용(用)이 리(理) 고, 체(體)가 영(靈)하면 용(用)이 묘(妙)하다. 신(神)과 태(體)는 기(機)와 용(用)과 같아서 불이(不二)해야만 건(健)과 영(靈)을 얻는다. 건(健)과 영(靈)이 불이(不二)하면 묘리(妙理)하고 묘리하면 묘경(妙境)하고 묘경하면 묘각(妙覺)한다. 이를 도해로 그리면 다음과 같다.

康海製作北京啓.

초의선사의 다도관 도해

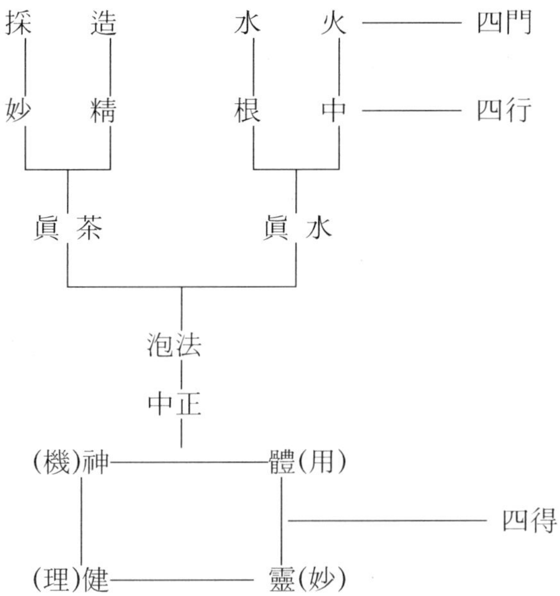

채다(採茶)란 차를 따는 잎을 말한다. 차나무에서 찻잎을 따는 것은 그 시기가 매우 중요하다. 너무 빠르면 맛이 온전하지 못하고 늦으면 싱그러움이 흩어진다. 곡우(穀雨)와 입하(立夏)사이가 적기인데 일창일기(一槍一旗), 이기(二旗)의 잎이 자줏빛이 나거나 쭈글쭈글 하거나 돌돌 말린 것이 좋다. 이때 중심이 되는 가지(主幹) 끝에 돋아 난 것을 영발자(嶺拔者)라고 하며 이 찻잎이 그 차나무 중에서는 맛이나 약효가 가장 뛰어나다. 그리고 찻잎을 딸 때 밤새 구름이 끼지 않고 이슬이 흠씬 내린 후에 딴 것이 좋으며, 비온 후나 구름이 꼈을 때는 따지 않는다. 그리고 계곡이나 암석사이에서 자란 것이 좋다. 이처럼 채다(採茶)는 그 현묘(玄妙)함을 다해야만 된다. 그 묘(妙)를 다해서 채취한 찻잎을 가지고 조다(造茶)를 하는데 솥이 매우 뜨거워졌을 때 급히 차를 넣어서 볶아야만 한다. 차가 익어서도 안 되며 또한 태워서도 안 된다. 차가 익으면 색깔이 검고 타면 노랗고 흰 반점이 생긴다. 이렇게 적당한 열기로 한번 볶고 세 번 건조하면 알맞게 마른다. 불은 연기가 나지 않아야 되며 불의 온도가 고르게 되어야 한다. 양질(良質)의 찻잎과 고르고 순수한 불과 제다인(製茶人)의 정성스런 마음이 합쳐져서 진다(眞茶)가 나오는 것이다. 수품(水品)은 차를 끓일 물을 말하는데 산정(山頂)에서 나는 석간수(石間水)가 좋고 정중수(井中水)가 다음이며 강하수(江下水)는 하품(下品)이다. 물에는 팔덕(八德)이 있으니, 가볍고(輕), 맑고(淸), 시원하고(冷), 부드럽고(軟), 아름답고(美), 냄새가 나지 않고(不臭), 비위에 맞고(調適), 먹어서 탈이 없는 것(無患)이 그것이다. 물은 그 근본(根本)을 구하지 않으면 상하거나 오염되기가 쉬워서 고여 있는 우물물이나 강물은 쓰지 않는다. 바로 그 근원에서 솟아나는 샘물이어야 한다. 이 샘물을 구하여 체성이 튼튼한 불로 끓이면 좋은 탕(湯)이 된다. 만약 대나무나 썩은 나무 가지나 낙엽 같은 연료는 불의 체성이 허약하여 탕도 또한 체성이 약해진다. 이런 탕은 쓸모가 없는 것이다. 연기가 나지 않고 체성이 튼튼한 불을 구하여 가볍게 빨리 끓여야 한다. 이때 문(文)이 과하면 수성(水性)이 유(柔)하게 되고 수성이 유약하면 차가 더디게 우러나 맛이 가라 않고 향기가 맑지 못하며, 무(武)가 과하면 수성(水性)이 극열해져서 차가 급하게 우러나 맛이 미숙하고 향기가 빨리 발산된다.

이것을 「문무화후(文武火候)」라고 하는데 지나치면 모두 중화(中和)를 얻지 못한 것이다. 그 적절함을 다하여 中和를 얻어야 진수(眞水)가 나오는 법이다. 眞茶와 眞水를 얻었을 때 비로소 중용(中庸)의 德을 얻을 수 있는 길이 열린 것이다. 眞茶와 眞水가 아니면 神과 體를 규명할 길이 없고 神과 體를 규명하지 못하면 健과 靈을 얻지 못한다. 그러므로 眞茶와 眞水를 얻어서 神과 體를 규명하고 神과 體가 不二해야만 된다. 그러기 위해서 泡法(차 우려내는 법)을 하는데 포법은 中正을 지켜야만 한다. 그 요체는 세 가지가 있는데, 첫째로 차가 많아도 안 되고 물이 많아도 안 된다. 차가 많으면 빛깔이 노랗고 빨갛고 맛은 쓰고 떫으며 향도 좋지 않다. 반대로 차가 적고 물이 많으면 맛도 완전하지 않고 빛깔도 엷고 향도 미숙하게 된다. 그래서 적당한 차와 물이 알맞아야 된다.

둘째로 차를 우려서 잔에 나누어 따를 때 너무 빨리 꺼내면 맛도 미숙하고 향도 약하며 빛깔도 엷고 좋지 않다. 반대로 너무 오래 있다가 늦게 꺼내면 색깔도 탁하고 맛도 쓰고 떫으며 향도 독하게 된다. 적당한 시간에 꺼내야 된다.

셋째로 차를 잔에 골고루 나누어 따를 때 너무 급히 서둘러서 따라 차의 양과 고르기를 해친다면 이를 「급주(急注)」라고 하며, 차를 따를 때 세심하게 살피고 조바심 나게 하다가 차의 농도의 고르기를 해친다면 이것을 완주(緩注)라고 한다. 마음이 조급하거나 착잡해서 급주나 완주를 해서는 안 된다. 편안한 마음으로 여유롭게 따라야 한다.

이와 같이 차를 적당한 양을 넣어서 적당한 시간에 편안한 마음으로 따라서 마시는 것이다. 이것을 「중정법(中正法)」이라고 한다. 中正法을 잘 지키는 길은 마음에 중용(中庸)의 德을 품되 그 팔이 책임을 다하는 것이다. 그래서 몸과 마음이 하나가 되어 적의함을 다 하면 中正을 얻게 된다. 中正을 얻게 되면 자연히 神과 體를 규명하게 되고, 神과 體를 얻으면 健과 靈을 얻게 되는데 神과 體가 不二하고 健과 靈이 不二하면 기용(機用)이 不二하고 機用이 不二하면 이묘(理妙)가 不二하고 理妙가 不二하면 理가 妙한 경지에 들어 뜻한 바를 얻게 되는 것이다. 생각으로 헤아릴 일이 아니로다. 오직 체득하는데 그 진체(眞諦)가 있으니 참구(參究)해 볼 일이다.

6) 東茶頌의 종류와 행방

동다송의 종류는 지금까지 알려진 바에 의하면 4종류의 필사본이 있다.

첫째는 초의가 친필로 써서 해거도인(海居道人) 홍현주(洪顯周)에게 보낸 것과,

둘째는 초의의 친필로 一枝庵에 보관했을 것으로 사료되는 소장본과,

셋째는 백파거사 신헌구가 필사해서 최근까지 박영희(朴映熙)가 소장하고 있다가 태평양 다예관으로 넘어간 필사본과,

넷째는 석오(石梧) 윤치영(尹致英)이 필사한 석오본이 있다.

이상 네 종류가 있는데 첫째와 둘째는 초의의 친필로 이 原本은 발굴되지 않았으며 셋째와 넷째 본만이 발굴 소개 되었다.

셋째의 박영희가 소장하고 있던 백파거사 필사본은 가로가 14cm, 세로가 17cm 크기의 한지(漢紙) 20장 본문 35면으로 되어 있다. 이 필사본은 1975년 3월에 김봉호에 의해서 文學思想(통권30호)에 최초로 번역 소개 되었고, 그 뒤 同年 11月에 최범술(崔凡述)이 그의 저서 「韓國의 茶道」에 부록으로 번역 수록했다.

그후 다시 1977年 11月 30日에 김봉호씨가 한국문화예술진흥원의 자금을 지원받아 「초의선집(艸衣選集)」에 번역 수록 했고, 그 뒤 1979年 12月25日에 박종한(朴種漢)이 「茶道」라고 하여 동다송과 다신전을 함께 번역 간행하였으며, 1980年 12月3日에는 故 김미희(金美熙)가 「韓國茶道資料叢書」第一輯에 茶經 東茶頌 茶神傳의 원문만을 영인하여 펴냈다. 이렇게 하여 박영희 소장본은 전후 다섯 차례에 걸쳐 영인 번역 소개 되었다. 이 책은 지금까지 동다송의 원본처럼 귀하게 여겨져 몇몇 사람에 의해서 양도되었다. 소장자 박영희는 초의선사의 유물을 많이 보관하고 있었는데, 그중의 일부인 「草衣大宗師影(小痴畵)」「東茶頌」「茶神傳」「大芚寺草庵序」「金

銅佛像(新羅時代)」「草衣親筆」등 8점의 유품을 일천만 원을 받고 진주사람 전 대아고등학교장(大亞高等學校長)인 박종한(朴鍾漢)에게 양도했다. 朴鍾漢은 다시 이 유품 중 6점과 청자 찻잔, 백자 찻잔 등 茶具 312점을 포함해서 태평양 박물관(茶藝館)에 삼천삼백만 원의 사례금을 받고 기증했다. 그래서 지금은 이 동다송이 태평양 박물관에 보관되어 전국의 차 애호인들의 사랑을 받고 있다.

다예관에는 전국에서 모여드는 다인(茶人)들의 발길이 끊어지지 않고 있다. 이것은 한국 다도의 중흥조요 다성(茶聖)인 초의선사의 영정과 동다송을 보고자 함이다. 이 동다송이나 초의선사영정 등은 본시 대흥사의 소장품이었으나 비구대처 정화분쟁 때 박영희(대처승)가 가지고 나간 것들이다. 박영희는 초의선사와 무관한 사람으로 초의선사의 손상좌인 상운응혜(祥雲應惠)의 사제 쌍수일한(雙修一閒)에게 자기 혼자서 백골상좌(白骨上座)를 하고 자칭 초의선사의 다맥을 이었다고 허황된 망설을 만든 사람이다.

넷째는 石梧 尹致英이 필사해서 보관해 온 동다송인데, 필사자 尹致英은 초의선사와 방외청교(方外淸交)를 나눈 사람이다. 선사의 시집(詩集)에 발문(跋文)을 썼고, 또 초의가 신건(新建)한 대광명전(大光明展)의 신건기(新建記)를 짓기도 했다.(大光明殿新建記)

석오(石梧)는 시집 발문에서 초의의 동다송 한편은 육우(陸羽)의 다경(茶經)과 막상막하라 할 수 있다고 예찬한 사람으로서 동다송(東茶頌)을 직접 필사해서 보관했었다. 이 사본이 여러 사람의 손으로 전전하다가 지금은 서울에 사는 이일우(李一雨)의 소장이 되었다.

이 石梧本은 가로가 9cm 세로가 24cm 로 화첩식으로 길게 묶여져 있으며 全面이 22面, 표지(表紙)가 2面, 本文이 19面으로 되었으며, 한 面에 다섯줄로 정간을 메어서 각 줄마다 16字씩의 원문과 두 줄로 주석을 달았다. 필사한 정확한 연대는 알 수가 없으나 石梧선생이 艸衣선사의 詩集에 跋文을 달고, 또 「大光明殿新建記」를 지었던 辛亥年(1851) 49세 때가 아닌가 한다. 대광명전신진기의 글씨체와 똑같은 중국 淸代人 劉石庵體로 또박또박 정서를 했으며, 초의선사가 친필로 「海居道人垂詰製茶之候遂謹述東茶頌一篇以對」라고 써서 정본(訂本)임을 증명하였다.

이 본에는 백파거사(白坡居士) 신헌구(申獻求)가 제(題)한 칠언절구(七言絶句)의 시일편(詩一篇)이 들어 있지 않는 점으로 보아서, 초의선사의 원본(일지암본)을 직접보고 필사 했으며 원본에는 백파(白坡)의 詩가 없음을 증명하는 것이다. 이러한 점으로 볼때 茶藝館本은 白坡居士가 필사하고 끝에 跋文 삼아서 詩 한수를 지어 붙인 것이 아닌가 하고 추측해 본다. 그리고 서체도 白坡居士의 서체와 같은 점으로 보아 백파거사 필사본이 분명하다.

그리고 원제 밑에는 「不材而壽」라는 낙관이 찍혀 있다. 이 낙관은 小痴가 쓰던 것보다는 크기가 약간 작은 것이다.(石梧本印 가로가 1cm 세로 1.3cm이고, 小痴印은 가로 1.5cm 세로 1.6cm이다.)

이 외로 현재가지 발견된 필사본은 두 종류가 더 있다. 송광사 도서관에 소장되어 있는 금명보정(錦溟寶鼎)이 필사한 송광사본과 대흥사에서 법진스님이 필사한 법진본(法眞本)이 있다. 송광사본은 금명보정의 백열록(栢悅錄) 가운데 들어 있고, 법진본은 다경(茶經)이라고 표제를 붙인 책 가운데 동다기와 함께 들어 있다. 이 두본은 필사자가 밝혀진 것으로 오자와 탈자가 많은 필사본이다.

지금까지 발견된 동다송은 진본은 발견이 되지 않고 필사본만 발견이 되어 오자와 탈자를 바로잡는 데 많은 어려움이 있다. 다만 표지에 「石經閣藏」으로 되어 있는 石梧本과 太平洋茶芸館에 소장하고 있는 것과는 28字의 오자(誤字)와 7字의 낙자(落字)와 글자 순서가 바뀐 것 두 군데가 있다. 도합 37字가 고쳐야 할 곳이다.

이 외로 초의가 인용한 문헌 자체가 틀려서 인용한 註가 틀린 곳이 많다. 이 誤字를 정리하여 도표로 만들었다.

東茶頌 石梧本과 茶藝館本과 註釋의 誤字 訂正表

구분	원 문	교정문	비고
東茶頌	海道人	海居道人	
	意恂	意洵	통하는 글자
第一頌	蜜葉	密葉	
	心黃如金	心如黃金	
第二頌	沆瀣漱淸碧玉條	沆瀣漱淸碧玉條	
	朝霞含閏翠禽舌	朝霞含潤翠禽舌	
	靑溪諸山	淸溪諸山	
第	天仙人鬼俱愛重	신선 선(仙)자는 다예관본에는 선(仙)자로 되어 있고,	

구분	원 문	교정문	비고
三頌		석오본에는 선(僊)자로되어 있다. 선(僊)자는 선(仙)자의 고자(古字)이다.	
	人有力悅志	令人有力悅志	이 원문에는 황(恍)자가 없음
第四頌	王子尙詣雲齋道人	王子尙詣曇齋道人	
	此甘露也	예장왕 자상(子尙): 예장왕 자상에 대한 기록은 생략된 부분이 많다. 전문(全文)은 다경(茶經) 7지사(七之事)에 보면, 「송록(宋錄) 신안왕자란(新安王子鸞) 예장왕자상(豫章王子尙) 예담제도인어팔공산(詣曇濟道人於八公山) 도인설다명(道人設茶茗) 자상미지왈(子尙味之曰) 차감로야(此甘露也) 하언다명(何言茶茗)」이라고 했다.	
第五頌	解醒少眠證周聖	解醒少眠證周聖	
第六頌	食脫粟飯	食脫粟之飯	갈지(之)자가 생략되어 있다. 갈지(之)자는 첨가해도 되고 생략해도 무방하다. 초의선사는 이를 생략하였다.
	炙三弋	炙三戈	
	五卵	다예관본이나 석오본 모두 알 란(卵)자에 한 점(·)이 빠진 글자(卯)로 되어 있다. 알 란(卵)자로 쓰는 것이 타당하다.	
	茗菜	다예관본이나 석오본 모두 명채(茗菜)의 나물	

구분	원 문	교정문	비고
		채(菜)자로 되어 있다. 그러나 다경 원본인 백천학해본이나, 가정간본이나, 옥명당본에는 쑥 래(萊)자로 되어 있고, 식물명실도고장편본이나 설부본이나 사고전서에는 나물 채(菜)로 되어 있다. 나물 채(菜)자를 취하면 차나물(茗菜)이라는 뜻이 되고 쑥 래(萊)자를 취하면 차(茗)와 쑥(萊)이라는 뜻이 된다. 여기에는 초의선사 원본에 있는 나물 채(菜)자를 쓰기로 한다.	
第七頌	虞洪薦餼乞丹邱	虞洪薦犧乞丹丘	
	毛仙示[illegible]引秦精	毛仙示藂引秦精	
	餘姚虞洪	餘姚人虞洪	
	入山釆茗	入山採茗	
	引洪至布瀑山曰	引洪至瀑布山曰	
	予丹邱子也	予丹丘子也	
	常思惠見	常思見惠	
	可相給	可以相給	
	祈子他日有甌餼之餘	祈子他日有甌犧之餘	
	因奠祀	因立奠祀	
	入山常獲大茗	常令家人入山 獲大茗焉	
	宣城人秦精	다예관본이나 석오본에는 모두 선성인진정으로 되어 있으나 다경의 원문을 보면 진정의 일화는 속수신기(續搜神記)에 실려 있는 기사로서 「속수신기 진무제(續搜神記 晉武帝)」라는 7자가 누락되어 있다.	
	入武昌山中採茗	常入武昌山採茗	
	示以[illegible]茗而去	示以藂茗而去	
	精悕負茗而皈	精怖負茗而歸	
第八頌	菀	異苑	
	少與二子寡居	少寡與二子同居	
	宅中有古冢	以宅中有古冢	
	宅中有古冢	무덤 총(冢)자가 다예관본이나 석오본에는 총(冢)자로 되어 있고 다경에는 흙 토(土)변이 붙은	

구분	원 문	교정문	비고
		총(塚)자로 되어 있다. 총(塚)자는 총(冢)자의 속자(俗字)이다.	
	每飮輒先祭之	每飮輒先祀之	같은의미
	二子曰	二子患之曰	
	古冢	총(塚)자는 총(冢)자의 속자(俗字)이다.	
	徒勞人意	徒以勞意	
	母禁而止	母苦禁而止	
	吾止此	吾止此塚	
	三百年餘	三百餘年	
	卿子	卿二子	
	常欲見毁	恒欲見毁	같은의미
	反享佳茗	又享吾佳茗	
	獲錢十萬	다예관본, 석오본 모두 획전십만으로 내용이 끝이 나지만, 다경에는「사구매자(似久埋者) 단관신이(但貫新耳) 모고이자(母告二子) 참지(慙之) 종시도궤유심(從是禱饋愈甚)」이라는 문구가 더 있다. 이 부분은 장황해서 생략한 것 같다.	
第九頌	張孟陽	다예관본에는 장맹탕(張孟湯)으로 되어 있으나 석오본과 다경 원문에는 맹양(孟陽)으로 되어 있다.	
	登樓詩	登成都樓詩	
	百和妙具殊	百和妙且殊	
	六情	六淸	
第十頌	神易	神人易	
	自爾痛	自爾腦痛	
	山中茗草	山中有茗草	
	可治	煮而飮之當愈	
	於是天下 始知飮茶	다예관본, 석오본 모두 어시천하 시지음다로 되어 있으나, 원문에는 이런 문구는 없다. 이 문구는 초의선사께서 요약 첨가한 글귀이다. 원문에는「요시인경채철(繇是人競採掇) 내위지찬(乃爲之讚) 기략왈(其略曰)	

구분	원 문	교정문	비고
		궁춘추연하도(窮春秋演河圖) 불여재명일차(不如載茗一車)」라고 되어 있다. 진사(進士)인 권서(權紓)의 찬문(讚文)이 요약되어 있다.	
第十一頌	雷笑	雷莢	
	唐覺林寺	覺林院	
	製茶三品	다예관본, 석오본에는 제다삼품이라고 되어 있으나, 다사(茶史)나 사고전서 모두 수다삼등(收茶三等)이라고 되어 있다.	
	驚笑自奉	다예관본에는 경소자봉이라 되었고, 석오본에는 경뇌소자봉(驚雷笑自奉)이라고 되어 있다. 그러나 다사나 백미고사나 사고전서에는 대객이경뇌협(待客以驚雷莢)이라고 되어 있다.	
	萱草帶供佛	다예관본, 석오본 모두 훤초대공불이라 되어 있지만 다사, 사고전서, 백미고사에는 자봉이훤초대(自奉以萱草帶)라고 되어 있다.	
	柴茸香待客云	다예관본에는 시용향(柴茸香)이라고 되어 있고 석오본에는 자용향(紫茸香)이라고 되어 있다. 그리고 다사나 백미고사나 사고전서에는 공불이자용향(供佛以紫茸香)이라고 되어 있다.	
第十二頌	每賜同昌公主饌	每賜同昌公主饌湯物	
	其茶有	다예관본, 석오본 모두 기다유로 되어 있으나 두양잡편의 원문에는 기다측(其茶則)으로 되어 있다.	
第十三頌			원문교정없음
第十四頌	万金	萬金	같은 글자
	萬錢	만 냥의 돈을 말하는데 다예관본과 석오본에는 만(萬)자가 각기 다르게 쓰여 있다. 만(萬)자가 정자이다.	

구분	원 문	교정문	비고
第十五頌	眞味	有眞味	
	眞色	有眞色	
	他物	이 구절은 초의선사가 만들어 넣은 문구이다.	
	其眞	동다송에는 기진(其眞)으로 문맥이 끝났으나, 만보전서 원문에는 기진 다음으로 오염시키는 물질 이름을 기록하고 있다. 생략된 부분은 다음과 같다.「여수중착함(如水中着鹹) 다중착료(茶中着料) 완중착과(碗中着果) 개실진야(皆失眞也)」	
第十六頌	傅大士	雙林大士	동일인물
	自住	自往	
	結庵	청이록에는 결모(結茅)라고 되어 있다. 뜻은 서로 통하지만 암자 암(庵)자가 뜻이 더 좋다.	
	嘉者	청이록에는 가(嘉)자가 가(佳)자로 되어 있다. 하지만 이 두 글자는 서로 뜻이 같다. 초의선사가 가(嘉)자를 쓴 것은 본문에서 운(韻)을 맞추기 위해서이다. 그리고 주석문에도 같은 글자를 선택한 것이다.	
	吉祥蕋	청이록에는 예(蕋)자를 예(蕊)자로 썼다. 예(蕋)자는 꽃술 예(蕊)자의 속자이고 예(蕋)자는 예(蕊)자와 같은 글자이다. 무엇을 써도 무방하다.	
	共五斤	청이록에는 힘쓸 근(觔: 筋)자로 되어 있다. 그러나 본문의 내용으로 보아 근(斤)자가 알맞다.	
第十七頌	江浙	洪浙	
	雪花兩脚何足道	雪花雨脚何足道	
	我家江南採雲腴	我家江南摘雲腴	
	葺治堂宇嚴潔	葺治堂宇比舊加嚴潔	
	草茶成兩浙	이 구절은 귀전록(歸田錄)에 들어 있는 것인데 그 일부만을 간추려 인용하였다. 원문을 토대로 생략한 구절은 제외하고 복원해 본다. 초다성어양절(草茶盛於兩浙) 양절지품(兩浙之品) 일주위제일(日注爲第一) 자경우이후(自景祐已後) 홍주쌍정백아점성(洪州雙井白芽漸盛)	

구분	원 문	교정문	비고
		근세제작우정(近歲製作尤精) 기품원출일주상(其品遠出日注上) 수위초다제일(遂爲草茶第一)이라고 했다. 이 구절에서는 귀전록이라는 인용문헌의 명칭이 빠졌고, 성어(盛於)라는 구절이 성(成)자로만 되어 있고, 양절지품은 이양절지다품으로 되어 있으며, 경우 이후는 경우 이래로, 근세(近歲)는 근세(近世)로 되어 있다.	
第十八頌	丹部	刑部	
	刑部曰	刑部書	
	晩甘候	晩甘侯	
	此徒	다예관본이나 석오본에는 차도 다음에 다 개(皆)자가 빠져 있지만, 청이록의 원문에는 「차도개승뢰이적배수이화(此徒皆乘雷而摘拜水而和)」라고 되어 있다.	
	賤用	賤用之	之생략해도 됨
	晩甘候	晩甘侯	
	浮雲皛皛於晴天	다예관본이나 석오본 모두 어조사 어(於)자로 되어 있으나 여유당전서에는 어조사 호(乎)자로 되어 있다. 뜻이 서로 통하는 글자이다.	
	明月離離於碧澗	다예관본이나 석오본 모두 어조사 어(於)자로 되어 있으나 여유당전서에는 어조사 호(乎)자로 되어 있다. 뜻이 서로 통하는 글자이다.	
第十九頌	陸安	六安	
	陸安茶	六安茶	
第二十頌	年八十	年八十餘歲	초의선사는 인용문을 요약해서 사용했는데 여세(餘歲)라

구분	원 문	교정문	비고
			는 구절을 생략하였다.
	桃李	桃花	
	此茗香淸異于他	다예관본, 석오본 모두 위와 같이 되어 있으나, 이태백 시권 원문에는 이차명청향골숙이어타자(而此茗淸香滑熟異於他者)라고 되어 있다. 이 구절을 요약해서 사용하였는데 그 뜻을 취하고 글자는 생략하였다.	
	所以能還童振枯而令人長壽也	다예관본이나 석오본 모두 위와 같이 되어 있으나, 이태백 시권 원문에는 소이능환동진고부인수야(所以能還童振枯扶人壽也)라고 되어 있다. 이 구절도 뜻을 알기 쉽게 인용하였는데 문구를 개작하여 간결하고 쉽게 이해할 수 있도록 하였다. 말미의 부인수야를 영인장수야(令人長壽也)로 바꾸었다.	
第二十一訟	水逾十沸	다예관본, 석오본 모두 넘을 유(逾)자로 되어 있으나 십육탕품(十六湯品)에는 넘을 유(踰)자로 되어 있다. 뜻이 같은 글자이다.	
	或以事廢	다예관본에는 고질 폐(癈)자로 되어 있고, 석오본에는 폐할 폐(廢)자로 되어 있는데, 원본에는 폐할 폐(廢)자로 되어 있다. 그러나 뜻은 서로 통하는 글자이다.	
	如取用之	始取用之	
	湯已生性矣	湯已失性矣	
	皤髩	皤鬢	
	老夫	大老	
	扶矢	抹矢	
	雄 潤步	雄登闊步	
	石凝	石凝結	
	琢而爲器	琢以爲器	
第二	陰采	陰採	
	外熱	外熟	

구분	원 문	교정문	비고
十二頌	飄庄	縹塵	
	攪遞	攪遽	
	万宝	萬寶	같은 의미
	表裡	表裏	
	不熱	不熟	
第二十三頌	玉浮垍	옥부대의 대(垍)자가 다예관본에는 고자(古字)인 대(垍)자로 되어 있고, 석오본에는 대(臺)로 되어 있다. 같은 글자이다.	
	垍下	대(垍)자가 다예관본에는 고자(古字)인 대(垍)자로 되어 있고, 석오본에는 대(臺)로 되어 있다. 같은 글자이다.	
	七仸禪院	다예관본에는 칠불선원의 불(仸)자가 고자(古字)로 되어 있으나 석오본에는 부처 불(佛)자로 되어 있다. 같은 뜻의 글자이다.	
	晒乾	曬乾	
第二十四頌	可献	可獻	
	茶序曰	다예관본, 석오본 모두 입조우심군(入朝于心君) 다서왈(茶序曰)로 되어 있으나, 이 구절의 인용문은 군방보(群芳譜)에 실려 있는 글로서 다보소서(茶譜小序)라고 되어 있다.	
	又云	茶神傳云	
	雲濤	다예관본, 석오본 모두 구름 운(雲)자인 운도로 되어 있으나 만보전서의 원본에는 눈 설(雪)자인 설도(雪濤)로 되어 있다.	
	攅盖	다예관본, 석오본 모두 속자인 찬개(攅盖)로 되어 있으나, 군방보의 원문에는 정자인 찬개(攢蓋)로 되어 있다.	
	靈艸試旂	다예관본, 석오본 모두 위와 같이 되어 있으나, 원본에는 풀 초(艸)자가 정자인 초(草)자로 기(旂)자가 기(奇)자로 되어 있다.	
	松火恕飛	松火怒飛	
	茗戰以肥	茗戰而肥	

구분	원 문	교정문	비고
	永日忘敀	다예관본에는 돌아갈 귀(敀)자가 속자로 되어 있으나 석오본과 원본에는 정자인 귀(歸)자로 되어 있다.	
第二十六頌	礫壤	다예관본이나 석오본 모두 조약돌 력(礫)자로 되어 있으나, 다경(百川學海本)에는 가죽나무 력(櫟)자로 되어 있다. 그러나 조약돌 력(礫)자가 옳다. 후에 나온 다경에는 조약돌 력(礫)자로 되어 있다.	
	又曰	다신전왈(茶神傳曰) 또는 만보전서왈(萬寶全書曰)로 고쳐야 된다.	
	茶書又言	다예관본이나 석오본 모두「다서우언」이라고 되어 있으나, 이 구절은 다신전의 채다(採茶)조에서 인용한 글귀이다.	
	茶紫者爲上	다예관본에는 「다자자위상」으로 되어 있고, 석오본에는「엽자자위상(葉紫者爲上)」으로 되어 있다. 그러나 다신전에는「다비자자위상(茶非紫者爲上)」으로 되어 있고, 장원의 다록(茶錄)에는「다아자자위상(茶芽紫者爲上)」으로 되어 있다. 원문의 내용과 같이 고친다.	
	皺者次之	面皺者次之	
	綠者次之	이 글귀는 다경에서 인용한 구절이기에 앞의 구절과 구별하기 위해서 인용 문헌인 다경운(茶經云)이라는 문구를 채워 넣는다. 그리고 원문에는「녹자차(綠者次)」라고 되어 있어 갈 지(之)자가 들어 있지 않다. 그러나 글의 내용으로 보아 갈지(之)자가 들어가는 것이 좋다.	
	如筍者爲上	다예관본이나 석오본 모두 위와 같이 되어 있으나 다경의 원문에 보면「순자상(笋者上)」으로 되어 있다. 그러나 뜻이 같고 글자도 같은 글자이다. 순(筍)자나 순(笋)자는 동일한 뜻의 글자이다.	
	似芽者次之	다예관본이나 석오본 모두 위와 같이 되어 있으나, 다경의 원문에는「아자차(牙者次)」라고 되어 있다. 다예관본에는 싹 아(芽)자로, 다경에는 어금니 아(牙)자로 되어 있는데, 싹 아(芽)자가 옳다.	
	其狀如胡人靴者	다예관본이나 석오본 모두 위와 같이 되어 있으나	

구분	원 문	교정문	비고
		다경에는「여호인화자(如胡人鞾者)」라고 되어 있다. 신 화(靴)자나 수여자 화(鞾)자나 똑 같은 글자이다. 서로 뜻이 통하므로 어느 자나 써도 좋다.	
	廉沾然	다예관본이나 석오본 모두 위와 같이 되어 있으나 다경의 원문에는「렴첨연(廉襜然)」이라고 되어 있다. 다예관본에는 젖을 첨(沾)자로 다경에는 옷가지런할 첨(襜)자로 되어 있다.	
	如輕飃拂衣者	다예관본에는 위와 같이 되어 있고, 석오본에는「여경표불수자(如輕飃拂水者)」로 되어 있다. 다경의 원문에는「경표불수자(輕飇拂水者)」로 나와 있는데 다예관본에는 미친바라 표(飇)자로 다경에는 회오리바람 표(飇)자로 되어 있다. 정자는 표(飄)자이다. 그리고 다예관본에는 옷 의(衣)자로 되어 있으나 원본에는 물 수(水)자로 되어 있다.	
第二十七頌	茶書云	다예관본이나 석오본 모두 다서운으로 되어 있으나, 인용한 문헌이 다신전에서 초출해 낸 글귀이다. 그러므로 구체적인 출전을 밝히면 다신전의 채다론이다.	
	貴及時	貴及其時	
	太早則茶不全	太早則味不全	
	淩五日次之	다예관본, 석오본 모두 뒤 후(後)자를 삼수변(氵)에 썼다. 정자는 두인변(彳)이다.	
	淩五日又次之	再五日又次之	
	穀雨前淩太早	뒤 후자가 주 ④와 같이 삼수 변(氵)으로 되어 있다. 두인 변(彳)으로 바로잡는다.	
	當以立夏淩爲及時也	當以立夏前後爲及時也	
	其徹夜無雲	採法徹夜無雲	
	日中采者次之	日中採者次之	
	陰雨下不宜采	陰雨下不宜採	
	老坡送謙師詩曰	다예관본, 석오본 모두 노파(老坡)라고 했는데, 노파는 소동파(蘇東坡)를 가리킨다. 늙은 동파라는	

구분	원 문	교정문	비고
		뜻에서 노파라고 했다.	
	來試默茶三昧手	來試點茶三昧手	
第二十八頌	造茶篇云	다예관본, 석오본 모두 조다편운으로 되어 있으나, 조다편은 다록(茶錄)이나, 만보전서(萬寶全書)나, 다신전(茶神傳)에 들어 있는 대목 중에서 일부분만을 인용한 것으로 실제로 사용한 인용문헌은 다신전이다.	
	熱鍋焙之	다예관본, 석오본 모두 열과배지라고 되어 있으나, 원문에는 이런 구절이 없다. 이 구절은 초의선사가 글귀를 맞춰서 만들어 넣은 것이다. 생략된 부분에 맞게 앞뒤의 문맥이 통하도록 했다.	
	始下茶急妙	始下茶急炒	
	待熟方退	待熟方退火	
	徹入筵中	徹入篩中	
	輕團枷數遍	다예관본, 석오본 모두 위와 같이 되어 있으나, 만보전서에는 칼 가(枷)자가 잡아휠 나(挪)자로 되어 있고, 다록에는 가(枷)자가 빠지고 경단수편(輕團數遍)이라고만 되어 있다.	
	泉品云	品泉篇云	
	水者茶之体	水者茶之體	
	非眞茶莫窺其體	다예관본에는 진다(眞茶)로 석오본에는 정다(精茶)로 되어 있다. 다록이나 만보전서나 다신전에 모두 정다(精茶)로 되어 있다. 그러나 앞의 글귀와 대를 이루려면 진다(眞茶)라고 하는 것이 좋다. 또 정다(精茶)나 진다(眞茶)는 글자는 틀리지만 의미는 같은 것이다. 정다(精茶)라야만 진다(眞茶)라고 할수 있다. 또 다예관본이나 석오본에 막규(莫窺)라고 되어 있으나 다록이나 만보전서에는 갈규(曷窺)로 되어 있다.	
第二十九	泡法云	泡法篇云	
	先注壺中小許	다예관본이나 석오본 모두 위와 같이 되어 있으나 만보전서나 다록에는 주소허호중(先注壺少許壺中)이라고 되어 있다.	

구분	원 문	교정문	비고
頌		다신전에도 선주소허호중이라고 되어 있다. 그리고 소(小)자도 작을 소(小)자가 아니고 적을 소(少)자로 되어 있다.	
	盪祛冷氣	祛盪冷氣	
	然后投茶	다예관본이나 석오본 모두 후(后)자로 되어 있으나 다록이나 만보전서나 다신전에는 뒤 후(後)자로 되어 있다. 황후 후(后)자는 뒤 후(後)자와 뜻이 서로 통한다.	
	葉多寡宜的	茶多寡宜酌	
	水勝則味寡色清	色淸味寡	
	兩壼後	다예관본, 석오본 모두 뒤 후(後)자가 삼수변(氵)로 되어 있다. 두인변(彳)으로 바꾸어 정자(後)로 고친다. 다신전이나 다록이나 만보전서에는 뒤 후(後)자로 되어 있다.	
	又冷水蕩滌	又用冷水蕩滌	
	否則減茶香	否則減茶香矣	
	盖罐熱則	礶熱則	
	水性當靈	水性常靈	
	然后	然後	
	令布釃飮	分釃布飮	
	早則茶神不發	早則茶神未發	
	早則茶神不發 陰不宜遲	飮不宜遲 早則茶神未發	
	評曰	草衣禪師 評曰	
	釆盡其妙	採盡其妙	
	体与神相和	體與神相和	
	健与灵相倂	健與靈相倂	
第三十頌	茶詩	茶詩云	
	玉花匂	다예관본에는 향내 내(匂)자로 되어 있고, 석오본에는 가지런할 윤(勻)자로 되어 있다. 다예관본을 따른다.	
	茶歌	茶歌云	

구분	원 문	교정문	비고
	習習生淸風	다예관본, 석오본 모두 위와 같이 되어 있으나 노동(盧仝)의 다가에는 습습청풍생(習習淸風生)으로 되어 있다.	
第三十一頌	飮茶之法	다예관본이나 석오본 모두 음다지법으로 되어 있으나 다신전 원문에는 음다(飮茶)라고만 되어 있다. 이 구절은 초의선사가 만든 문구이다. 그리고 이 구절 뒤에 나오는 한 구절(以客少爲貴)이 생략되어 있다. 이는 초의선사가 번거로움 때문에 생략 시킨 것 같다. 그러나 내용을 알기 쉽게 하기 위해서 채워 넣는다.	
	喧則雅趣索然	다예관본, 석오본 모두 위와 같이 되어 있으나 다신전에는 색연(索然)이 아니라 핍의(乏矣)라고 되어 있다. 다록이나 만보전서에도 핍의라고 되어 있다.	
	犻啜曰神	다예관본에는 홀로독(獨)자가 오자(誤字)로 되어 있다. 석오본이나 다신전에 홀로 독(獨)자로 되어 있다. 독(獨)자로 바로잡는다.	
	七八曰施也	다예관본, 석오본 모두 이끼 야(也)자가 말미에 붙어 있으나 다신전이나 다록에는 야(也)자가 없다. 그러나 이 글자는 초의 선사가 붙인 글자로서 어조사 정도로 쓰인다. 그대로 붙여 두어도 무방하다. 동다송의 대단원이 마치는 글이라서 붙인 것 같다.	
題跋	初[illegible]	初纖	
	雲澗月	雲月澗	

3. 結語

이상의 고찰(考察)을 통해서 우리는 초의의 동다송(東茶頌)이 어떤 동기에서 저술했으며, 무엇을 전달하였는가를 대충 살펴보았다. 그리고 천오백여 년의 음다생활을 통해 우리네 조상들이 남긴 다서(茶書)는 여러 가지 형태로 전해오고 있다. 그러나 완전히 발굴하지 못하고 있는 점에 대해서는 매우 애석하게 생각하며, 또 단

편적인 기록이나 詩의 형태나 그 외 다른 형태로 전해오는 문헌들이 엄청난 양이 있는 것에 놀라움을 금치 못하고 있다.

이러한 茶書중에서 가장 뛰어난 문헌이 바로 동다송이다. 이 동다송은 초의선사가 우리나라 차에 대한 견해를 밝히고자 차의 기원과 역사를 소급해서 밝히고 중국의 차에 대해서도 언급하고 있는 것이다.

동다송은 초의가 52세 때 봄에 다도를 묻는 해거도인에게 답하기 위해서 저술하였던 것이다. 그러나 어찌 해거도인만을 위해서 저술했다고 하랴. 이후에 동다송 한 편은 천하에 명성을 떨치고 많은 선비들과 선승들이 앞을 다투어 베껴 가기에 이르렀으니, 비단 해거도인과의 인연으로 저술을 하게 되었으나 글 내용을 보면 대중을 위해서 저술한 것임을 알 수가 있다. 더욱이 단숨에 저술한 듯한 글귀의 흐름으로 보아 미리 저술의 기회를 준비하고 있었던 것을 짐작할 수가 있다.

동다송의 구성을 보면, 언문과 주해로 되어 있는데 원문 31송과 주해 31송으로 나누어 원문에서 선사의 견해를 펴고 주석을 달아 이를 고증시킨 것이다. 이처럼 원문 31송은 그 누구의 문헌에 있는 말을 그대로 옮겨 쓴 것이 아니라 선사 자신이 창작한 문구이다. 이 문구에다가 옛 법과 다르지 않음을 보이기 위해서 고전을 이용하여 증명시킨 것이다. 본 동다송의 생명은 주석에 있는 것이 아니라 원문에 있는 것이다. 원문만으로는 전하고자 하는 뜻을 완전히 전달하지 못할 것 같아서 부득이 주석을 달은 것이다.

이상과 같이 초의는 21개 문헌을 34회에 걸쳐 적절하게 인용하여 당신의 원문과 대조시켜서 자기의 다론(茶論)이 옛 법도에 어긋나지 않고 古人이 이미 고증한 바와 같다고 하였으며 또 이를 증명시킨 것이다. 옛 법을 고수하는 뜻은 선사상(禪思想)에서도 나타나 재래의 이종선(二種禪)을 고집하면서 「옛 법을 바꾸는 것은 지금 사람들의 큰 병통이다(變古易常 今人之大病也)」라고 하여 白坡禪師의 삼종선(三種禪) 주창을 논박하였다.

동다송의 내용을 분석해 보면,

첫째로 차의 효능에 대해서 강조하고 있다. 차를 오래도록 마시면 황홀한 뜻과 힘을 얻고 건강해져서 장수한다고 했으며, 둘째로 좋은 차에 대해서 말하고 차를 만드는 방법의 어려움과 신이한 맛을 말했다. 셋째로 차는 天人이나 神仙이나 땅속의 귀신이나 사람이 다 함께 즐겨 한다고 했으며 좋은 차의 산지에 대해서 말하고 있다. 이상의 점으로 보아 동다송의 大意를 세 가지로 집약할 수 있다.

첫째, 차는 인간에게 너무나도 좋은 약과 같은 것이니 차를 꼭 마셔라.

둘째, 우리나라 차는 중국의 차에 비해서 약효나 맛에 있어 결코 뒤지지 않는다. 육안차의 맛이나 몽산차의 약효를 함께 겸비하고 있다.

셋째 차에는 현묘(玄妙)함과 지극(至極)한 경지가 있어 「茶道」라고 한다는 것이다.

동다송에는 東茶를 예찬한 대목이 여섯 구절이 나온다.

첫째는 동다가 그 근본이 중국의 것이라서 色, 香, 味가 똑같다. 육안차의 맛이나 몽산차의 약효를 겸비한 것이 우리나라 차이다.

둘째는 차는 물의 神이요, 물은 茶의 體인 眞水가 아니면 그 神이 나타나지 않으며 眞茶가 아니면 그 體를 엿볼 수 없다고 하였는데 나에게 유천(乳泉)이 있어 체와 신을 갖추어 健과 靈을 얻는다 하였다.

셋째는 지리산 화개동은 우리나라 최고의 차밭인데 제다(製茶)를 잘못하여 좋은 차를 버려 놓았다고 개탄하였다. 「화개동의 옥부대 아래 칠불선원에서 좌선하는 무리들은 항상 늙은 찻잎을 늦게 따서 햇빛에 말려 나물국처럼 끓이니 색은 탁하고 붉으며 맛은 심히 쓰고 떫더라.」(花開洞有玉浮臺 臺下有七佛禪院 坐禪者常晩取老葉 晒乾然柴者 鼎如烹菜羹 濃濁色赤 味甚苦澁)라고 하여 「천하에 좋은 차를 속된 솜씨로 버려놓았다.」(天下好茶多爲俗手所壞)고 하였다.

넷째로 지리산은 신령스런 산인데 차가 명산에 의지하였으니 名茶임이 분명하다.

다섯째로 지리산 화개동의 차밭은 茶經에서 말하는 적지이니 바위나 골짜기가 차로 하여금 신령스럽게 한다.

여섯째는 차를 따는 시기가 중국의 경우는 곡우의 전후가 적기임에 비해서 동다는 입하 전후가 적기이다라고 하여 경험에 의해 밝혔다.

초의선사는 동다송에서 茶道란 神, 體, 健, 靈을 함께 얻는 것이라고 말했다.

「(초의가) 평해서 말하기를 채다(採茶)는 그 妙를 다 해야 하고, 조다(造茶)는 그 정성(精誠)을 다해야 하고, 물은 그 眞을 얻어야 하고, 포법(泡法)은 중정(中正)을 얻어야 하는 것이다. 체와 신이 서로 고르고, 건과 영이 서로 함께하는 것을 일컬어 茶道에 이르렀다고 한다.」(評曰 採盡基妙 造盡基精 水得基眞 泡得基中 體與神相和 健與靈相倂 至此而茶道盡矣)

동다송의 종류는 지금까지 알려진 바에 의하면 4종류의 필사본이 있다.

첫째는 초의가 친필로 써서 海居道人 洪顯周에게 보낸 것과,

둘째는 초의의 친필로 一枝庵에 보관했을 것으로 사료되는 소장본과,

셋째는 백파거사 신헌구가 필사해서 최근까지 박영희 씨(朴映熙氏)가 소장하고 있다가 태평양 다예관으로 넘어간 필사본과,

넷째는 石梧 尹致英이 필사한 석오본이 있다.

이상 네 종류가 있는데 첫째와 둘째의 초의 친필 原本은 발굴되지 않고 있으며 셋째와 넷째 본만이 발굴 소개 되었다.

동다송을 필사한 石梧 尹致英은 학덕이 있는 선비이다. 초의의 詩集 跋文에서 이르기를,

「스님의 동다송 한편은 육우의 다경과 막상막하라 할 수 있다.(又東茶頌一篇 與桑苧書相上下)」고 하여 동다송이 중국의 다경과 비교하여 하나도 손색이 없는 「한국의 다경」이라고 예찬하였다.

尋 艸衣大禪師(일지암 옛터를 찾아서)

-1-

초의를 찾아
만년의 세월을 뒤졌지.

모든 것이
멈춰 버린 공간 넘어
깜깜한 어둠.

숲은
역사를 침묵으로 묻었고,

초의 길
찢겨진 납의(衲衣)
바위 되어

길은 있으되
길이 없는 길.

그 끝자락
유천(乳泉) 갓에
고라니
삼매(三昧)에 들어.

잔흔 흔건한
언덕
산비둘기 둥지 내리고

지팡이로
암흑을 부수어도
깨어나지 않는 고라니.

삼천세계 무너지는
할(喝) 소리에
벙긋이 미소여는 일지암(一枝庵).

1974. 10.19. 무너진 일지암 옛터에서 古月 龍雲

다신전(茶神傳)

초의의순(艸衣意洵)초출

고월용운(古月龍雲)역주

다신전(茶神傳): 초의선사가 만보전서의 채다론(採茶論)을 발췌해서 붙인 책 이름으로서, 차에 대한 상세한 내용이 들어 있다. 채다(採茶), 조다(造茶), 장다(藏茶) 등 24개 항목으로 나누어진 차 생활에 필요한 지침서이다. 이 책은 초의선사가 지리산 칠불선원에 가서 발췌 해다가 2년 뒤인 1830년(45세)에 펴낸 책이다.

1. 찻잎 따기를 논함(採茶)

만보전서(萬寶全書)[①]에서 가려 뽑음.

찻잎을 따는 일은 그 시기가 매우 중요하다.
너무 이르면 맛(味)이 온전하지 못하고 늦으면 신령스러움이 흩어진다.
그러므로 곡우(穀雨)[②] 전 5일이 상품이고, 5일 뒤가 다음이고 다시 5일 뒤가 그 다음이다.
차싹은 자줏빛 나는 것(紫者)이 상품이고, 잎 면이 주름진 것(皺者)이 다음이고, 둥글게 말린 것(團葉者)이 그 다음이며, 가는 대나무 잎같이 광택이 나는 것이 최하품이다.
밤새도록 구름이 없고 이슬을 흠뻑 맞은 것을 딴 것이 상품이고, 한 낮에 딴 것이 다음이며, 그늘지고 비 오는 날에는 따기에 마땅치 않다.
골짜기에서 나는 것이 상품이고, 대숲 밑에서 나는 것이 다음이고, 자갈밭(爛石)에서 나는 것이 그 다음이며, 황사(黃砂)에서 나는 것이 그 다음이다.

주(註)

① 만보전서(萬寶全書): 백과사전의 일종. 경당증정만보전서(敬當增訂萬寶全書)라고 하는데 조선조 후기에 한글로 번역한 언해본이 있다. 편자는 알 수가 없고 17책으로 되어 있는데, 책1~4는 역대제왕가(歷代帝王歌)와 역대제왕기(歷代帝王紀), 책 5년 역대관명기(歷代官名記), 책6은 문한문(文翰門), 책7은 위기식(圍棋式)·상보식(象譜式) 등, 책8은 세시기사(歲時記事), 책9은 예식문(禮式門), 책10은 산법원류(算法源流), 책11은 종자(種子), 책12는 연구(聯句), 책13은 경직(耕織), 책14·15는 몽해(夢解), 책16·17은 복서

(卜筮)로 되어 있다. 다신전의 내용인 채다론(採茶論)이 이 가운데 들어 있다. 고려대학교 도서관 소장.

② 곡우(穀雨): 일 년 중 24절기의 하나로 여섯 번째에 해당되며 청명(淸明)과 입하(立夏) 사이로 양력 4월 20일이나 21일에 해당된다.

채다(校訂文)

초출(抄出) 만보전서(萬寶全書)

채다지후(採茶之候) 귀급기시(貴及其時) 태조측미불전(太早則味不全) 지측신산(遲則神散). 이곡우전오일위상(以穀雨前五日爲上) 후오일차지(後五日次之) 재오일우차지(再五日又次之). 다아자자위상(茶芽紫者爲上) 면추자차지(面皺者次之) 단엽자차지(團葉者次之) 광면여조엽자최하(光面如篠葉者最下). 철야무운(撤夜無雲) 읍로채자위상(浥露採者爲上) 일중채자차지(日中採者次之) 음우중불의채(陰雨中不宜採). 산곡중자위상(産谷中者爲上) 죽림하자차지(竹林下者次之) 난석중자우차지(爛石中者又次之) 황사중자우차지(黃砂中者又次之).

해설(解說)

채다론(採茶論)

찻잎을 따는 일은 그 시기가 매우 중요한데, 나무 일찍 서둘러 따면 찻잎이 어려서 맛(味)이 들지를 않았고, 너무 늦게 다 자란 찻잎을 따면 신령스러운 기운이 사라진다. 알맞은 때를 맞추어 따야 하는데 곡우(양력 4월 20일) 전 5일(4월 15일에서 20일 사이)이 제일 좋은 때이고, 이때 딴 찻잎이 상등품이며, 5일 뒤(4월 21일에서 25일 사이)가 다음이고, 다시 5일 뒤(4월 26일에서 30일 사이)가 그 다음이다.

차싹(茶芽)은 자줏빛 나는 것(紫者)이 제일 좋은 상등품이며, 잎사귀의 표면이 쭈글쭈글 주름진 것이 그 다음이고, 찻잎이 둥글게 돌돌 말린 것이 그 다음이며, 가느다란 대나무(細竹) 이파리같이 광택이 나는 것은 쉰 잎이라서 최하품이다라고 하였는데, 내가 경험해 본 바로는 자줏빛이 나는 것은 향기도 없고 맛도 떨어진다.

밤새도록 구름 한 점 없이 맑은 날에 내린 맑은 이슬을 흠뻑 맞은 찻잎을 딴 것이 최고 상등품이고, 햇볕이 내려쬐는 한낮에 딴 것이 다음이며, 그늘지거나 비 오는 날에는 찻잎을 따기에 마땅치 않으니 찻잎을 따지 않는다. 골짜기에서 자란 차나무 잎이 최고 상등품이고, 대나무 숲 아래서 자란 차나무의 잎이 그 다음이고, 자갈밭에서 자란 차나무 잎이 그 다음이며, 황토밭 모래흙에서 자란 차나무 잎이 그 다음이다.

採茶論[1](原文)

抄出 萬寶全書

採茶之候 貴及其時 太早則香[2]不全 遲則神散 以穀雨前五日爲上 後五日次之 再五日又次之 茶非[3]紫者爲上 而皺者次之[4] 團葉者次之[5] 光而[6]如篠葉者最下 徹夜無雲浥露采[7]者爲上 日中采[8] 者次之 陰雨下不宜采[9] 産谷中者爲上 竹林下者次之 爛中石[10]者 又次之 黃砂中[11]又次之.

원문교정(原文校訂)

① 채다론(採茶論): 다예관본 다신전이나 만보전서에는 채다론으로 되어 있으나 장원(張源)의 다록(茶錄)에는 채다(採茶)라고 되어 있다. 채다로 바로잡는다.

② 태조측향부전(太早則香不全): 다예관본에는 향부전(香不全)이라고 되어 있는데 만보전서나 다록(茶錄)에는 미부전(味不全)이라고 되어 있다. 만보전서를 따라 미부전(味不全)으로 바로잡는다.

③ 다비자자위상(茶非紫者爲上): 다예관본에는 다비(茶非)라고 되어 있으나 만보전서나 다록에는 다아(茶芽)라고 되어 있다. 만보전서를 따라 다아(茶芽)로 바로잡는다.

④ 이추자차지(而皺者次之): 다예관본에는 이추자(而皺者)라고 되어 있고, 만보전서에는 면추피자(面皺皮者)라고 되어 있으며, 다록에는 면추자(面皺者)라고 되어 있다. 글 내용으로 보아 면추자(面皺者)로 바로잡는다.

⑤ 단엽자차지(團葉者次之): 다예관본에는 위와 같이 되어 있으나 만보전서나 다록에는 단엽우차지(團葉又次之)라고 되어 있다. 글 내용으로 보아서 단엽자차지(團葉者次之)라고 쓰는 것이 좋다.

⑥ 광이여조엽자최하(光而如篠葉者最下): 다예관본에는 광이(光而)라고 되어 있으나

만보전서나 다록에는 광면(光面)이라고 되어 있다. 광면(光面)으로 바로잡는다.

⑦ 읍로채자위상(浥露采者爲上): 다예관본에는 채자(采者)가 캘 채(采)자로 되어 있는데 만보전서나 다록에는 딸 채(採)자로 되어 있다. 찻잎은 따는 것이기 때문에 딸 채(採)자로 바로잡는다.

⑧ 일중채자차지(日中采者次之): 다예관본에는 앞의 주⑥번과 마찬가지로 캘 채(采)자로 나와 있다. 딸 채(採)자로 바로잡는다.

⑨ 음우하불의채(陰雨下不宜采): 앞의 내용과 같이 딸 채(採)자로 바로잡는다. 음우하라고 하(下)자로 되어 있으나 다록에는 중(中)자로 되어 있다. 중(中)자로 바로잡는다.

⑩ 난중석자우차지(爛中石者又次之): 다예관본에는 난중석자(爛中石者)라고 되어 있으나 만보전서에는 난석중(爛石中)이라고 되어 있고, 다록에는 난석중자(爛石中者)라고 되어 있다. 다록에 의거해서 중자(爛石中者)라고 바로잡는다.

⑪ 황사중우차지(黃砂中又次之): 다예관본이나 만보전서에는 황사중(黃砂中)이라고 되어 있으나 다록에는 황사중자(黃砂中者)라고 되어 있다. 글귀의 내용으로 보아 황사중자우차지(黃砂中者又次之)라고 바로잡는다.

2. 차 만들기(造茶)

새로 딴 잎은, 늙은 잎사귀와 억센 줄기와 부스러기를 골라내고,
너비가 2자 4치 되는 솥에 차 한 근 반을 볶는다.
솥이 매우 뜨거워졌을 때, 비로소 차를 넣고 급히 볶는데, 불기운을 늦춰서는 안 된다.
잘 익기를 기다렸다가 불기를 물리고, 체에 담아서 가볍게 몇 차례 돌려 체질을 한다.
다시 솥에 넣어 점점 불기운을 줄이면서 알맞게 건조를 시킨다.
그 가운데 현미(玄微)함이 있으니, 말로는 나타내기 어렵다.
불기운을 고르게 하면 빛깔과 향기가 모두 아름다워지고,
현미함을 다 하지 못하면 신령스런 맛(味)을 갖추기 힘들다.

주(註)

① 현미(玄微): 깊고 미묘한 것을 말함. 오묘하고 미미하여 헤아리기 어려운 것을 말한다.

조다(造茶) (校訂文)

신채간거노엽급지경쇄설(新採揀去老葉及枝硬碎屑) 과광이척사촌(鍋廣二尺四寸) 장다일근반배지(將茶一斤半焙之) 후과극열(候鍋極熱) 시하다급초(始下茶急炒) 화불가완(火不可緩) 대숙방퇴화(待熟方退火) 철입사중(徹入篩中) 경단나수편(輕團挪數遍) 부하과중(復下鍋中) 점점감화(漸漸減火) 배건위도(焙乾爲度) 중유현미(中有玄微) 난이언현(難以言顯) 화후균정(火候均停) 색향전미(色香全美) 현미미구(玄微未究) 신미구피(神味俱疲).

해설(解說)

조다(造茶)

새로 따 온 찻잎은, 늙어서 쇤 것과, 억센 줄기와 부스러기는 골라서 버리고, 솥의 지름이 2자 4치(72.6cm)되는 크기의 무쇠 솥에 찻잎 1근 반(900g)을 넣어 볶는다. 솥이 매우 뜨거워졌을 때, 비로소 찻잎을 넣고 급히 볶는데 불기운을 죽여서는 안 된다. 강렬한 불길로 볶아서 잘 익기를 기다렸다가 불길을 죽이고 꺼내서, 체에 담아 가볍게 흔들어 몇 차례 체질을 한다. 체질을 마치고 가볍게 비벼서 솥에 다시 넣고 점점 불기운을 줄이면서 알맞게 건조시킨다. 그 가운데 현묘함이 있는데 이것은 말로는 표현할 수가 없다. 오직 체험으로 터득해야만 한다. 불기운을 고르게 하면 빛깔(色)과 향기(香)가 모두 아름다워지고, 현묘함을 다 하지 못하면 신령스런 맛(味)을 낼 수가 없다.

造茶(原文)

新採揀去老葉及枝[①]梗碎屑 鍋廣二尺四寸 將茶一斤半焙之 候鍋極熱 始下茶急炒 火不可緩 待熱[②]方退火 徹入簁[③]中 輕團枷[④]數遍 復下鍋中 漸漸減火 焙乾爲度 中有玄微 難以言顯 火候匀[⑤]停 色香美[⑥] 玄微未究 神味俱妙[⑦].

원문교정(原文校訂)

① 피경쇄설(柀梗碎屑): 다예관본에는 피경(柀梗)으로 되어 있으나, 만보전서에는 지경(枝硬)으로, 다록에는 지경(枝梗)으로 되어 있다. 글귀의 내용으로 보아서 지경(枝硬)으로 바로잡는다.

② 대열방퇴화(待熱方退火): 다예관본이나 만보전서에는 대열(待熱)로 되어 있으나, 다록에는 대숙(待熟)으로 되어 있다. 대숙(待熟)으로 바로잡는다.

③ 철입사중(徹入簁中): 다예관본에는 사중(簁中)으로 되어 있으나 만보전서와 다록에는 사중(篩中)으로 되어 있다. 앞의 사(簁)자도 체 사(簁)자요, 뒤의 사(篩)자도 체 사(篩)자로 같은 글자이다.

④ 경단가수편(輕團枷數遍): 다예관본에는 가수편(枷數遍)으로 되어 있으나, 만보전서에는 나수편(挪數遍)으로 되어 있고, 다록에는 수편(數遍)으로 되어 있다. 만보전서를 따라서 나수편(挪數遍)이라고 바로잡는다.

⑤ 화후균정(火候匀停): 다예관본에는 균정(匀停)이라고 되어 있으나, 만보전서나 다록에는 균정(均停)이라고 되어 있다. 균(匀)자는 균(均)자와 같은 글자이다.
⑥ 색향미(色香美): 다예관본이나 만보전서에는 색향미(色香美)로 되어 있으나 다록에는 색향전미(色香全美)로 되어 있다. 색향전미(色香全美)로 바로잡는다.
⑦ 신미구묘(神味俱妙): 다예관본에는 구묘(俱妙)로 되어 있으나, 만보전서에는 구피(俱疲)로 되어 있고, 다록에는 구피(具疲)로 되어 있다. 이는 글 내용으로 보아 구피(俱疲)로 바로잡는다.

3. 차의 분별(辨茶)

차의 현묘(玄妙)함은 정성스럽게 만드는 데에서 비롯되며, 보관(保管)하는 방법을 터득하는 것과, 알맞게 끓이는 방법을 터득하는데 있다.
좋고 나쁨은 솥에서 비롯되어 정해지고, 맑고 흐림은 물과 불에 달려 있다.
불길이 뜨거우면 향기가 맑아지는데 솥이 차가우면 신령스러움이 떨어진다.
불길이 맹렬하면 생(生)으로 타고, 나무를 무디게 지피면 취색(翠色)을 잃는다.
오래도록 덖으면 지나치게 익어 버리고, 너무 일찍 들어내면 차가 설익는다.
너무 익으면 누렇게 되고 설익으면 검어진다.
순리를 따르면 달고 거역하면 떫게 된다.
흰 반점을 띤 것은 무방하며 절묘(絶妙)하게 볶은 것은 최고로 좋다.

변다(辨茶) 교정문(校訂文)

다지묘(茶之妙) 재호시조지정(在乎始造之精) 장지득법(藏之得法) 포지득의(泡之得宜) 우열정호시과(優劣定乎始鍋) 청탁계호수화(清濁係乎水火) 화열향청(火烈香淸) 과한신권(鍋寒神倦) 화맹생초(火猛生焦) 시소실취(柴疏失翠) 구연측과숙(久延則過熟) 조기각환생(早起却還生) 숙측범황(熟則犯黃) 생측저흑(生則著黑) 순나측감(順那則甘) 역나측삽(逆那則澁) 대백점자무방(帶白點者無妨) 절초점자최승(絶焦點者最勝).

해설(解說)

변다(辨茶)

차의 현묘(玄妙)함이란, 차를 정성(精)스럽게 만드는 데에서 비롯되어, 보관하는 방법을 터득하는 것과, 알맞게 차를 끓이는 방법을 터득하는 데 있다.

차의 좋고 나쁨은 차 만드는 솥에서 비롯되며, 차의 맑고 탁함은 물과 불에서 좌우된다. 불길이 뜨거우면 향기가 맑아지고, 솥이 차가우면 신령스러움이 떨어진다. 불길이 너무 맹렬하면 찻잎이 생으로 타고, 연료를 적게 하면 불기운이 약해서 푸른 취색을 잃고 차가 검어진다. 또 오래도록 덖으면 차가 지나치게 익어서 검게 되고, 너무 일찍 차를 꺼내면 차가 설익는다. 차가 너무 익으면 누렇게 되고, 설익으면 검게 된다. 또 순리대로 알맞게 하면 차의 맛이 달고(甘), 순리를 거역하면 차 맛이 떫게(澁)된다. 차를 볶을 때 하얀 반점이 있는 것은 무방하지만 타서는 안 되며, 절묘하게 볶으면 향기도 맑고 맛도 달며 빛깔도 아름다워서 최고품으로 친다.

辨茶(原文)

茶之妙 在乎始造之精 藏之得法 泡之得宜 優劣宜①乎始鍋 淸濁係水②火 火烈香淸 鍋乘③神倦 火猛生焦 柴疏失翠 久延則過熟 早起郤辺④生 熟則犯黃 生則著黑⑤ 順那則甘 逆那則澁⑥ 帶白點者無妨 絶焦⑦者最勝.

원문교정(原文校訂)

① 우열의호시과(優劣宜乎始鍋): 다예관본이나 만보전서에는 의호시과(宜乎始鍋)로 되어 있으나, 다록에는 의(宜)자가 정할 정(定)자로 되어 있다. 글의 내용으로 보아서 옳을 의(宜)자보다는 정할 정(定)자가 뜻이 부합한다.

② 청탁계수화(淸濁係水火): 다예관본에는 수화(水火)로, 만보전서에는 미화(未火)로, 다록에는 호말화(乎末火)로 되어 있으나 글의 내용으로 보아서 청탁계호수화(淸濁係乎水火)로 바로잡는다.

③ 과승신권(鍋乘神倦): 다예관본에는 오를 승(乘)자로, 만보전서나 다록에는 찰 한(寒)자로 되어 있는데 만보전서를 따라서 찰 한(寒)자로 바로잡는다.

④ 조기극변생(早起郤辺生): 다예관본에는 극변생(郤辺生)으로 되어 있으나 만보전서나 다록에는 각환생(却還生)으로 되어 있다. 만보전서를 따라 바로잡는다.

⑤ 생측저흑(生則著黑): 다예관본에는 저(著)자로, 만보전서에는 착(着)자로 되어 있으나, 착(着)자는 저(著)자의 속자(俗字)이다.

⑥ 역나측일(逆那則溢): 다예관본에는 넘칠 일(溢)자로, 만보전서나 다록에는 떫을 삽(澁)자로 되어 있다. 만보전서를 따라서 떫을 삽(澁)자로 바로잡는다.

⑦ 절초자최승(絶焦者最勝): 다예관본에는 위와 같이 되어 있으나 다록에는 초점(焦點)이라 되어 있다. 글귀의 연결로 보아 다록을 따라 절초점자최승(絶焦點者最勝)이라고 바로잡는다.

4. 차의 보관(藏茶)

차를 만들어 건조(乾燥)를 시키고 나면,

먼저 옛합(盒)①에 담아 종이로 입구를 봉한다.

사흘이 지나 차의 그 본성(本性)이 회복되기를 기다렸다가,

다시 약한 불에 바싹 말려서 식기를 기다려 차병(壜)②에 담는다.

차를 담을 때는 가볍게 차곡차곡 쌓아서 대나무 껍질로 속에서부터 옷을 입히는데, 좋은 죽순 잎이나 한지로 몇 겹씩 싸서 차병의 주둥이를 봉한다.

그 위에 불에 구운 벽돌(甎)③을 식혀서 눌러 다육(茶育)④ 그릇 안에 넣어 둔다. 일체 바람에 쏘이거나 불에 가까이 하면 안 된다.

바람에 쏘이면 차가워지기 쉽고 불기에 닿으면 누렇게 변한다.

주(註)

① 옛합(舊盒): 옛부터 차를 만들어 담아 오던 그릇으로 임시로 차가 본성을 회복할 때까지만 담아 두는 그릇이다. 밀봉을 하지 않고 화기가 빠질 수 있도록 가볍게 봉해 둔다.

② 차병(壜): 차를 저장할 때 사용하는 완전한 병이다. 글자는 술병 담(壜)자이지만 술병이 아니라 차를 담는 차병이다.

③ 전돌(磚): 전돌이나 기와를 불에 구어서 습기를 제거하고 또 냉기를 제거해서, 차병의 입을 덮어 습기가 침입하지 못하도록 할 때 쓴다.

④ 다육(茶育): 차병을 넣어서 보관하는 용기이다. 육우의 다경 제다도구(二之具)의 육(育)조에 나오는 다육기의 형태는 대나무로 만들고 종이로 그 위를 발라서 만든다. 불기운으로 습기를 제거하기도 한다.

장다(藏茶) (校訂文)

조다시건(造茶始乾) 선성구합중(先盛舊盒中) 외이지봉구(外以紙封口) 과삼일(過三日) 사기성복(俟其性復) 부이미화배극건(復以微火焙極乾) 대냉저담중(待冷貯壜中) 경경축실(輕輕築實) 이약친긴(以箬襯緊) 장화순약급지수중봉찰담구(將花笋篛及紙數重封紮壜口) 상이화외전냉정압지(上以火煨甎冷定壓之) 치다육중(置茶育中) 체물임풍근화(切勿臨風近火) 임풍이냉(臨風易冷) 근화선황(近火先黃).

해설(解說)

장다(藏茶)

차를 만들어 완전하게 건조를 시키고 나면, 먼저 옛날에 쓰던 다합(茶盒)에 차를 담아 가볍게 입구를 한지로 싸서 봉한다. 이렇게 사흘이 지나면 차의 본성이 회복되는데, 회복이 다 되면 다시 약한 불에 쬐어 바싹 말려서 식기를 기다려, 이제는 완전하게 밀봉을 해서 저장하게 되는데, 차병에다 차곡차곡 눌러서 담아 대나무 속껍질로 속에서부터 옷을 입히듯이, 좋은 죽순 잎이나 한지로 몇 겹씩 싸고 또 싸서 차병의 주둥이를 밀봉한다. 그 위에 불에다 잘 구운 벽돌(전돌)을 식혀 올려놓아 습기가 침입하지 않도록 해서 다육 그릇 안에 넣어 둔다. 일체 바람에 쏘이거나 불기에 가까이 하면 안 된다. 바람에 쏘이면 냉해지기 쉽고 불기에 닿으면 차가 누렇게 변한다.

藏茶(原文)

造茶始乾 先盛舊盒中 外以紙封口 過三日 俟其性復 復以微火 焙極乾 待冷貯壜中 輕輕築實 以箬襯緊 將花筍箬①及紙數重封緊②壜口 上以火煨磚冷定壓之 置茶育中 切勿臨風近火 臨風易冷 近火先黃.

원문교정(原文校訂)

① 장화순약(將花筍箬): 다예관본에는 풀이름 순(荀)자로 되어 있고 만보전서에는 죽순 순(筍)자로 되어 있다. 그러나 다록에는 죽순 순(笋)자와 죽순 약(篛)자로 되

어 있다. 다예관본의 대껍질 약(箬)자도 죽순 약(箬)자와 같은 글자이다. 다록에 있는 글자를 따라 순약(笋篛)으로 바로잡는다.

② 봉긴(封緊): 봉긴의 긴(緊)자가 만보전서나 다신전에는 긴(緊)자로 되어 있고, 다록에는 감을 찰(紮)자로 되어 있다. 찰(紮)자로 바로잡는다.

5. 불 다루기(火候)

차를 달이는 중요한 요지는 불 다루기가 먼저이다.

화로에 불기가 빨갛게 되면 비로소 탕관(茶瓢)①을 얹고 부채질을 가볍게 살살하여야 하는데 물 끓는 소리가 나기를 기다렸다가 (소리가 나면) 점점 빠르게 한다.

이것을 문무화후(文武火候)②라고 한다.

문(文)이 지나치면 물의 성품(水性)이 유연해지고, 유연하면 물이 차(茶神)를 가라앉히고, 무(武)가 지나치면 불의 성품(火性)이 강렬해지고, 강렬하면 차가 물(水性)을 제압한다.

이 모두가 중화(中和)③가 부족한 것인데, 이는 다가(茶家)의 요지(要旨: 중요한 요체)가 아니다.

주(註)

① 탕관(茶瓢): 찻물 끓이는 탕관을 말하는데, 원문에는 다표(茶瓢)라고 해서 차 표주박이라고 되어 있다. 용도가 탕관이니 형태는 표주박 형태일지라도 재료는 바가지가 아닌 동(銅)이나 쇠(鐵)로 되어 있을 것이다.

② 문무화후(文武火候): 불을 다루는 데 있어서 문(文)은 불기운이 약한 것을 말하고, 무(武)는 불기운이 강한 것을 말한다. 불기운은 강하지도 약하지도 않고 알맞아야 한다. 불기운을 알맞고 적절하게 잘 조절하는 것을 문무화후라고 한다.

③ 중화(中和): 중정(中正)과 조화(調和)를 말하는데, 고르고 알맞게 하여 서로 상화(相和)하여 잘 융화되는 것을 말한다. 중(中)이란 부족하지도 지나치지도 않고 딱 알맞은 것 적당한 것을 말하며, 화(和)란 잘 화합하여 조화를 이루는 것을 말한다. 알맞게 조화를 이루는 것을 중화라고 한다.

화후(火候) (校訂文)

팽다지요(烹茶旨要) 화후위선(火候爲先) 노화통홍(爐火通紅) 다표시상(茶瓢始上) 선기요경질(扇起要輕疾) 대유성초초중질(待有聲稍稍重疾) 사문무지후야(斯文武之候也) 과어문측수성유(過於文則水性柔) 유측수위다강(柔則水爲茶降) 과어무측화성열(過於武則火性烈) 열측다위수제(烈則茶爲水制) 개부족어중화(皆不足於中和) 비다가요지야(非茶家要旨也).

해설(解說)

화후(火候)
차를 맛있게 잘 달이는 중요한 요체는 먼저 불 다루기(火候)가 우선이다. 화로에 불기운이 활활 피어올라 빨갛게 되었을 때 그 위에 탕관을 올려놓고 찻물을 끓이는데, 처음은 화로에 부채질을 가볍게 살살하지만 탕관에서 물 끓는 소리가 나기 시작하면 차차 세게 부채질을 해야만 한다. 이와 같이 불기운을 알맞게 잘 조절하는 것을 문무화후(文武火候)라고 한다.
문(文)이 지나치면 불기운이 약해지니 물의 성품이 유약해지고, 물의 성품이 유약해지면 탕수가 차(가루차)를 가라앉게 하고, 무(武)가 지나치면 불의 성질이 강렬하여지고 강렬하여지면 차가 물을 제압하여 가루차가 물 위로 뜨게 된다.
이와 같은 것들은 모두 중화(中和)를 얻지 못한 것이다. 이것은 차를 다루는 다인(茶人)의 자질을 다 갖추었다고 말할 수 없는 것이다. 문무화후를 터득한 사람을 진정한 다인(茶人)이라고 할 수가 있다.

火候(原文)

烹①茶旨要 火候爲先 爐火通紅 茶瓢②始上 扇起要輕疾 待有聲稍稍重疾 斯文武之候也 過扵③文則水性柔 柔則④爲茶降 過扵⑤武則火性烈 烈則茶爲水制 皆不足於中和 非烹⑥家要旨也.

원문교정(原文校訂)

① 팽다지요(烹茶旨要): 다예관본에는 팽(烹)자가 다릴 팽(亨)자의 고자(古字)로 되어 있다. 만보전서나 다록에는 정자인 팽(烹)자로 되어 있다.

② 다표시상(茶瓢始上): 다예관본이나 만보전서나 다록에도 박 표(瓢)자로 되어 있다. 표주박(瓢)은 화로에 얹을 수 없는 그릇이다. 여기에서 말하는 다표(茶瓢)는 탕관(湯罐)을 가리킨다. 탕관은 쇠나 동, 은, 돌로 만들어진 것이어야 한다.

③ 과어문측수성유(過扵文則水性柔): 다예관본에는 어(扵)자로 만보전서에는 어(於)자로 되어 있는데, 두 글자는 같은 글자이다. 다록에는 우(于)자로 되어 있는데, 이 글자의 의미는 어조사이기 때문에 어느 것이나 사용해도 무방하다.

④ 유측위다강(柔則爲茶降): 다예관본에는 유측위다강(柔則爲茶降)이라고 되어 있는데, 만보전서에는 비측위다강(匕則爲茶降)이라고 되어 있다. 또 다록에는 유측수위다강(柔則水爲茶降)이라고 되어 있다. 글귀의 내용으로 보아 유측수위다강(柔則水爲茶降)으로 바로잡는다.

⑤ 과어무측화성열(過扵武則火性烈): 다예관본, 만보전서본, 다록 모두 주③과 같다. 앞의 주③을 참고하시오.

⑥ 비팽가요지야(非烹家要旨也): 다예관본에는 팽가(烹家)로 만보전서나 다록에는 다가(茶家)로 되어 있다. 차 다(茶)자로 바로잡는다.

6. 탕의 분별(湯辨)

탕은 3가지 큰 분별법(三大辨)①과 15가지 작은 분별법(十五小辨)②이 있다. 첫째는 물 끓는 모양으로 분별(形辨)③하기와, 둘째는 물 끓는 소리로 분별(聲辨)④하기와, 셋째는 물 끓는 증기로 분별(氣辨)⑤하기인데, 모양으로 분별하기는 속을 보는 내변(內辨)⑥이요, 소리로 분별하기는 밖을 보는 외변(外辨)⑦이요, 증기로 분별하기는 곁을 보는 첩변(捷辨)⑧이다.

게 눈(蟹眼), 새우눈(蝦眼), 물고기 눈(魚眼), 꿰맨 구슬(連珠)과 같은 것은 모두 맹탕(萌湯)⑨이라 하고, 곧 끓어 용솟음치거나 북 치듯 물결이 이는 것은 수기(水氣)가 모두 사라졌으니 이것이 순숙(純熟)⑩이다.

첫 소리(初聲), 구르는 소리(轉聲), 진동하는 소리(振聲), 몰아치는 소리(驟聲)와 같은 것은 모두 맹탕이고, 곧 무성(無聲)에 이르면 이것이 순숙(純熟)이다.

증기가 한 줄기(一縷), 두 줄기(二縷), 서너 줄기(三四縷), 급기야 줄기를 분간하기 어렵게 왕성한 기운(氤氳)이 어지러이 얽혀서 떠오르는 것도 모두 맹탕이다. 곧 바로 김이 뚫고 솟아오르는 것이 순숙(純熟)이다.

주(註)

---

① 삼대변(三大辨): 3가지 큰 분별법인데 형변(形辨), 성변(聲辨), 기변(氣辨)을 말한다.
② 십오소변(十五小辨): 15가지 작은 분별법을 말하는데, 형변에 5가지, 성변에 5가지, 기변에 5가지 모두 합해서 15가지 분별법이다.
③ 형변(形辨): 물 끓는 모양을 보고 분별하는 방법인데, 이에는 5가지 모양이 있다. 이것

을 5소변이라고 하는데, 첫째는 게의 눈(蟹眼)이요, 둘째는 새우 눈(蝦眼), 셋째는 물고기 눈(魚眼)이요, 넷째는 꿰맨 구슬(連珠)이요, 다섯째는 끓어 용솟음(湧沸)치는 것을 말한다.

④ 성변(聲辨): 물 끓는 소리를 듣고서 분별하는 방법인데, 이에는 5가지 소리가 있다. 이것을 5소변이라고 하는데, 첫째는 초성(初聲)요, 둘째는 구르는 소리(轉聲)요, 셋째는 진동하는 소리(振聲)요, 넷째는 몰아치는 소리(驟聲)요, 다섯째는 소리 없는 소리(無聲)를 말한다.

⑤ 기변(氣辨): 물 끓는 증기를 보고 분별하는 방법인데, 이에는 5가지 가닥이 있다. 이것을 5소변이라고 하는데, 첫째는 김이 한 가닥 줄기(一縷)요, 둘째는 두 가닥 줄기(二縷)요, 셋째는 서너 가닥 줄기(三四縷)요, 넷째는 어지러운 가닥(亂縷)이요, 다섯째는 김이 뚫고 솟아오르는 줄기(氣直沖貫)를 말한다.

⑥ 내변(內辨): 탕관 속을 들여다보고 분별하는 것으로 안에서의 변화를 말한다. 형변이 내변이다.

⑦ 외변(外辨): 탕관 밖에서 소리를 듣고서 분별하는 것으로 밖에서 변화를 관찰하는 것이다. 성변이 외변이다.

⑧ 첩변(捷辨): 탕관 안에서 생긴 증기가 밖으로 나오는 것을 보고서 분별하는 것으로 곁에서 변화를 관찰하는 것이다. 기변이 첩변이다.

⑨ 맹탕(萌湯): 찻물(탕수)이 덜 끓어서 순숙해지지 않은 것으로, 불순한 수기가 탕 속에 남아 있는 것이다.

⑩ 순숙(純熟): 찻물이 알맞게 잘 끓어서 차 끓이기에 좋은 탕수를 말한다.

탕변(湯辨) (校訂文)

탕유삼대변십오소변(湯有三大辨十五小辨) 일왈형변(一曰形辨) 이왈성변(二曰聲辨) 삼왈기변(三曰氣辨) 형위내변(形爲內辨) 성위외변(聲爲外辨) 기위첩변(氣爲捷辨) 여해안(如蟹眼) 하안(蝦眼) 어안(魚眼) 연주(連珠) 개위맹탕(皆爲萌湯) 직지용불(直至湧沸) 여등파고랑(如騰波鼓浪) 수기전소(水氣全消) 방시순숙(方是純熟) 여초성(如初聲) 전성(轉聲) 진성(振聲) 취성(驟聲) 개위맹탕(皆爲萌湯) 직지무성(直至無聲) 방시순숙(方是純熟) 여기부일루(如氣浮一縷) 이루(二縷) 삼사루(三四縷) 급루란불분(及縷亂不分) 인온란요(氤氳亂繞) 개위맹탕(皆爲萌湯) 직지기직충관(直至氣直沖貫) 방시순숙(方是純熟).

해설(解說)

탕수를 분별하는 방법은 3가지 큰 분별법(三大辨)과 15가지 작은 분별법(十五小辨)이 있는데, 첫째로 물 끓는 모양을 보고서 분별하는 형변(形辨)이 있고, 둘째로 물 끓는 소리를 듣고서 분별하는 성변(聲辨)이 있고, 셋째로 물 끓는 수증기를 보고서 분별하는 기변(氣辨)이 있는데, 이 세 가지를 삼대변(三大辨)이라고 한다. 그리고 이 삼대변을 형변은 내변, 성변은 외변, 기변은 첩변이라고도 한다.

십오소변(十五小辨)은 형변의 오소변(五小辨), 성변의 오소변(五小辨), 기변의 오소변(五小辨)을 합쳐서 십오소변이라고 하는데, 형변의 해안(蟹眼), 하안(蝦眼), 어안(魚眼), 연주(連珠), 용불(湧沸)을 말하고, 성변의 초성(初聲), 전성(轉聲), 진성(振聲), 취성(驟聲), 무성(無聲)을 말하며, 기변의 일루(一縷), 이루(二縷), 삼사루(三四縷), 난루(亂縷), 충관(沖貫)을 말한다.

탕수는 이와 같이 삼대변 십오소변으로 분별하지만, 마지막 용불(湧沸)이나 무성(無聲)이나 충관(沖貫)만 순숙(純熟)한 물이고, 그 이하는 모두 맹탕이다. 송풍성도 맹탕에 속한다.

湯辨(原文)

湯有三大辨十五小辨. 一曰形辨 二曰聲辨 三曰氣辨 形爲內辨 聲爲外辨 氣爲捷辨 如蟹眼 蝦眼① 魚眼 連珠 皆爲萌湯 直如②湧沸 如騰波鼓浪 水氣全消 方是純熟 如初聲 轉聲 振聲 驟聲 皆爲萌湯 直至無聲 方是結熟③ 如氣一縷浮④, 二縷, 三四縷, ⑤亂不分 氤氳亂⑥縷 皆爲萌湯 直至氣直冲貫 方是經熟⑦

원문교정(原文校訂)

① 여해안하안(如蟹眼蝦眼): 다예관본이나 만보전서에는 해안하안(蟹眼蝦眼) 순으로 되어 있으나, 다록에는 안안해안(蝦眼蟹眼) 순서로 되어 있다. 그러나 다예관본의 순서가 바르다. 해안(게의 눈) 다음이 하안(새우의 눈)이 생긴다.

② 직여용불(直如湧沸): 다예관본이나 만보전서에는 직여(直如)로 되어 있으나, 다록에는 직지(直至)로 되어 있다. 직지(直至)로 바로잡는다.

③ 방시결숙(方是結熟): 다예관본에는 결숙(結熟)이라고 되어 있고, 만보전서나 다록에는 순숙(純熟)이라고 되어 있다. 순숙(純熟)으로 바로잡는다.

④ 여기일루부(如氣一縷浮): 다예관본에는 뜰 부(浮)자가 일루(一縷) 뒤에 나와 있지만, 만보전서나 다록에는 뜰 부(浮)자가 일루(一縷) 앞에 나와 있다. 앞으로 옮겨 여기부일루(如氣浮一縷)라고 바로잡는다.

⑤ 난불분(亂不分): 다예관본이나 만보전서에는 난불분으로 되어 있지만, 다록에는 급루난불분(及縷亂不分)으로 되어 있다. 급루난불분으로 바로잡는다.

⑥ 인온난루(氤氳亂縷): 다예관본과 만보전서에는 난루(亂縷)라고 되어 있으나, 다록에는 난요(亂繞)라고 되어 있다. 난요(亂繞)로 바로잡는다.

⑦ 방시경숙(方是經熟): 다예관본에는 경숙(經熟)으로 만보전서와 다록에는 순숙(純熟)으로 되어 있다. 순숙(純熟)으로 바로잡는다.

7. 탕을 쓰는 데 어린 것과 늙은 것 구분(湯用老嫩)

채군모(蔡君謨)[①]는 어린 탕은 쓰고, 늙은 것은 쓰지 않았다.
대개 옛사람들의 차 만드는 법(製茶法)은 만들 때 반드시 맷돌(碾)질 하고, 맷돌질 하면 반드시 갈고, 갈면 반드시 체로 치고, 치면 차 티끌이 나부끼고 가루가 날린다. 이것에 약재를 섞어 용봉단다(龍鳳團茶)[②]를 찍어낸다.
탕을 보면 다신(茶神)이 곧 바로 뜬다. 이것은 어린 탕을 쓰고 늙은 탕을 쓰지 않기 때문이다.
요즘의 차 만드는 법은 갈거나 체질을 하지 않고 전부 원래의 모양대로 갖춘다.
이에 쓰는 탕수도 모름지기 순숙(純熟)해야만 원래의 다신이 비로소 피어난다.
그러므로 탕수라면 모름지기 오불(五沸)[③]을 해야만 차의 삼기(三奇)[④]가 주효한다.

주(註)

---

① 채군모(蔡君謨): 송나라 때 복건성 선유현 사람으로 다록(茶錄)의 저자. 이름은 양(襄)이고 자는 군모(君謨), 시호(諡號)는 채충혜(蔡忠惠)이다. 인종 8년 (1030)에 진사에 급제한 뒤, 벼슬이 한림학사, 삼사사(三司使), 복건로전운사(福建路轉運使), 우정언(右正言), 조봉랑(朝奉郎)에 올랐다. 그는 북원공다원(北苑貢茶園)을 관장하는 복건로전운사로 있던 인종의 경력연간(1041~1048)에 소용단(小龍團)을 만들어 진상한 것이 인종의 마음에 들어 상품용다(上品龍茶)라고 명명하였다.

② 용봉단다(龍鳳團茶): 송나라 때 어용다원인 북원공다소(北苑貢茶所)에서 만들어 진상한

어용차로서 용무늬나 봉무늬를 놓고 그 위에 금실이나 은실로 무늬를 넣는다. 떡차의 일종으로 틀에다 박아 내는 것이다.

③ 오불(五沸): 다섯 번 끓음을 말하는데, 충분하게 끓은 것으로 맹탕이 아닌 것이다.

④ 삼기(三奇): 세 가지 기이한 것이란, 진미(眞味), 진색(眞色), 진향(眞香)을 말하는 것으로, 진실한 맛, 진실한 빛깔, 진실한 향기를 가리킨다.

탕용노눈(湯用老嫩) (校訂文)

채군모(蔡君謨) 탕용눈이불용노(湯用嫩而不用老) 개인고인제다(蓋因古人製茶). 조즉필년(造則必碾) 연즉필마(碾則必磨) 마즉필라(磨則必羅) 즉다위표진비분의(則茶爲飄塵飛粉矣) 어시화제인작용봉단(於是和劑印作龍鳳團) 즉견탕이다신편부(則見湯而茶神便浮) 차용눈이불용노야(此用嫩而不用老也). 금시제다(今時製茶) 불가라마(不假羅磨) 전구원체(全具元體) 차탕수순숙(此湯須純熟) 원신시발야(元神始發也) 고왈탕수오불(故曰湯須五沸) 다주삼기(茶奏三奇).

해설(解說)

탕용노눈(湯用老嫩)

송나라 때 채군모라는 사람은 탕을 쓰는데 맹탕은 쓰고 늙은 탕은 쓰지 않았다.

대개 옛날 사람들이 차 만드는 것을 보면 반드시 맷돌질을 하고 맷돌질을 하고 나면 반드시 갈고, 갈고 나면 반드시 체로 치고, 치면 차 가루가 나부끼고 차 분말이 날린다.

이 차에 향료를 섞어 용단 봉단차를 만들어 내는데, 차 끓이는 탕면을 보면 다신이 물 위로 뜬다. 이것은 어린 맹탕을 쓰고 늙은 탕은 쓰지를 않기 때문이다.

요즘 사람들이 차 만드는 법을 보면 갈거나 체질하거나 하지 않고 전부 원래의 찻잎 모양대로 만든다. 이때에 쓰는 탕수도 모름지기 순숙한 탕을 쓰기 때문에 다신이 잘 피어난다. 그러하니 탕은 충분하게 끓여서 오불을 해야만 한다. 그래야만 차의 진실한 맛과 빛깔과 향기를 고루 갖춘 기이한 차를 만들 수 있는 것이다.

湯用老嫩(原文)

蔡君謨 湯用嫩而不用老 蓋因古人製茶. 造則必碾 匕[①]則必磨 磨[②]則必羅 則味[③]爲瓢塵飛粉矣 于是和剤[④] 印作龍團[⑤] 則見湯而茶神硬[⑥]浮 此用嫩血[⑦]不用老也. 今時製茶 不假羅碾[⑧] 全具无[⑨]体 此湯須純熟 元神始發也 故曰湯須五沸 茶奏三奇.

원문교정(原文校訂)

① 비측필마(匕則必磨): 다예관본이나 만보전서에는 술 비(匕)자로 되어 있으나, 다록에는 맷돌 년(碾)자로 되어 있다. 년(碾)자로 바로잡는다.

② 마측필라(磨則必羅): 다예관본이나 다록에는 위와 같이 되어 있으나, 만보전서에는 갈 마(磨)자가 비수 비(匕)자로 되어 있다. 갈 마(磨)자가 옳다.

③ 측미위표진비분의(則味爲瓢塵飛粉矣): 다예관본과 만보전서에는 맛 미(味)자로 되어 있으나 다록에는 차 다(茶)자로 되어 있다. 차 다(茶)자로 바로잡는다.

④ 어시화제(於是和剤): 다예관본에는 약재료 제(剤)자가 제(劑)자의 약자로 되어 있고, 다록에도 제(剤)자로 되어 있다. 그리고 어조사 어(於)자는 우(于)자로 되어 있다. 어시화제(於是和劑)로 바로잡는다.

⑤ 인작용단(印作龍團): 다예관본에는 용단(龍團)으로 되어 있으나, 만보전서나 다록에는 용봉단(龍鳳團)으로 되어 있다. 용봉단(龍鳳團)으로 바로잡는다.

⑥ 측견탕이다신경부(則見湯而茶神硬浮): 다예관본에는 단단할 경(硬)자로 되어 있고, 만보전서나 다록에는 편리할 편(便)자로 되어 있다. 편(便)자로 바로잡는다.

⑦ 차용눈혈불용노야(此用嫩血不用老也): 다예관본에는 피 혈(血)자로, 만보전서나 다록에는 어조사 이(而)자로 되어 있다. 어조사 이(而)자로 바로잡는다.

⑧ 불가라년(不假羅碾): 다예관본이나 만보전서에는 맷돌 년(碾)자로, 다록에는 갈 마(磨)자로 되어 있다. 갈 마(磨)자로 바로잡는다.

⑨ 전구무체(全具无体): 다예관본에는 무체(无体)로, 만보전서에는 원체(元体)로, 다록에는 원체(元體)로 되어 있다. 원체(元體)로 바로잡는다.

8. 차 달이기(泡法)①

탕이 순숙(純熟)한 것을 살펴서 곧 끌어내려, 먼저 다관 속에 조금 부어서 냉기를 가셔낸 다음 쏟아 내버리고 차를 넣는데, 차의 많고 적음을 알맞게 가늠하여 중정을 잃지 않도록 해야만 한다. 차가 많으면 맛이 쓰고 향기가 적으며, 물이 많으면 빛깔이 맑고 맛이 적다. 두 개의 다관을 두고, 쓸 때마다 냉수로 깨끗하게 씻어서 다관을 청결하게 해야만 한다. 그렇지 않으면 차의 향내가 감소된다. 탕관이 뜨거우면 (탕이 너무 뜨겁다) 다신(茶神)이 건실(健)②하지를 못하고, 다관이 깨끗하면 수성(水性)이 항상 신령(靈)③스럽다. 차와 물이 잘 충화(冲和)되기를 기다렸다가 술 거르듯 베에 걸러서 나누어 마시는데, 빨리 걸러도 안 되고 늦게 걸러 마셔도 안 된다. 빠르면 다신(茶神)이 피어나지 않고 늦으면 묘한 향기가 먼저 사라진다.

주(註)

---

① 포법(泡法): 차를 끓이는 법을 말한다. 차를 달이는 데 있어서 필요한 내용들을 열거하고 있다. 중정법(中正法)을 잘 지켜야 한다.
② 건실(健): 차의 건실·건전함을 말하는데 다신(茶神)이 건실해야만 신령스러움을 얻게 된다.
③ 신령(靈): 차의 신령스러움을 말하는데, 수성(水性)이 건실해야만 신령스러움을 얻게 된다.

포법(泡法) (校訂文)

탐탕순숙(探湯純熟) 편취기(便取起) 선주소허호중(先注少許壺中) 거탕냉기(祛盪冷氣) 경출(傾出) 연후투다(然後投茶) 다다과의작(茶多寡宜酌) 불가과중실정(不可過中失正) 다중측미고향침(茶重則味苦香沈) 수승측색청미과(水勝則色淸味寡) 양호후(兩壺後) 우용냉수탕척(又用冷水蕩滌) 사호량결(使壺涼潔) 부측감다향의(不則減茶香矣) 관열측다신불건(罐熱則茶神不健) 호청측수성상령(壺淸則水性常靈) 초사다수충화(稍俟茶水涼和) 연후분시포음(然後分釃布飮) 시불의조(釃不宜早) 음불의지(飮不宜遲) 조측다신미발(早則茶神未發) 지측묘복선소(遲則妙馥先消).

해설(解說)

포법(泡法)

탕이 순숙(純熟)했나를 자세히 살펴서 탕이 다 순숙(純熟)했으면, 곧바로 끌어 내려서 먼저 다관 속에 조금만 부어 냉기를 가셔 낸 다음 쏟아 내버리고 차를 넣는데, 차의 많고 적음을 알맞게 가늠해서 중정(中正)을 잃지 않도록 해야만 한다. 만약에 차가 많고 물이 적으면 맛이 쓰고 향기가 적게 나며, 물이 많고 차가 적으면 빛깔이 엷고 맛이 부족하다. 항상 두 개의 다관(茶罐)을 가지고 사용하는데, 쓸 때마다 냉수로 깨끗하게 씻어서 다관을 청결하게 해야만 한다. 그렇게 하지 않으면 차의 향내가 감소된다. 그리고 탕관이 너무 뜨거우면 탕이 뜨거워져서 다신(茶神)이 살아나지 못하고, 다관이 깨끗해야만 수성이 항상 신령스럽게 된다.
차와 물이 잘 충화되기를 기다렸다가 술 거르듯 마포베에 걸러서 나누어 마시는데 너무 빨리 걸러도 안 되고 늦게 걸러도 안 된다. 너무 빠르면 다신이 피어나지 않아서 맛과 향기가 온전하지 못하고 너무 늦으면 맛이 쓰고 떫으며 향기도 묘하게 되지 않는다.

泡法(原文)

探湯純熟 便取起 先注少許壺中 祛湯[①]冷氣 傾出 然後投茶 葉[②]多寡宜酌 不可過中失正 茶重則味苦香沉[③] 水勝則色淸味[④]寡 兩壺後 又用冷水蕩滌 使壺凉潔 不則減茶香矣 罐熱[⑤]則茶神不健 壺淸水性當灵[⑥] 稍候[⑦]茶水冲和 然後冷[⑧]釃布飮 釃不宜早

飮不宜遲 早則茶神未発[⑨] 遲則妙馥先消.

원문교정(原文校訂)

① 거탕냉기(祛湯冷氣): 다예관본에는 끓일 탕(湯)자로 되어 있고, 만보전서나 다록에는 넓고 클 탕(蕩)자로 되어 있다. 그러나 동다송(東茶頌)에는 씻을 탕(盪)자로 되어 있는데 이 글의 내용으로 보아서 씻을 탕(盪)자를 써서 거탕냉기(祛盪冷氣)로 바로잡는다.

② 엽다과의작(葉多寡宜酌): 다예관본에는 이파리 엽(葉)자로 되어 있으나 만보전서나 다록에는 차 다(茶)자로 되어 있다. 차 다(茶)자로 바로잡는다.

③ 다중측미고향황(茶重則味苦香況): 다예관본에는 비유할 황(況)자로 되어 있으나 만보전서나 다록에는 잠길 침(沉)자로 되어 있다. 침(沉)자는 침(沈)자의 속자(俗字)이다. 침(沈)자로 바로잡는다.

④ 수승측색청미과(水勝則色淸味寡): 다예본에는 색청미과(色淸味寡)로, 다록에는 포청기과(包淸氣寡)로 되어 있다. 색청미과(色淸味寡)로 바로잡는다.

⑤ 관숙측다신불건(罐熟則茶神不健): 다예관본과 다록에는 익을 숙(熟)자로, 만보전서에는 뜨거울 열(熱)자로 되어 있다. 뜨거울 열(熱)자로 바로잡는다.

⑥ 호청수성당령(壺淸水性當灵): 다예관본에는 위와 같이 되어 있으나 만보전서나 다록에는 호청측수성상령((壺淸則水性常靈)이라고 되어 있다. 곧 측(則)자가 빠져 있고, 당(當)자는 상(常)자로 령(灵)은 정자인 령(靈)자로 바로잡는다.

⑦ 초후다수충화(稍候茶水沖和): 다예관본에는 후(候)자로 만보전서와 다록에는 기다릴 사(俟)자로 되어 있다. 기다릴 사(俟)자로 바로잡는다.

⑧ 연후냉시포음(然後冷釃布飮): 다예관본에는 냉(冷)자로 만보전서에는 영(令)자로 다록에는 분(分)자로 되어 있다. 분(分)자로 바로잡는다.

⑨ 조측다신미발(早則茶神未発): 다예관본에는 필 발(発)자가 정자인 발(發)자의 약자로 되어 있다. 발(發)자로 바로잡는다.

9. 차 넣기(投茶)

차를 넣는데 차례가 있는데, 그 올바름을 잃지 않도록 해야만 한다. 먼저 차를 넣고 나중에 탕수를 붓는 것을 하투(下投)[①]라고 하며, 탕수를 절반 붓고 차를 넣고 다시 탕수를 가득 채우는 것을 중투(中投)[②]라고 하고, 먼저 탕수를 붓고 나중에 차를 넣는 것을 상투(上投)[③]라고 한다. 봄가을에는 중투(中投)를 하고, 여름에는 상투(上投)를 하고 겨울에는 하투(下投)를 한다.

주(註)

---

① 하투(下投): 다관에 차를 넣는데 차를 먼저 넣고 탕을 나중에 넣는 것을 하투라고 한다. 겨울에는 탕이 빨리 식으므로 차를 먼저 넣고 그 위에 탕을 붓는 것이다.
② 중투(中投): 봄 가을에 하는 것으로 탕의 반을 먼저 다관에 붓고, 차를 넣은 다음에 나머지 탕을 마저 붓는 것을 말한다.
③ 상투(上投): 상투는 탕을 먼저 다관에 붓고 나중에 차를 탕 위에 넣는 것이다. 여름에는 탕이 빨리 식지 않기 때문에 탕을 먼저 넣고 그 위에 차를 넣는 것이다.

투다(投茶) (校訂文)

투다유서(投茶有序) 무실기의(毋失其宜) 선다후탕(先茶後湯) 왈하투(曰下投) 탕반하다(湯半下茶) 부이탕만(復以湯滿) 왈중투(曰中投) 선탕후다(先湯後茶) 왈상투(曰上投) 춘추중투(春秋中投) 하상투(夏上投) 동하투(冬下投).

해설(解說)

투다(投茶)

다관에 차를 넣을 때 계절에 따라 넣는 순서가 있다. 지금은 숙우(熟盂)가 있어서 적당한 온도로 탕을 식혀서 사용하기 때문에 먼저 차를 넣고 나중에 탕을 넣지만, 옛날에는 숙우를 쓰지 않고 계절에 따라 다르게 차를 넣었다. 먼저 차를 넣고 나중에 탕을 넣는 것을 하투(下投)라고 하는데 겨울철에 하는 방법이고, 탕을 먼저 넣고 차를 나중에 넣는 것을 상투(上投)라고 하는데, 여름철에 하는 것이며, 탕을 반만 넣고 차를 넣은 다음 다시 탕을 마저 넣는 것을 중투(中投)라고 하는데, 봄가을에 하는 것을 말한다.

投茶(원문)

投茶行①序 毋失②其宜 先茶湯後③ 曰下投 湯半下茶 復以湯滿 曰中投 先湯後茶 曰上投 春秋中投 夏上投 冬下投.

원문교정(原文校訂)

① 투다행서(投茶行序): 다예관본에는 행서(行序)로 되어 있고 만보전서나 다록에는 유서(有序)로 되어 있다. 유서(有序)로 바로잡는다.

② 무실기의(毋失其宜): 다예관본에는 잃을 실(失)자로 되어 있고, 만보전서에도 실(失)자로 되어 있으나 다록에는 하여금 사(使)자로 되어 있다. 잃을 실(失)자로 쓰는 것이 마땅하다.

③ 선다탕후(先茶湯後): 다예관본에는 탕후(湯後)로 되어 있으나 만보전서나 다록에는 후탕(後湯)으로 되어 있다. 순서가 바뀐 것이다. 후탕(後湯)으로 바로잡는다.

10. 차 마시기(飮茶)

차 마시기는 손님이 적을수록 귀하다. 손님이 많으면 시끄럽고, 시끄러우면 아취(雅趣)가 없어진다.

혼자 마시는 것을 신(神)[①]이라 하고, 두 사람을 승(勝)[②]이라 하고,
서넛을 취(趣)[③]라고 하고, 대여섯을 범(泛)[④]이라 하고,
칠팔을 시(施)[⑤]라고 한다.

주(註)

① 신(神): 혼자서 마시는 것을 신(神)이라고 하는데, 그 뜻은 신령스럽다. 또는 그윽하다, 또는 고요하고 적적하다, 또는 이속(離俗)한 경지, 적정의 경지를 말한다. 신선이나 누릴 만한 고상하고 맑고 담아한 경계를 한마디로 신(神)이라고 한 것이다. 동원(東原: 杜瓊)의 시다록(試茶錄)에 보면 혼자 마시는 것을 유(幽)라고 하였다.

② 승(勝): 둘이서 마시는 것을 말하는데, 그 의미는 좋다, 또는 승경(勝景)이다, 한적(閑適)하다는 말이다. 백운(白雲) 청산(靑山)은 좋은 두 손님이고, 또 백운(白雲)과 명월(明月)도 좋은 손님이다.

③ 취(趣): 서너 사람이 함께 마시는 정취를 가리키는 말인데, 취미적이다, 재미있다, 즐겁다, 유쾌(愉快)하다는 뜻이다. 뜻이 맞는 벗 서너 명이 모여서 차를 달여 마시며 담소하는 광경이다. 온갖 시비를 다 놓아 버리고 걸림 없이 노는 경지는 즐겁기만 하다.

④ 범(泛): 대여섯 사람이 차를 마시는 모양이다. 평범하다, 범사(泛事)스럽다, 일상적이다라는 뜻이다. 또는 저속(低俗)하다고도 하며 속되다고도 한다. 동원의 시다록(試茶錄)에는 범(汎)이라고 하였다. 범(泛)자와 범(汎)자는 뜻이 서로 통하는 글자이다.

⑤ 시(施): 일곱, 여덟이 둘러앉아서 차를 마시는 자리이다. 음식을 나누어 먹는 것과 같다. 무언가 나누어 먹는 자리, 또는 베푸는 자리, 무시하는 투로 박애(博愛)라고도 한다. 차 마시는 분위기는 깨어지고 음식 먹는 자리가 되었다.

음다(飮茶) (校訂文)

음다이객소위귀(飮茶以客少爲貴) 객중축훤(客衆則喧) 훤측아취핍의(喧則雅趣乏矣) 독철왈신(獨啜曰神) 이객왈승(二客曰勝) 삼사왈취(三四曰趣) 오육왈범(五六曰泛) 칠팔왈시(七八曰施).

해설(解說)

음다(飮茶)
차를 마시는 자리에는 손님이 적을수록 좋다. 손님이 많으면 수선스럽고 시끄럽고 번거로워서 고요한 아취(雅趣)가 깨진다.
혼자서 마시는 것이 최상의 경지이며, 둘이서 마시면 좋지만 속된 무리보다는 흰구름 밝은 달이 가장 멋진 손님이다. 뜻이 맞는 벗 서넛이서 함께 마시는 것은 재미있고 유쾌한 일이다. 또 너덧 명이 마시는 것이나 칠팔 명이 마시는 것은 나누어 먹기와 같아서 저속하여 고상한 정취를 느낄 수가 없다. 차 마시는 분위기에는 해맑은 솔바람 댓바람 소리는 마음과 정신을 밝혀 주지만 시끄럽고 수선스러우면 번거롭고 따분해진다. 애써 고요하고 한적하고 유쾌한 분위기를 만들려고 하는 것은 삶을 여유 있고 풍요롭게 하고자 함이다.

飮茶(原文)

飮茶以客少爲貴 客衆則喧 喧則雅趣[①]之矣 獨啜曰神 二客曰勝 三四曰趣[②] 五六曰泛 七八曰施.

원문교정(原文校訂)

① 훤측아취지의(喧則雅趣之矣): 다예관본이나 만보전서에는 취(趣)자로 되어 있으나 다록에는 취(趣)자로 되어 있다. 취(趣)자가 정자이다.

② 삼사왈취(三四曰趣): 주①번과 같다. 같은 글자이다.

11. 향내(香)

차에는 진향(眞香)①이 있고, 난향(蘭香)②이 있고, 청향(淸香)③이 있고, 순향(純香)④이 있는데, 겉과 속이 똑 같은 것을 순향(純香)이라고 하고, 설지도 익지도 않은 것을 청향(淸香)이라고 하며, 불길이 고르고 균일한 것을 난향(蘭香)이라 하고, 비 오기 전에 신령스러움이 갖추어진 것을 진향(眞香)이라고 한다.

또 함향(含香)⑤이 있고 루향(漏香)⑥, 부향(浮香)⑦, 간향(間香)⑧이 있는데, 이것은 모두 다 바르지 못한 향내이다.

주(註)

① 진향(眞香): 진실한 향기, 차나무가 가지고 있는 진실한 본래의 향기를 말한다. 오염이 되지 않고 그대로 차를 만들어도 변질이 되지 않은 것이다. 비를 맞으면 싱그러움이 흩어지고 향기도 숨어 버린다. 비 오기 전에 본래 갖추고 있는 향기를 말한다.

② 난향(蘭香): 난초의 향기처럼 맑고 은은하며 청초한 향기를 말한다. 고고한 기운이 있다.

③ 청향(淸香): 맑은 향기, 청아한 향기, 해맑은 향기로, 오염되거나 변질되지 않고 잘 만들어진 차에서 나는 향기이다.

④ 순향(純香): 순수한 향기를 말하는데 제다법을 잘 지켜서 만들면 겉과 속이 똑같은 향기가 난다. 순수한 향기는 다른 것이 섞이지 않은 것으로 차를 만들 때 나오는 향기이다.

⑤ 함향(含香): 향기가 나쁜 것으로, 다른 냄새를 머금은 것을 말한다. 오염이 되어 차향기와 다른 냄새가 섞인 것이다.

⑥ 루향(漏香): 부정한 향기로, 진실한 차의 향기는 증발해 버리고 차향이 남아 있지 않은 향기이다.

⑦ 부향(浮香): 부정한 향기로, 차가 변질이 되어 뜬 냄새가 나는 것을 말한다. 향기 성분이 부패하거나 변질이 된 것이다.

⑧ 간향(間香): 부정한 향기로, 차가 변질이 되어 어떤 냄새인지 알 수 없도록 이것저것 냄

새가 섞여서 뒤죽박죽으로 냄새가 나는 것을 말한다.

향(香) (校訂文)

다유진향(茶有眞香) 유난향(有蘭香) 유청향(有淸香) 유순향(有純香) 표리여일왈순향(表裏如一曰純香) 불생불숙왈청향(不生不熟曰淸香) 화후균정왈난향(火候均停曰蘭香) 우전신구왈진향(雨前神具曰眞香) 갱유함향(更有含香) 누향(漏香) 부향(浮香) 간향(間香) 차개부정지기(此皆不正之氣).

해설(解說)

향내(香)
차에는 좋은 향기가 4종이 있고 나쁜 향기 4종이 있는데, 좋은 향기는 진향(眞香), 난향(蘭香), 청향(淸香), 순향(純香)을 말하고, 나쁜 향기는 함향(含香), 루향(漏香), 부향(浮香), 간향(間香)을 말한다.
진향이란 차나무가 본래 지니고 있는 진실한 향기가 비를 맞아 흩어지기 전에 채취해서 만들은 차에서 나는 향기이며, 난향이란 난초의 향기처럼 청초하고 그윽하고 은근한 향기를 말하며, 청향이란 맑고 청아하고 해맑은 향기이며, 순향이란 순수하고 잡것이 섞이거나 오염되지 않은 향기를 말한다.
부정한 향기인 함향이란 차향기가 다른 향기에 섞여 부정하게 나는 향기를 말하며, 루향이란 진실한 차의 향기는 증발해 버리고 차향은 거의 없는 것을 말하며, 부향이란 차가 변질이 되어 부패한 냄새가 나는 것을 말하며, 간향이란 여러 가지 잡스런 냄새가 침범하여 차의 향기는 없고 다른 냄새만 나는 것을 말한다.

香 (原文)

茶有眞香 有蘭香 有淸香 有純香 表裏如一曰純香 不生不熱[①]曰淸香 火候均停曰蘭香 雨前神具曰眞香 更有含香 漏浮香[②] 間香 此皆不正之氣.

원문교정(原文校訂)

① 불생불열왈청향(不生不熱曰淸香): 다예관본에는 불열(不熱)로 되어 있으나 만보전서나 다록에는 불숙(不熟)으로 되어 있다. 불숙(不熟)으로 바로잡는다.

② 누부향(漏浮香): 다예관본이나 만보전서에는 누부향(漏浮香)으로 되어 있으나, 다록에는 누향(漏香) 부향(浮香)으로 되어 있다. 누향, 부향으로 바로잡는다.

12. 빛깔(色)

차는 맑고 푸른 것이 좋고, 찻물은 하얀 쪽빛 나는 것이 좋으며,
노랗고, 검고, 붉고, 어두운 것은 모두 품등에 넣지 않는다.
눈(雪)같은 물빛이 상품이요, 비취색 물빛이 중품이요,
누런색 물빛이 하품이다.
새 샘물과 활활 타는 불로 차를 달이는 것은
깊고 오묘한 공예(玄工)①이며,
옥 같은 차와 얼음 같은 찻물과 알맞은 찻잔은 절묘한 기예(絶技)②이다.

주(註)

① 현공(玄工): 현묘한 경지에 도달할 수 있도록, 온갖 공력을 다 들여서 오묘한 데에 이르도록 해야 한다. 팔덕(八德)을 겸비한 좋은 물을 구하는 일, 문무화후를 잘 해서 중화를 얻은 불길, 또 차 달이는 솜씨가 삼매경에 들도록 하는 일 등 참으로 말로 하기 어려운 경계에 이르는 공력과 솜씨를 현공이라고 한다.
② 절기(絶技): 차 달이는 솜씨가 절묘한 경지에까지 이른 것을 말하는데, 똑같은 차, 똑같은 물이라도 솜씨에 따라 다른 맛과 향이 난다. 절묘한 솜씨가 아니면 진미(眞味) 진향(眞香) 진색(眞色)을 낼 수가 없다. 삼매경(三昧境)에 든 솜씨를 말한다.

색(色) (校訂文)

다이청취위승(茶以淸翠爲勝) 도이남백위가(濤以藍白爲佳) 황흑홍혼(黃黑紅昏) 구불입품(俱不入品) 설도위상(雪濤爲上) 취도위중(翠濤爲中) 황도위하(黃濤爲下) 신천활화(新泉活火) 자명현공(煮茗玄工) 옥명빙도(玉茗氷濤) 당배절기(當杯絶技).

해설(解說)

빛깔(色)
차는 맑은 푸른색이 제일 좋은데 잘못 만든 차나 변질된 차는 푸른색이 나지 않는다. 찻물은 하얀 쪽빛 나는 것이 좋은데, 누렇거나, 검거나, 붉거나, 어두운 것은 등위에 넣을 수 없는 하품이다.
눈(雪)같은 찻물 빛이 상등품이고, 비취색 나는 찻물 빛이 중등품이고, 누렇게 된 찻물 빛이 하등품이다.
새로 길어온 좋은 샘물을 활활 타는 양호한 불로 끓여, 차를 달이는 것은 깊고 오묘한 공예를 다 하는 것이며, 옥(玉)같은 차를 얼음 같은 찻물로 차를 달이는 것은 알맞은 찻잔에 절묘한 기예(絶技)를 보임이다.

色(原文)

茶以淸翠爲勝 濤以藍白爲佳① 黃黑紅昏 俱不入品 雲濤②爲上 翠濤爲中 黃濤爲下 新泉活火 煑③茗玄工 玉茗水④濤 當杯絶枝.⑤

원문교정(原文校訂)

① 도이남백위추(濤以藍白爲隹): 다예관본이나 만보전서에는 새 추(隹)자로 되어 있으나, 다록에는 아름다울 가(佳)자로 되어 있다. 가(佳)자로 바로잡는다.
② 운도위상(雲濤爲上): 다예관본에는 구름 운(雲)자로 되어 있으나, 만보전서나 다록에는 눈 설(雪)자로 되어 있다. 눈 설(雪)자로 바로잡는다.
③ 자명현공(煑茗玄工): 다예관본이나 만보전서에 모두 자명(煑茗)으로 되어 있고, 다록에는 자(煮)자로 되어 있다. 두 글자는 같은 뜻의 글자이다.
④ 옥명수도(玉茗水濤): 다예관본이나 만보전서에 모두 수도(水濤)라고 되어 있으나, 다록에는 빙도(氷濤)라고 되어 있다. 빙도(氷濤)라고 바로잡는다.
⑤ 당배절지(當杯絶枝): 다예관본에는 절지(絶枝)라고 되어 있으나, 만보전서나 다록에는 절기(絶技)라고 되어 있다. 절기(絶技)라고 바로잡는다.

13. 맛(味)

맛이 달고 부드러운 것이 상품이고, 쓰고 떫은 것은 하품이다.

미(味) (校訂文)

미이감윤위상(味以甘潤爲上) 고삽위하(苦澁爲下).

해설(解說)

맛(味)
차맛은 달콤하고 감칠맛이 나는 것이 제일 좋은 상등품이고, 쓰거나 떫거나 한 것은 하등품이다.

味(原文)

味以甘潤爲上 苦滯[①]爲下.

원문교정(原文校訂)

① 고체위하(苦滯爲下): 다예관본에는 엉킬 체(滯)자로 되어 있으나 만보전서나 다록에는 떫을 삽(澁)자로 되어 있다. 삽(澁)자로 바로잡는다.

14. 오염되면 참됨을 잃는다(點染失眞)

차에는 스스로 진향(眞香)[1]이 있고, 진색(眞色)[2]이 있고, 진미(眞味)[3]가 있는데, 한 번 오염이 되면 그 진성(眞性)을 잃는다. 찻물 가운데 짠 것이 들었거나, 차 가운데 향료가 들었거나, 찻잔 가운데 과일이 들어가면, 모두 진성을 잃은 것이다.

주(註)

---

① 진향(眞香): 차가 지니고 있는 본래 근원의 진실한 향기, 차의 본 향기 오염되거나 첨가된 것이 아닌 본래 향기를 말한다.

② 진색(眞色): 차가 본래부터 가지고 있는 진실한 빛깔, 착색이 되지 않은 본래의 빛깔을 말한다.

③ 진미(眞味): 차가 본래부터 가지고 있는 진실한 맛, 가미가 되지 않은 본래의 진실 된 맛을 말한다.

점염실진(點染失眞) (校訂文)

다자유진향(茶自有眞香) 유진색(有眞色) 유진미(有眞味) 일경점염(一經點染) 편실기진(便失其眞) 여수중착함(如水中着鹹) 다중착료(茶中着料) 완중착과(碗中着果) 개실진야(皆失眞也).

해설(解說)

점염실진(點染失眞)
차에는 본래부터 차가 가지고 있는 진실한 향기와 진실한 빛깔과 진실한 맛이 있는데, 이러한 것은 한 번만 살짝 오염이 되어도 그 본래의 진실한 성품을 잃게 된다. 항상 오염이 되지 않도록 조심해야만 한다.
만약 찻물에 소금 끼가 들어갔다던가, 아니면 차 가운데 향료가 섞여서 차의 향기를 해친다거나, 찻잔에 과일을 넣어 빛깔과 맛을 손상 시킨다면 이것은 모두 진성을 잃게 하는 것으로 금기 해야만 한다. 차는 아무것도 섞지 말고 순수한 그대로 마셔야만 한다.

點染失眞(原文)

茶自有眞香 有眞色 有眞味 一經點染 便失其眞 如水中着醎 茶中着料 碗中着二菓[①] 皆失眞也.

원문교정(原文校訂)

① 여수중착함(如水中着醎): 다예관본이나 다신전에는 모두 짤 함(醎)의 함자가 속자(醎)로 되어 있으나, 정자(鹹)로 바로잡는다.
② 완중착이과(碗中着二菓): 다예관본에는 이과(二菓)라고 되어 있으나, 만보전서나 다록에는 과(果)라고만 되어 있다. 완중착과(碗中着果)라고 바로잡는다.

15. 변질된 차는 쓰지 않는다(茶變不可用)

차를 처음 만들면 푸른 비취빛이다.

거두어 보관하는데 그 법도를 터득하지 않으면 안 된다.

첫 번째 변하면 녹색이 되고, 두 번째 변하면 누렇게 되고,

세 번째 변하면 검게 되고, 네 번째 변하면 희게 된다.

이를 먹으면 위장이 차가워지고

심지어는 파리한 기운(瘠氣)①이 쌓이게 된다.

주(註)

① 파리한 기운(瘠氣): 차가 변질이 되거나, 냉차(冷茶)를 마시게 되면 위장(胃腸)에 냉기(冷氣)가 쌓이고 체증이 맺히며 급기야는 소화불량과 통증 및 설사병을 유발시킨다. 차를 너무 진하게 마시거나 독하게 마시는 사람에게도 발생하는 병증이며, 이는 성질이 따뜻한 발효차를 마시거나 차를 부드럽고 따뜻하게 마시면 풀린다.

다변불가용(茶變不可用) (校訂文)

다시조측청취(茶始造則青翠) 수장부득기법(收藏不得其法) 일변지록(一變至綠) 재변지황(再變至黃) 삼변지흑(三變至黑) 사변지백(四變至白) 식지측한위(食之則寒胃) 심지척기성적(甚至瘠氣成積).

해설(解說)

다변불가용(茶變不可用)

차를 처음 만들어 놓으면 빛깔이 푸른 비취빛이 난다. 이 차를 보관하는데 보관을 잘 못하면 변질이 되기 때문에 보관하는 방법을 잘 터득하지 않으면 안 된다.

첫째로 차가 변하면 푸른 녹색이 되고, 둘째로 좀 더 변하면 누렇게 되고, 셋째로 좀 더 변하면 검은색이 되고, 넷째로 더 변하면 흰색이 된다.

이처럼 변질된 차를 먹으면 위장이 차가워지고 심지어는 몸이 마르고 여위며, 위와 장이 손상되어 속이 쓰리고 아프며 차를 더 이상 마실 수 없게 된다. 그러니 변질된 차는 절대 마시지 말아야 한다.

茶变[①]不可用(原文)

茶始造則青翠 收藏不得其法[②] 一変[③]至綠 再変[④]至黃 三変[⑤]至黑 四変[⑥]食之則寒胃其[⑦]至瘠氣成積.

원문교정(原文校訂)

① 다변불가용(茶変不可用): 다예관본이나 만보전서에 변할 변(変)자로 되어 있다. 이 글자는 변(變)자의 속자(俗字)이다. 주③ ④ ⑤ ⑥도 마찬가지이다. 정자로 바로잡는다.

② 수장부득기법(收藏不得其法): 다예관본이나 만보전서에는 위와 같이 되어 있으나 다록에는 수장불법(收藏不法)으로 되어 있다. 글 내용으로 보아 수장부득기법(收藏不得其法)으로 쓴다.

③ 일변지록(一変至綠): 변(変)자는 변(變)자의 속자이다.

④ 재변지황(再変至黃): 변(変)자는 변할 변(變)자의 속자이다.

⑤ 삼변지흑(三変至黑): 변(変)자는 변할 변(變)자의 속자이다.

⑥ 사변지백(四変至白): 변(変)자는 변할 변(變)자의 속자이다.

⑦ 기지척기성적(其至瘠氣成積): 다예관본에는 그 기(其)자로 만보전서나 다록에는 심할 심(甚)자로 되어 있다. 심(甚)자로 바로잡는다.

16. 샘물의 품성(品泉)

차는 물의 신(神)[①]이요 물은 차의 체(體)[②]이다.

진수(眞水)[③]가 아니면 그 신(神)이 나타나지 않으며,

정다(精茶: 眞茶)[④]가 아니면 그 체(體)를 어찌 엿볼 수 있으랴.

산마루(山頂)의 샘물은 맑고 가벼우며, 산 아래(山下)의 샘물은 맑고 무거우며, 돌 속(石中)의 샘물은 맑고 달며, 모래 속(砂中)의 샘물은 맑고 차가우며, 흙 속(土中)의 샘물은 담백하고 희다.

누런 돌(黃石)에서 흐르는 것은 좋으나, 푸른 돌(靑石)에서 흘러나오는 것은 쓸 수가 없다. 흐르는 물은 고여 있는 것보다 낫고, 그늘을 등지고 있는 것은 양지를 향해 있는 것보다 낫다.

근원에서 나온 진실한 물은 맛(味)이 없고, 진수(眞水)는 향기(香)가 없다.

주(註)

① 신(神): 차의 마음, 정신, 다신(茶神)을 가리킨다. 차는 물을 상대로 해서 물의 정신, 마음이 된다.

② 체(體): 차의 몸, 형태, 수성(水性)을 말한다. 물은 차를 감싸는 몸이 된다.

③ 진수(眞水): 진실한 물, 참다운 물을 말하는데, 오염이 되지 않은 순수한 물이다. 향기도 없고 맛도 없는 물이다.

④ 정다(精茶): 온갖 정성을 다 들여서 정갈하게 만든 차, 오염이 되지 않고, 진미, 진색, 진향을 고루 갖춘 차를 말하는데, 진다(眞茶)를 말한다.

품천(品泉) (校訂文)

다자수지신(茶者水之神) 수자다지체(水者茶之體) 비진수막현기신(非眞水莫顯其神) 비정다갈규기체(非精茶曷窺其體) 산정천청이경(山頂泉淸而輕) 산하천청이중(山下泉淸而重) 석중천청이감(石中泉淸而甘) 사중천청이열(沙中泉淸而冽) 토중천담이백(土中泉淡而白) 유어황석위가(流於黃石爲佳) 사출청석무용(瀉出靑石無用) 유동자유어안정(流動者愈於安靜) 부음자승어향양(負陰者勝於向陽) 진원무미(眞原無味) 진수무향(眞水無香).

해설(解說)

품천(品泉)

차는 물의 신(神)이요, 물은 차의 체(體)이다. 이 말은 차의 철학이다. 차와 물은 잘 중화가 되어야만 진미, 진향, 진색을 갖춘 최상의 차가 되는 것이다. 그러나 진수(眞水)가 아니면 차의 신(神: 茶神)이 나타나지 않으며, 진다(眞茶)가 아니면 차의 체(體: 水性)가 드러나지 않는다.

산 정상 근처의 샘에서 나오는 물은 맑지만 가볍고, 산 아래의 샘에서 나오는 물은 맑고 무겁다. 또 돌 속의 샘에서 나오는 물은 맑고 달콤하며, 모래 속에서 나오는 샘물은 맑고 차갑지만, 흙 속에서 나오는 샘물은 담백하고 희다.

노란색 돌 틈에서 흘러나오는 물은 좋지만, 푸른색 돌 틈에서 흘러나오는 물은 쓸 수가 없다. 또 흐르는 물은 고여 있는 물보다 낫고, 그늘진 곳에 있는 물은 햇볕에 노출된 물보다 좋다.

좋은 물은 그 근원지에서 나온 물이 진실한 것이며, 맛이 없고 향기가 없으며, 빛깔도 없고, 여름에는 시원하고 겨울에는 따뜻한 물이 좋다.

品泉(原文)

茶者水之神 水者茶之體 非眞水莫顯①其神 非精茶莫窺其体② 山頂泉淸而輕 水③下泉淸而重 石中泉淸而甘 砂中泉淸而冽 土中泉淡而白 流於黃石爲佳④ 瀉出靑石無用 流動者愈於⑤安靜 負阴者眞於阳 ⑥眞原無味 眞水無香.

원문교정(原文校訂)

① 비진수막현기신(非眞水莫顯其神): 다예관본이나 만보전서나 다록에 모두 나타날 현(顯)자가 속자(顕)로 되어 있다. 정자(顯)로 바로잡는다.

② 비정다막규기체(非精茶莫窺其体): 다예관본에는 말 막(莫)자로, 만보전서나 다록에는 어찌 갈(曷)자로 되어 있다. 어찌 갈(曷)자로 바로잡는다. 그리고 몸 체(體)자도 속자인 체(体)자로 되어 있는데 다록에는 정자로 되어 있다. 정자(體)로 바로잡는다.

③ 수하천청이중(水下泉淸而重): 다예관본이나 만보전서에는 물 수(水)자로, 다록에는 메 산(山)자로 되어 있다. 메 산(山)자로 바로잡는다.

④ 유어황석위추(流於黃石爲隹): 다예관본에는 어조사 어(於)자와 새 추(隹)자로, 만보전서에도 어(於)자와 추(隹)자로 되어 있으나 다록에는 어조사 우(于)자와 아름다울 가(佳)자로 되어 있다. 어조사 어(於)자와 아름다울 가(佳)자로 바로잡는다.

⑤ 유동자유어안정(流動者愈於安靜): 다예관본이나 만보전서에는 어조사 어(於)자로 다록에는 어조사 우(于)자로 되어 있다. 어(於)자나 우(于)자는 서로 뜻이 같다.

⑥ 부음자진어양(負阴者眞於阳): 다예관본에는 그늘 음(阴)자와 볕 양(阳)자가 약자로 되어 있고, 만보전서에는 정자인 음(陰)자와 양(陽)자로 되어 있다. 그리고 다록에는 부음자승우향양(負陰者勝于向陽)이라고 되어 있다. 참 진(眞)자가 이길 승(勝)자로 되어 있으며 볕 양(陽)자 앞에 향할 향(向)자가 들어 있다. 다록의 원문을 따라서 부음자승어향양(負陰者勝於向陽)이라고 바로잡는다.

17. 우물물은 차에 마땅치 않다(井水不宜茶)

다경(茶經)[①]에 이르기를,「산물이 상품(上品)이요, 강물이 중품(中品)이요, 우물물이 최하품(最下品)이다.」라고 하였다.

첫째로 강(江)이 가깝지 않고 산(山)에도 마침내 샘물이 없다면, 오로지 봄에 매우(梅雨)[②]를 받아 두는 것이 마땅하다. 그 맛은 달고 순하여 만물을 기르는 물로서 뛰어나다.

설수(雪水)[③]는 비록 맑을지라도, 성질이 짙은 음기(重陰)를 느끼고 차가움이 지라(脾)와 위장(胃)에 들어가 많이 쌓이게 되니 마땅치가 않다.

주(註)

① 다경(茶經): 당나라 때 육우(陸羽)가 지은 책으로 5지자(五之煮)에서 인용한 것이다.

② 매우(梅雨): 양력 6·7월경, 양자강 유역에서 일본 열도 사이에 내리는 장맛비를 말한다. 또는 봄철에 매화나무에 내리는 빗물을 매우라고 한다. 매화나무 밭에 내리는 빗물을 받으면 달고 맑다.

③ 설수(雪水): 겨울에 눈이 가득 내리면 눈을 퍼다가 솥에서 녹여 찻물을 끓인다. 운치가 있어서 가끔씩 즐길 수 있지만 요즘은 눈이 오염이 심해서 쓸 것이 못 된다.

정수불의다(井水不宜茶) (校訂文)

다경운(茶經云) 산수상(山水上) 강수중(江水中) 정수최하의(井水最下矣). 제일방불근강(第一方不近江) 산졸무천수(山卒無泉水) 유당춘적매우(惟當春積梅雨) 기미감화(其味甘和) 내장양만물지수(乃長養萬物之水). 설수수청(雪水雖淸) 성감중음(性感重陰) 한입비위(寒入脾胃) 불의다적(不宜多積).

해설(解說)

정수불의다(井水不宜茶)
육우의 다경에 이르기를, 「산에서 나는 물은 상등품이요, 강에서 나는 물은 중등품이요, 우물의 물은 최하위품이다.」라고 하였다. 그리고 강이 가까이에 없고 산에도 샘물이 없다면, 오직 봄철에 매화나무에 내리는 빗물을 받아서 보관해야만 한다. 매우(梅雨)는 그 물맛이 달고 부드러우며 만물을 기르고 생육 시키는 효험이 있어서 좋다.
눈 녹인 물(雪水)은 비록 맑을지라도, 성질이 짙은 음기가 있고, 차가움이 지라와 위장에 들어가 많이 쌓여서 병이 되니, 찻물로 쓰기에는 마땅치 않다.

井水不宜茶(原文)

茶經云 山水上 江水下[①] 井水最下矣[②] 第一方不近山[③] 卒無泉水[④] 惟當春積梅雨[⑤] 其味甘和 乃長養萬物之水 雪水雖淸 性感重阴[⑥] 寒入脾胃[⑦] 不宜多積.

원문교정(原文校訂)

① 강수하(江水下): 다예관본이나 만보전서에는 아래 하(下)자로 되어 있으나, 다록에는 다음 차(次)자로 되어 있다. 그러나 다경의 원문에는 강수중(江水中)이라고 되어 있다. 강수중(江水中)으로 바로잡는다.

② 정수최하의(井水最下矣): 다예관본, 만보전서, 다록 모두 정수최하의라고 되어 있으나, 다경의 원문에는 정수하(井水下)라고 되어 있다. 글 뜻의 내용으로 보아 정수최하의(井水最下矣)라고 쓴다.

③ 제일방불근산(第一方不近山): 다예관본이나 만보전서에는 메 산(山)자로 되어

있으나 다록에는 강 강(江)자로 되어 있다. 다록 원문을 따라 강(江)자로 바로잡는다.

④ 졸무천수(卒無泉水): 다예관본이나 만보전서에는 위와 같이 되어 있으나 다록에는 졸(卒)자 앞에 메 산(山)자가 들어 있다. 메 산(山)자를 첨가시킨다.

⑤ 유당춘적매우(惟當春積梅雨): 다예관본이나 만보전서에는 위와 같이 되어 있으나 다록에는 많을 다(多)자로 되어 있다. 글 뜻으로 보아 봄 춘(春)자로 쓴다.

⑥ 성감중음(性感重阴): 다예관본에는 음(阴)자가 약자로 되어 있으나 만보전서나 다록에는 정자(陰)로 되어 있다. 정자로 바로잡는다.

⑦ 한입비위(寒入脾胃): 다예관본이나 만보전서에는 지라 비(脾)자가 속자로 되어 있으나, 다록에는 정자(脾)로 되어 있다. 정자로 바로잡는다.

18. 물의 저장(貯水)

물 담은 항아리는 모름지기 그늘진 뜰 가운데에 놓고 망사비단으로 덮어서 별과 이슬(星露)[①] 기운을 받게 하면, 빼어 난 신령스러움이 흩어지지 않고 신이한 기운을 항상 간직한다.
가령 나무나 돌로 누르고 종이나 죽순 잎으로 봉하여 햇볕을 쬐이면 밖으로는 그 신령스러움이 감하여지고 안으로는 그 기운이 막혀버려 물의 신령스러움이 무너져 버린다.
차를 마시는 데 오직 차가 신선하고 물이 신령스러운 것이 귀중한데, 차가 그 신선함을 잃어버리거나, 물이 그 신령스러움을 잃어버린다면, 곧 개골창(溝渠)[②] 물과 무엇이 다르겠는가.

주(註)

① 별과 이슬(星露): 별의 맑은 기운과 이슬의 기운을 말하는데, 밤에 내리는 신성한 기운이다. 이 기운을 받으면 어지간히 오염된 것도 회복이 된다.
② 개골창(溝渠): 도랑물, 하수도, 시궁창을 말하는데, 썩어서 먹을 수 없는 물이다.

저수(貯水) (校訂文)

저수옹(貯水甕) 수치음정중(須置陰庭中) 부이사백(覆以紗帛) 사승성로지기(使承星露之氣) 측영령불산(則英靈不散) 신기상존(神氣常存) 가령압지이목석(假令壓之以木石) 봉이지약(封以紙箬) 폭우일하(曝于日下) 측외모기신(則外耗其神) 내폐기기(內閉其氣) 수신폐의(水神敝矣) 음다유귀호다신수령(飮茶惟貴乎茶鮮水靈) 다실기선(茶失其鮮) 수실기령(水失其靈) 측여구거하이(則與溝渠何異).

해설(解說)

저수(貯水)

물을 담은 옹기 독은 처마 밑이나 그늘진 뜰 가운데, 비를 맞지 않도록 두어야 하며, 뚜껑은 공기가 잘 통하는 망사비단으로 덮어서 별과 밤이슬 기운을 충분히 받아 항상 신령스러움이 흩어지지 않도록 해야 한다.

가령 나무나 돌로 뚜껑을 눌러 놓거나, 종이나 죽순잎으로 봉해 햇볕을 쬐는 곳에 두면, 밖으로는 그 신령스러움이 감해지고, 안으로는 그 기운이 막혀서 물의 신령스러움이 무너지고 물이 썩는다.

차를 마시는 데에는 차가 신선하고 물이 신령스러워야 하는데, 차가 그 신선함을 잃어버리거나, 물이 그 신령스러움을 잃어버린다면, 그것은 개골창 물과 다를 것이 없다. 시궁창 물과 같은 것이다.

貯水(原文)

貯水甕 須置阴①庭中 覆以紗帛 使承星露之氣 則英靈不散 神氣常存 假令壓之②以木石 封以紙箬 曝于③日下 則外耗散④神 內閉其氣 水神弊⑤矣 飮茶惟貴夫⑥茶鮮水靈 茶失其鮮 水失其靈 則與溝渠何異.

원문교정(原文校訂)

① 수치음정중(須置阴庭中): 다예관본에는 그늘 음(阴)자가 속자로 되어 있으나 만보전서나 다록에는 정자(陰)로 되어 있다. 정자로 바로잡는다.

② 가령압지이목석(假令壓之以木石): 다예관본이나 만보전서에는 갈 지(之)자가 들어 있지만 다록에는 갈 지(之)자가 빠져 있다. 갈 지(之)자를 넣어서 쓴다.

③ 폭우일하(曝于日下): 다예관본이나 만보전서에는 어조사 우(于)자로 되어 있으나 다록에는 어조사 어(於)자로 되어 있다. 어느 글자를 써도 무방하다.

④ 측외모산신(則外耗散神): 다예관본에는 흩어질 산(散)자로 되어 있으나 만보전서나 다록에는 그 기(其)자로 되어 있다. 그 기(其)자로 바로잡는다.

⑤ 수신폐의(水神獘矣): 다예관본에는 넘어질 폐(獘)자로 되어 있다. 만보전서나 다록에는 해질 폐(敝)자로 되어 있다. 해질 폐(敝)자가 옳다.

⑥ 음다유귀부다선수령(飮茶惟貴夫茶鮮水靈): 다예관본이나 만보전서에는 지아비 부(夫)자로 되어 있으나, 다록에는 온 호(乎)자로 되어 있다. 온 호(乎)자로 잡는다.

19. 차 도구(茶具)

상저옹(桑苧翁: 陸羽)[①]은 차를 달일 때 은표주박(銀瓢)[②]을 썼는데, 지나치게 사치(奢侈)스럽다고 하여 뒤에는 자기(磁器)를 사용했다. 그러나 오래 견디지 못해서 마침내 은(표주박)으로 돌아갔다.

내 생각에는 은(銀)이란 단청을 곱게 칠한 누각이나 화려한 집(朱樓華屋)에 쌓아 두기에 마땅하고, 산중의 재각(齋閣)이나 띠집(山齋茅舍)에서는 오직 주석 표주박(錫瓢)을 사용한다.

이 역시 차의 향기(香), 빛깔(色)이나 맛(味)을 손상시키지 않는다.

다만 구리(銅)나 쇠(鐵)는 꺼릴 일이다.

주(註)

① 상저옹(桑苧翁): 당나라 육우(陸羽)의 아호이다. 육우는 다경(茶經)을 절강성(浙江省) 천목산(天目山) 소계에서 저술했는데, 이때 지은 호이다.

② 은표주박(銀瓢): 은으로 만든 표주박(瓢)을 말하는데, 자기는 잘 깨지므로 은으로 만든 것을 썼다. 이때는 가루차를 많이 마셨는데, 이때 사용한 것은 은제 솥을 말한다.

다구(茶具) (校訂文)

상저옹(桑苧翁) 자다용은표(煮茶用銀瓢) 위과어사치(謂過於奢侈) 후용자기(後用磁器) 우불능내구(又不能耐久) 졸귀어은(卒歸於銀) 우의은자의저주루화옥(愚意銀者宜貯朱樓華屋) 약산재모사(若山齋茅舍) 유용석표(惟用錫瓢) 역무손어향색미야(亦無損於香色味也) 단동철기지(但銅鐵忌之).

해설(解說)

당나라 때 육우는 차를 달일 때 언제나 은표주박을 썼는데, 너무 사치스럽다 하여 자기로 된 솥으로 바꾸어 사용했었다. 그러나 자기는 불에 오래 견디지 못하고 깨어지니, 어쩔 수 없이 다시 은그릇으로 바꾸어 썼다.

내(장원) 생각으로는 은그릇이란 단청을 화려하게 장식한 호화로운 집에서나 쌓아두고 쓸 일이지, 산중의 띠집에는 어울리는 물건이 아니다.

오직 주석으로 만든 표주박은 차의 향기나 빛깔이나 맛을 손상시키지 않으므로 가난한 집에서 쓸 만하며, 구리로 된 그릇이나 쇠로 된 그릇은 녹이 나서 차의 맛과 향기와 빛깔을 해치므로 함부로 쓸 일이 아니다.

茶具(原文)

桑苧翁① 煑②茶用銀瓢 謂③過於奢侈 後用磁器 又不能耐久④ 卒歸於銀⑤ 愚意銀者貯朱樓華屋 石⑦山茅齋舍 惟用錫瓢 亦無損於⑧色味也 銅鉄忌之⑨.

원문교정(原文校訂)

① 상우옹(桑芋翁): 다예관본에는 토란 우(芋)자로 되어 있으나, 만보전서나 다록에는 모시 저(苧)자로 되어 있다. 상저옹(桑苧翁)은 당나라 육우(陸羽)의 아호로서 모시 저(苧)자가 옳다.

② 자다용은표(煑茶用銀瓢): 다예관본이나 만보전서에는 다릴 자(煮)자가 속자인 자(煑)자로, 다록에는 자(煮)자로 되어 있다. 뜻이 같은 글자이다. 정자(煮)로 바로잡는다.

③ 조과어사치(調過於奢侈): 다예관본에는 고를 조(調)자로, 만보전서나 다록에는 이를 위(謂)자로 되어 있다. 이를 위(謂)자로 바로잡는다.

④ 우불능내구(又不能耐久): 다예관본에는 내구(耐久)로, 만보전서에는 시문(詩文)으로, 다록에는 지구(持久)로 되어 있다. 이 글귀의 내용으로 보아 내구(耐久)로 사용한다.

⑤ 졸귀어은(卒歸於銀): 다예관본이나 만보전서에는 어조사 어(於)자로 되어 있으나, 다록에는 어조사 우(于)자로 되어 있다. 글자의 뜻이 같다. 어(於)자로 바로잡는다.

⑥ 우의은자저주루화옥(愚意銀者貯朱樓華屋): 다예관본에는 위와 같이 되어 있으나,

만보전서나 다록에는 옳을 의(宜)자가 들어 있다. 옳을 의(宜)자를 보충한다. 우의은자의저주루화옥(愚意銀者宜貯朱樓華屋)으로 바로잡는다.

⑦ 석산모재사(石山茅齋舍): 다예관본에는 위와 같이 되어 있지만, 만보전서나 다록에는 돌 석(石)자가 만약 약(若)자로 되어 있다. 약(若)자로 바로잡는다. 그리고 띠 모(茅)자와 집 재(齋)자 순서가 바뀌었다.

⑧ 역무손어색미야(亦無損扵色味也): 다예관본이나 만보전서에는 위와 같이 되어 있으나, 다록에는 어조사 어(扵)자가 우(于)자로, 빛 색(色)자 앞에 향기 향(香)자가 들어 있다. 역무손어향색미야(亦無損於香色味也)로 바로잡는다.

⑨ 동철기지(銅鉄忌之): 다록에는 단동철기지(但銅鉄忌之)라고 되어 있다. 맨 앞에 다만 단(但)자가 들어 있다. 단(但)자를 보충한다. 다예관본이나 만보전서에는 검은 쇠 철(鐵)자가 속자(鉄)로 되어 있다. 정자(鐵)로 바로잡는다.

20. 찻잔(茶盞)

잔은 눈처럼 흰 것이 상품이요, 희며 쪽 빛나는 것은 차의 빛깔을 손상시키지 않으므로 다음이다.

다잔(茶盞) (校訂文)

잔이설백자위상(盞以雪白者爲上) 남백자불손다색차지(藍白者不損茶色次之).

해설(解說)

다잔(茶盞)
찻잔은 눈처럼 흰 것이 상등품이요, 희고 쪽 빛나는 찻잔은 차의 빛깔을 손상시키지 않으므로 그 다음으로 친다. 찻잔은 차 빛깔을 해치지 않는 것이 좋다.

茶盞(原文)

盞以雪[①]白者爲上 藍白者[②]不損茶色次之.

원문교정(原文校訂)

① 잔이설백자위상(盞以雪白者爲上): 다예관본에는 눈 설(雪)자가 잘못된 글자로 나와 있다. 눈 설(雪)자로 바로잡는다.
② 남백자불손다색차지(藍白者不損茶色次之): 다예관본이나 다록에는 놈 자(者)자가 들어 있지만, 만보전서에는 놈 자(者)자가 빠져 있다. 들어 있는 것이 바르다.

21. 잔 닦는 행주(拭盞布)

차를 마시기 전후에 가는 마포 베를 갖추어 잔을 닦는 데 사용한다. 그 밖의 것은 더러워지기 쉬우니 쓰기에 마땅치 않다.

식잔포(拭盞布) (校訂文)

음다전후(飮茶前後) 구용세마포식잔(俱用細麻布拭盞) 기타이예불의용(其他易穢不宜用).

해설(解說)

식잔포(拭盞布)
찻잔을 닦는 차수건(행주)은 가는 마포 베가 제일 좋다. 때도 잘 받아 낼 뿐만 아니라, 멸균을 시켜주기도 한다. 다른 베는 때가 잘 타고 깨끗하지 못하며 차 때를 많이 탄다.

拭盞布(原文)

飮茶前後 俱用細麻布拭盞 其他物穢不堪①用.

원문교정(原文校訂)

① 기타물예불감용(其他物穢不堪用): 다예관본에는 견딜 감(堪)자로, 만보전서에는 감(堪)자가 빠져 있고, 다록에는 옳을 의(宜)로 되어 있다. 또 다예관본과 만보전서에는 물건 물(物)자로 다록에는 쉬울 이(易)자로 되어 있다. 쉬울 이(易)자와 마땅할 의(宜)자로 바로잡는다.

22. 차의 위생(茶衛)

만들(造)[②] 때는 정성(精)[③]스럽게, 저장(藏)[④]할 때는 건조(燥)[⑤]하게, 차 끓일(泡)[⑥] 때는 청결(潔)[⑦]하게 한다. 정성스럽게(精), 건조(燥)하게, 청결(潔)하게 하면 다도(茶道)[⑧]는 다한 것이다.

주(註)

① 다위(茶衛): 차의 위생을 말하는데, 다예관본과 만보전서에는 이 항목의 제목이 다위(茶衛)로 되어 있지만, 다록에는 다도(茶道)로 되어 있다. 내용으로 보아서 다도라는 제목도, 다위라는 제목도 다 걸맞은 것 같다. 그러나 의미적으로 볼 때는 다위가 더 잘 어울린다. 차의 청결과 위생적인 것과 정성스러움을 강조하고 있기 때문이다.

② 조(造): 조다(造茶)를 말하는데, 차를 만드는 일이다. 솥에 불을 지펴서 따온 찻잎을 넣고 덖는데, 불을 잘 다루어야 하며 찻잎의 변화를 면밀히 살펴야 한다. 덖고 비비고 건조시키는 과정은 말로 표현할 수 없는 현묘함이 있어서, 온갖 정성과 마음을 집중시켜야만 한다.

③ 정(精): 정성(精誠)스러움을 말하는데, 차를 만드는 데 들이는 정성을 말한다. 이렇게 정성을 들여서 만든 차를 정다(精茶) 또는 진다(眞茶)라고 한다.

④ 장(藏): 장다(藏茶)를 말하는데, 장다란 차를 저장하는 일이다. 차를 잘 만들어도 보관을 잘못해서 좋은 차를 버려 버리는 수가 많다. 보관을 잘 해서 변질이 되지 않도록 하는 것을 장다라고 한다.

⑤ 조(燥): 건조(乾燥)를 말하는데 건조란 차를 보관할 때 건조한 곳에 보관하는 것을 말한다. 습기 찬 곳이나 열기가 많은 곳에 보관하면 차가 변질된다. 건조하고 냉암소에 보관하는 것이 제일 좋다.

⑥ 포(泡): 포란 포법(泡法)을 말하는데, 포법이란 차를 끓이는 것을 말한다. 차를 맛있게 향기롭게 아름답게 달이는 법인데 진미, 진향, 진색을 살리도록 해야만 한다.

⑦ 결(潔): 결이란 청결(淸潔)을 말하는데, 청결이란 차를 달일 때 청결해야만 좋은 차를 달일 수 있다는 것이다. 청결하지 못하면 차의 진향(眞香) 진미(珍味) 진색(眞色)을 해치게 된다.

⑧ 다도(茶道): 다신전에서 말하는 다도란 정(精), 조(燥), 결(潔)을 다한 것을 말하지만, 일반적으로 말하는 다도란 이것과는 다르다. 다도란 숙달된 차 생활로 법도에 맞도록 잘 우려낸 차를 마시면서 느끼는 현현(玄玄)한 아취(雅趣)가 지극한 경지에 이르러, 묘경(妙境)을 터득할 수 있다고 해서 다도라고 한 것이다. 이처럼 현묘한 경지에 도달할 수 있는 것을 말한다.

다위(茶衛) (校訂文)

조시정(造時精) 장시조(藏時燥) 포시결(泡時潔) 정조결(精燥潔) 다도진의(茶道盡矣).

해설(解說)

다위(茶衛)

차를 만들 때는 온갖 정성을 다 들여 현묘한 지경에 도달해야 되고, 차를 보관할 때는 습기가 들지 않고 건조한 곳에 햇볕을 쬐이지 않도록 해야 하고, 차를 끓일 때에는 청결하고 중정을 잃지 않아서 차의 신과 체가 어우러지고 건과 영이 중화를 이루도록 해야만 한다. 그래야만 다도(茶道)를 다했다고 하는 것이다.

茶衛①(原文)

造時精 藏時燥 泡時潔 精燥潔 茶道盡矣.

원문교정(原文校訂)

① 다위(茶衛): 다예관본이나 만보전서에는 다위(茶衛)로 제목이 되어 있으나, 다록에는 다도(茶道)라고 되어 있다. 그러나 다신전의 제목을 따라 다위(茶衛)로 쓴다. 이 항목의 내용은 다도(茶道)라는 제목이다.

23. 나누는 차통(分茶盒)

주석으로 만든다. 큰 차 항아리에서 나누어 쓰는 것인데, 다 쓰면 다시 취한다.

분다합(分茶盒) (校訂文)

이석위지(以錫爲之) 종대담중분용(從大壜中分用) 용진재취(用盡再取).

해설(解說)

분다합(分茶盒)
작은 차통은 주석으로 만들어 쓴다. 이 차통은 큰 차 항아리에서 나누어 덜어내서 담아 쓰는 것인데, 차를 다 마시고 나면 다시 덜어내서 쓴다. 주석으로 만든 차통은 지금도 예전처럼 생산이 되고 있다.

인용문헌(引用文獻)

이 분다합(分茶盒) 항목은 다예관본과 만보전서에는 빠져 있고, 다록에만 들어 있다. 다록의 원문이 만보전서에 수록되어 있는데, 어떻게 해서 이 항목이 빠졌는지 알 수는 없지만, 뺄 만한 특별한 이유가 없는 것으로 보아 옮겨 적는 과정에서 누락된 것 같다. 여하튼 다신전에는 빠져 있지만 참고가 되도록 하기 위해서 말미를 붙여 둔다.

분다합(分茶盒) (原文)

以錫爲之 從大壜中分用 用盡再取.

24. 발문(跋文)

무자년(戊子年: 1828) 비올 때에 스승을 따라 방장산(方丈山)[①]
칠불아원(七佛啞院)[②]에 (갔다가) 등초(謄抄)[③] 해(가지고) 내려왔는데, 다시 정서(正書)하고자 했으나 병(病)으로 인하여 결과를 아직 짓지 못하였다(未果).
사미승(沙彌僧)[④] 수홍(日菴修洪)이 시자방(侍者房)에 있을 때에 다도(茶道)를 알고자 하여 정초(正抄) 했으나, 역시 병으로 아직 마치지를 못했다.
그러므로 참선의 여가에 억지로 붓(管城子)[⑤]에 명령하여 마침내 이루었으니, 시작이 있고 끝이 있는 것이 어찌 홀로 군자만을 위함인가. 총림(叢林)[⑥]에는 간혹 조주풍(趙州風)[⑦]이 있으나 다도(茶道)를 다 알지 못해서 베껴서 보이는 것이다. 외람된 일이로다.
경인년(庚寅年: 1830) 중춘(中春)[⑧]에 암자에서 병으로 참선을 쉬며 눈 내리는 창가에서 화로를 안고 삼가 쓰노라.

주(註)

---

① 방장산(方丈山): 지리산을 말하는데, 전남, 전북, 경남 등 3개 도에 걸쳐서 뻗쳐 있다. 남쪽에서 가장 웅장한 산이다.

② 칠불아원(七佛啞院): 경상남도 하동군 화개면 쌍계사(雙磎寺) 위에 있는 선원으로 칠불암이라고도 한다. 아원(啞院)이란 말은 참선하는 스님들이 묵언(默言)을 하여 모두 벙어리(啞)가 되었다고 하여 붙여진 이름이다.

③ 등초(謄抄): 원본에서 옮겨 베껴냄.

④ 사미승(沙彌僧): 범어로 Sramanera의 음역, 불문에 들어가 수행 중인 어린 승. 사미계 10계를 받고 비구계를 받기 전 수행자.

⑤ 관성자(管城子): 붓의 별칭, 관한(管翰)이라고도 한다.

⑥ 총림(叢林): 많은 승려들이 모여서 수도하는 도량을 말하는데, 대중이 무리를 지어 모이기 때문에 숲과 같다고 해서 총림이라고 했다.
⑦ 조주풍(趙州風): 조주종심(趙州從諗: 776~896)선사의 다풍(茶風)을 말하는데, 조주현 관음원(觀音院)에 계실 때에 끽다거(喫茶去)라는 화두를 만들어 내었다. 후학들을 지도할 때「차나 마시 거라(喫茶去)」라는 말로서 가르침을 베풀었다.
⑧ 중춘(中春): 음력 2월을 말하는데, 중춘(仲春)이라고도 한다.

발문(跋文) (校訂文)

무자우제(戊子雨際) 수사어방장산칠불아원(隨師於方丈山七佛啞院) 등초하래(謄抄下來) 경욕정서이인병미과(更欲正書而因病未果) 수홍사미(修洪沙彌) 시재시자방(時在侍者房) 욕지다도정초(欲知茶道正抄) 역병미종(亦病未終) 고선여강명관성자성종(故禪餘强命管城子成終) 유시유종(有始有終) 하독군자위지(何獨君子爲之) 총림혹유조주풍(叢林或有趙州風) 이진부지다도(而盡不知茶道) 고초시(故抄示) 가외(可畏).

경인중춘(庚寅中春) 휴암병선(休菴病禪) 설창옹로(雪窓擁爐) 근서(謹書).

해설(解說)

발문(跋文)

무자년(1828) 비 오는 장마철에 스승 완호(玩虎)스님을 따라서 지리산 칠불선원에 갔다가, 만보전서의 채다론을 등초해 가지고 일지암으로 돌아와 이를 다시 정서하고자 하였으나, 병으로 인하여 결과를 지금껏 짓지 못하였다.

사미승 수홍이 시자방에 있을 때에 다도를 알고자 해서 정초하고자 했으나, 그 역시 병이 나서 정서하지를 못했다. 그러므로 참선하는 여가에 억지로 붓을 잡고 마침내 정서를 다 했으니, 시작이 있고 마침이 있는 것이 어찌 홀로 군자만을 위함이랴. 총림에는 간간히 조주풍(趙州風)의 다도를 다 알지 못하므로 베껴서 보이는 것이다. 가히 외람된 일이다.

경인년(1830) 음력 2월에 일지암에서 병으로 참선을 잠시 쉬며 눈 내리는 창가에서 화로를 안고 삼가 쓰노라.

跋文(原文)

戊子雨際 隨師於方丈山七佛啞院 謄抄下耒[①] 更欲正書而因病未果 修洪沙彌时[②]在侍者房 欲知茶道正抄 亦病未終 故禪餘强命管城子成終 有始有終 何獨君子爲之 叢林或有趙州風[③] 而盡不知茶道 故抄示 可畏.

庚寅中春 休菴病禪 雪窓擁炉[④] 謹書.

원문교정(原文校訂)

① 등초하래(謄抄下耒): 다예관본에는 올 래(來)자가 속자(耒)로 되어 있다. 정자(來)로 바로잡는다.

② 시재시자방(时在侍者房): 다예관본에는 때 시(时)자가 속자로 되어 있다. 정자(時)로 바로잡는다.

③ 총림혹유조주풍(叢林或有趙州風): 다예관본에는 떨기 총(叢)자가 잘못 된 글자로 되어 있다. 초두변에 쓴 글자(叢)는 없는 글자이다. 떨기 총(叢)자로 바로잡는다.

④ 설창옹로(雪窓擁炉): 다예관본에는 눈 설(雪)자가 잘못된 글자로 나와 있고, 창 창(窓)자가 잘못된 글자로 되어 있다. 갓머리(宀)가 아니라 구멍혈(穴)로 되어야 한다. 또 화로 로(爐)자가 속자(炉)로 되었다. 설창옹로(雪窓擁爐)로 바로잡는다.

尋 艸衣大禪師(일지암 옛터를 찾아서)

-2-

초의 지팡이
자미화(紫微花)로 피어

오백년은
땅속에 묻고
새 가지를 내었네.

유천(乳泉)의 맑은 물
겁(劫) 밖으로 흘러

백대(百代)를 이어 온
고라니가 마시고.

어느 하늘
어떤 세상에
몸 바꿔서

삼매(三昧)로 다스리는
사문(沙門)이 되리.

뜰 앞의 영산홍
간 곳이 없고

못 속에 그림자만
석양으로 남아

한 떨기
붉은 연꽃을 피워
우담바라로 나고,

낙숫물 소리
세월 밖으로 흘러

놓지 못한
인연(因緣)의 끈
법신(法身)의 명(命)이여!

1974. 10.19. 무너진 일지암 옛터에서 古月 龍雲

다신전(茶神傳)에 대(對)한 고찰(考察)

석용운 스님

1. 서언(序言)

다신전(茶神傳)은 차 생활을 익히는 데 없어서는 안 될 요긴한 차 생활 입문서이다.

육우(陸羽)[1]의 다경(茶經)은 단차(團茶)[2] 중심의 제다법과 차 끓이는 법 등을 주요 내용으로 삼았으나, 이 다신전은 명청(明淸) 이후에 발달한 잎차(葉茶)[3] 중심의 제다법과 보관법, 그리고 물 끓이는 법과 마시는 방법 등을 골자로 상세히 설명하고 있다. 그래서 조선 중기 이후에 성행하던 음다풍이 잎차(葉茶) 중심이기에 거부감 없이 적절하게 활용되었을 것으로 사료된다.

초의선사도 이 다신전을 통해서 이론과 실제가 정립된 차 생활을 했고, 그로해서 차 정신을 정립하는 데 큰 도움이 되었으리라고 본다. 이 다신전은 비록 중국에서 정립시킨 차 생활이기는 하지만 당시에는 우리 문화와 쉽게 동화될 수 있는 사회적 정치적 여건을 갖추고 있던 때이니만큼 큰 거부감 없이 잘 받아들여지고 또 활용이 되었다.

이처럼 다신전이 스님들을 비롯한 많은 다인들에게 깊은 영향을 미쳤던 점을 감안할 때 다신전에 대한 연구 분석은 당연한 것이며, 이 다신전이 우리나라 다인(茶人)들에게 미친 영향에 대해서도 연구 검토되어야 할 줄로 믿는다.

2. 다신전(茶神傳)을 펴낸 연대(年代)와 동기

다신전은 초의선사가 45세(1830년) 때에 일지암에서 정서해서 펴냈다. 본서는 스님의 완전한 창작이 아니고 중국의「만보전서(萬寶全書)」[4]라는 백과사전 속에 수록

1) 육우(陸羽): 당나라 때 차의 달인이다. 처음으로 차의 이론을 정립하여 다경을 저술하였다. 이 다경은 인류 최초의 차의 전문서이다. 10개 항목으로 정리한 내용은 차의 기원, 차의 역사, 차의 제다법, 차 마시는 법, 차의 산지 등 다양한 차의 이야기를 정리하였다.

2) 단차(團茶): 삼국시대 이후 유행한 차의 종류, 찻잎을 시루에 쪄서 절구에 찧어 떡처럼 만든 차이다. 그 모양이 둥글기 때문에 단차라고 하였다.

3) 잎차(葉茶): 찻잎을 따서 그 모양 그대로 볶아서 만든 이파리 차를 말한다. 떡차가 쇠퇴한 이후에 쉽게 만드는 제다법으로 발달된 차이다.

4) 만보전서(萬寶全書): 만보전서는 백과사전의 일종이다. 여러 가지 기록들을 수집 정리해 놓았는데, 다신전의 내용인 채다론(採茶論)이 수록되어 있다. 만보전서의 종류도 여러 가지가 있다. 이 중에서 경당증정만보전서(敬當增訂萬寶全書)에 채다론이 들어 있다.

되어 있는「다경채요(茶經採要)」의 원문을 초출(抄出)해 내서 제명(題名)을 붙이고 발문(跋文)을 달아 만든 책이다. 그 발문에 이르기를,

「무자년(戊子年: 1828년) 어느 비 오는 날 지리산(方丈山)의 칠불선원(七佛啞院)에 스승님을 따라서 갔다가 등초(騰抄)해 가지고 와서 다시 정서 하려다가 병으로 인하여 중지 하였다. 사미승(沙彌僧) 수홍(修洪)이 시자방(侍者房)에 있을 때에 다도를 알고자 해서 정서하려다가 그 역시 병으로 중단하였으므로 내가 禪의 여가에 붓(管城子)을 잡아 완성하였다. 시작이 있고 끝이 있음이 어찌 군자만의 도리이겠는가. 총림(叢林: 寺院)에 조주선사(趙州禪師)[5]의 청다풍(淸茶風)을 알고자 하나 이를 알 수 없는지라 외람되게도 초시(抄示)하는 것이다. 경인년(庚寅: 1830년) 봄 병으로 암자(일지암)에서 쉬면서 설창(雪窓) 아래에서 화로를 안고 썼다.」[6]

이상의 발문에서 보듯이 초의는 43세(1828년) 되던 해 어느 날 칠불암에 가서 칠불암에 있었을 것으로 사료되는 만보전서에서 다경채요의 「채다론(採茶論)」을 등초(騰抄)해 가지고 일지암으로 돌아와서 2년 후 45세때에 책명을 「다신전(茶神傳)」이라고 제명하고 그 경위를 발문(跋文)에 기록하여 말미에 붙여 한 권의 책으로 완성시킨 것이다.

초의께서 「다신전(茶神傳)」이라고 제명(題名)을 한데는 나름대로의 큰 뜻이 있으리라 생각이 드나 그 진의를 파악하기는 매우 어렵다. 다만 나의 좁은 소견으로는 「다신전」이라고 제명한 데는 대체로 두 가지 뜻이 있는 것 같다.

첫째는 차 생활을 하는 데는 「다신(茶神)」을 규명하는 일이 중요하므로 이를 깨우쳐주기 위해서 「다신전(茶神傳)」이라고 이름한 것 같으며,

둘째는 「채다론(採茶論)」이라는 책명은 채다(採茶) 부분의 항목명에 적합한 것이지, 전체 22개 항목의 내용에는 적합하지 못하기 때문에 「채다론(採茶論)」은 채다항

---

5) 조주선사(趙州禪師): 조주풍(趙州風), 조주종심(趙州從諗: 776~896)선사의 다풍(茶風)을 말하는데, 조주현 관음원(觀音院)에 계실 때에 끽다거(喫茶去)라는 화두를 만들어 내었다. 후학들을 지도할 때「차나 마시고 가거라(喫茶去)」라는 말로서 가르침을 베풀었다.

6) 다신전 발문: [무자우제(戊子雨際) 수사어방장산(隨師於方丈山) 칠불아원(七佛亞院) 등초하래(謄抄下來) 경욕정서이인병미과(更欲正書而因病未果) 수홍사미시재시자방(修洪沙彌時在侍者房) 욕지다도(欲知茶道) 정초(正抄) 역병미종(亦病未終) 고선여강명관성자성종(故禪餘强命管城子成終) 유시유종(有始有終) 하독군자위지(何獨君子爲之) 총림혹유조주풍(叢林或有趙州風) 이진부지다도(而盡不知茶道) 고초시가외(故抄示可畏) 경인중춘(庚寅中春) 휴암병선(休菴病禪) 설창옹로(雪窓擁爐) 근서(謹書)]

(採茶項)에 그대로 두고 전체 항목에 적합한 제명(題名)을 찾아 붙인 것 같다. 그래서 총림에 조주스님의 청다풍을 알고자 하는 여러 스님네들에게 펴내 보인 것이다.

3. 다신전(茶神傳)의 각항 해설

다신전은 전체 22개 항목으로 이루어졌는데, 차를 따서 만드는 방법부터 달여서 마시는 법에 이르기까지 차 생활 전체를 상세히 기록하여 놓았다. 스님은 이 다신전의 내용을 취할 것은 취하고 버릴 것은 버리면서 당신의 차 생활을 이루어 놓았다. 즉 까다로운 절차와 의식은 초월하여 자유와 평등을 구가하고 소박하며 검소하게 생활을 했다. 그러면서도 깊고 오묘한 경지에 이르렀으니 스님의 담아하고 멋스런 차 생활은 가히 짐작하기 조차 어렵다.

○ 채다(採茶)[7]

채다는 찻잎을 따는 시기와 때 산지의 적당함을 말했는데 우리나라의 경우는 중국과 달라서 곡우(穀雨) 전후는 너무 이르고 입하(立夏) 전후가 적기라고 말했다. 또 채다는 그 묘(妙)를 다해야 하며 진다(眞茶)를 얻지 않으면 안 된다고 강조하고 있다.

○ 조다(造茶)[8]

조다는 차를 만드는 일인데 까다롭고 어려워서 정성(精誠)을 다 해야만 현묘(玄

---

7) 채다지후(採茶之候) 귀급기시(貴及其時) 태조측미불전(太早則味不全) 지측신산(遲則神散). 이곡우전오일위상(以穀雨前五日爲上) 후오일차지(後五日次之) 재오일우차지(再五日又次之). 다아자자위상(茶芽紫者爲上) 면추자차지(面皺者次之) 단엽자차지(團葉者次之) 광면여조엽자최하(光面如篠葉者最下). 철야무운(撤夜無雲) 읍로채자위상(浥露採者爲上) 일중채자차지(日中採者次之) 음우중불의채(陰雨中不宜採). 산곡중자위상(産谷中者爲上) 죽림하자차지(竹林下者次之) 난석중자우차지(爛石中者又次之) 황사중자우차지(黃砂中者又次之).

8) 신채간거노엽급지경쇄설(新採揀去老葉及枝硬碎屑) 과광이척사촌(鍋廣二尺四寸) 장다일근반배지(將茶一斤半焙之) 후과극열(候鍋極熱) 시하다급초(始下茶急炒) 화불가완(火不可緩) 대숙방퇴화(待熟方退火) 철입사중(徹入篩中) 경단나수편(輕團挪數遍) 부하과중(復下鍋中) 점점감화(漸漸減火) 배건위도(焙乾爲度) 중유현미(中有玄微) 난이언현(難以言顯) 화후균정(火候均停) 색향전미(色香全美) 현미미구(玄微未究) 신미구피(神味俱疲).

妙)함을 규명할 것이라고 했다.

○ 변다(辨茶)[9]

변다는 차를 식별하는 일인데 차를 태우지도 익히지도 말라. 익으면 빛깔이 검고 태우면 반점이 생긴다.

○ 장다(藏茶)[10]

장다는 차를 저장하는 일인데 바람이 스며들면 냉(冷)해지고 화기가 접하면 황색으로 변한다.

○ 화후(火候)[11]

화후는 불을 다루는 일인데 문무화후(文武火候)를 잘해서 중화(中和)를 얻어야 한다.

○ 탕변(湯辨)[12]

---

9) 다지묘(茶之妙) 재호시조지정(在乎始造之精) 장지득법(藏之得法) 포지득의(泡之得宜) 우열정호시과(優劣定乎始鍋) 청탁계호수화(淸濁係乎水火) 화열향청(火烈香淸) 과한신권(鍋寒神倦) 화맹생초(火猛生焦) 시소실취(柴疏失翠) 구연측과숙(久延則過熟) 조기각환생(早起却還生) 숙측범황(熟則犯黃) 생측저흑(生則著黑) 순나측감(順那則甘) 역나측삽(逆那則澁) 대백점자무방(帶白點者無妨) 절초점자최승(絶焦點者最勝).

10) 조다시건(造茶始乾) 선성구합중(先盛舊盒中) 외이지봉구(外以紙封口) 과삼일(過三日) 사기성복(俟其性復) 부이미화배극건(復以微火焙極乾) 대냉저담중(待冷貯壜中) 경경축실(輕輕築實) 이약친긴(以箬襯緊) 장화순약급지수중봉찰담구(將花笋箬及紙數重封紮壜口) 상이화외전냉정압지(上以火煨甎冷定壓之) 치다육중(置茶育中) 체물임풍근화(切勿臨風近火) 임풍이냉(臨風易冷) 근화선황(近火先黃).

11) 팽다지요(烹茶旨要) 화후위선(火候爲先) 노화통홍(爐火通紅) 다표시상(茶瓢始上) 선기요경질(扇起要輕疾) 대유성초초중질(待有聲稍稍重疾) 사문무지후야(斯文武之候也) 과어문측수성유(過於文則水性柔) 유측수위다강(柔則水爲茶降) 과어무측화성열(過於武則火性烈) 열측다위수제(烈則茶爲水制) 개부족어중화(皆不足於中和) 비다가요지야(非茶家要旨也).

탕변은 탕을 식별하는 일인데 삼대변(三大辨) 십오소변(十五小辨)이 있다. 순숙(純熟)한 탕을 얻도록 해야 한다.

○ 탕용노눈(湯用老嫩)[13]

탕용노눈은 탕을 쓰는 일인데 덜 끓여진 어린 탕(맹탕)도 늙은 탕도 쓰지 말고 적당하게 잘 끓여진 탕을 쓴다.

○ 포법(泡法)[14]

포법은 차를 우려 내는 법인데 중정법(中正法)을 잘 지켜서 신(神), 체(體), 건(建), 영(靈)을 얻어야 한다고 했다.

---

12) 탕유삼대변십오소변(湯有三大辨十五小辨) 일왈형변(一曰形辨) 이왈성변(二曰聲辨) 삼왈기변(三曰氣辨) 형위내변(形爲內辨) 성위외변(聲爲外辨) 기위첩변(氣爲捷辨) 여해안(如蟹眼) 하안(蝦眼) 어안(魚眼) 연주(連珠) 개위맹탕(皆爲萌湯) 직지용불(直至湧沸) 여등파고랑(如騰波鼓浪) 수기전소(水氣全消) 방시순숙(方是純熟) 여초성(如初聲) 전성(轉聲) 진성(振聲) 취성(驟聲) 개위맹탕(皆爲萌湯) 직지무성(直至無聲) 방시순숙(方是純熟) 여기부일루(如氣浮一縷) 이루(二縷) 삼사루(三四縷) 급루란불분(及縷亂不分) 인온란요(氤氳亂繞) 개위맹탕(皆爲萌湯) 직지기직충관(直至氣直沖貫) 방시순숙(方是純熟).

13) 채군모(蔡君謨) 탕용눈이불용노(湯用嫩而不用老) 개인고인제다(蓋因古人製茶). 조측필년(造則必碾) 연측필마(碾則必磨) 마측필라(磨則必羅) 측다위표진비분의(則茶爲飄塵飛粉矣) 어시화제인작용봉단(於是和劑印作龍鳳團) 측견탕이다신편부(則見湯而茶神便浮) 차용눈이불용노야(此用嫩而不用老也). 금시제다(今時製茶) 불가라마(不假羅磨) 전구원체(全具元體) 차탕수순숙(此湯須純熟) 원신시발야(元神始發也) 고왈탕수오불(故曰湯須五沸) 다주삼기(茶奏三奇).

14) 탐탕순숙(探湯純熟) 편취기(便取起) 선주소허호중(先注少許壺中) 거탕냉기(祛盪冷氣) 경출(傾出) 연후투다(然後投茶) 다다과의작(茶多寡宜酌) 불가과중실정(不可過中失正) 다중측미고향침(茶重則味苦香沈) 수승측색청미과(水勝則色淸味寡) 양호후(兩壺後) 우용냉수탕척(又用冷水蕩滌) 사호량결(使壺涼潔) 부측감다향의(不則減茶香矣) 관열측다신불건(罐熱則茶神不健) 호청측수성상령(壺淸則水性常靈) 초사다수충화(稍俟茶水沖和) 연후분시포음(然後分釃布飮) 시불의조(釃不宜早) 음불의지(飮不宜遲) 조측다신미발(早則茶神未發) 지측묘복선소(遲則妙馥先消).

○ 투다(投茶)[15]

투다는 차를 넣는 법인데 상투(上投), 중투(中投), 하투법(下投珐)이 있으니 계절에 따라서 행해야 한다.

○ 음다(飮茶)[16]

음다는 차를 마시는 일인데 객의 수가 많으면 수선스러우니 적을수록 좋다고 했다.

○ 향(香)[17]

향은 사향(四香)이 있는데 진향(眞香), 난향(蘭香), 청향(淸香), 순향(純香)이 그것이다.

○ 색(色)[18]

색깔에는 취색(翠色)이 상품(上品)이고 남백(藍白)이 중품(中品)이고 황흑홍혼색(黃黑紅昏色)은 하품(下品)이다.

○ 미(味)[19]

---

15) 투다유서(投茶有序) 무실기의(毋失其宜) 선다후탕(先茶後湯) 왈하투(曰下投) 탕반하다(湯半下茶) 부이탕만(復以湯滿) 왈중투(曰中投) 선탕후다(先湯後茶) 왈상투(曰上投) 춘추중투(春秋中投) 하상투(夏上投) 동하투(冬下投).

16) 음다이객소위귀(飮茶以客少爲貴) 객중측훤(客衆則喧) 훤측아취핍의(喧則雅趣乏矣) 독철왈신(獨啜曰神) 이객왈승(二客曰勝) 삼사왈취(三四曰趣) 오육왈범(五六曰泛) 칠팔왈시(七八曰施).

17) 다유진향(茶有眞香) 유난향(有蘭香) 유청향(有淸香) 유순향(有純香) 표리여일왈순향(表裏如一曰純香) 불생불숙왈청향(不生不熟曰淸香) 화후균정왈난향(火候均停曰蘭香) 우전신구왈진향(雨前神具曰眞香) 갱유함향(更有含香) 누향(漏香) 부향(浮香) 간향(間香) 차개부정지기(此皆不正之氣).

18) 다이청취위승(茶以淸翠爲勝) 도이남백위가(濤以藍白爲佳) 황흑홍혼(黃黑紅昏) 구불입품(俱不入品) 설도위상(雪濤爲上) 취도위중(翠濤爲中) 황도위하(黃濤爲下) 신천활화(新泉活火) 자명현공(煮茗玄工) 옥명빙도(玉茗氷濤) 당배절기(當杯絶技).

19) 미이감윤위상(味以甘潤爲上) 고삽위하(苦澁爲下).

맛에는 감윤(甘潤: 감칠 맛)을 상품(上品)으로 고삽(苦澁: 쓰고 떫은 맛)을 하품(下品)으로 친다.

○ 점염실진(點染失眞)[20]

점염실진은 잡것이 섞이면 진을 잃으니 감미를 해서는 절대로 안 된다.

○ 다변불가용(茶變不可用)[21]

변질된 차는 쓰지 않는다. 변질된 차를 마시면 오히려 병을 얻는다.

○ 품천(品泉)[22]

품천은 물의 품성을 가리는 것을 말하는데 차는 물의 마음(神)이요 물은 차의 몸(體)이니 진수가 아니면 그 신(神)이 나타나지 않고 진다가 아니면 그 체(體)를 엿볼 수가 없다. 유천(乳泉)을 동다송에서 자랑한 것을 보면 스님은 물에 대해서 신경을 많이 썼던 것 같다.

○ 정수불의다(井水不宜茶)[23]

---

20) 다자유진향(茶自有眞香) 유진색(有眞色) 유진미(有眞味) 일경점염(一經點染) 편실기진(便失其眞) 여수중착함(如水中着鹹) 다중착료(茶中着料) 완중착과(碗中着果) 개실진야(皆失眞也).

21) 다시조측청취(茶始造則青翠) 수장부득기법(收藏不得其法) 일변지녹(一變至綠) 재변지황(再變至黃) 삼변지흑(三變至黑) 사변지백(四變至白) 식지측한위(食之則寒胃) 심지척기성적(甚至瘠氣成積).

22) 다자수지신(茶者水之神) 수자다지체(水者茶之體) 비진수막현기신(非眞水莫顯其神) 비정다갈규기체(非精茶曷窺其體) 산정천청이경(山頂泉淸而輕) 산하천청이중(山下泉淸而重) 석중천청이감(石中泉淸而甘) 사중천청이열(沙中泉淸而冽) 토중천담이백(土中泉淡而白) 유어황석위가(流於黃石爲佳) 사출청석무용(瀉出靑石無用) 유동자유어안정(流動者愈於安靜) 부음자승어향양(負陰者勝於向陽) 진원무미(眞原無味) 진수무향(眞水無香).

23) 다경운(茶經云) 산수상(山水上) 강수중(江水中) 정수최하의(井水最下矣). 제일방불근강(第一方不近江) 산졸무천수(山卒無泉水) 유당춘적매우(惟當春積梅雨) 기미감화(其味甘和) 내장양만물지수(乃長養萬物之水). 설수수청(雪水雖淸) 성감중음(性感重陰) 한입비

우물물은 좋은 찻물이 아니다. 샘물을 쓰거나 매우(梅雨)를 받아서 쓰라고 했다.

○ 저수(貯水)[24]

저수는 샘물을 구하기 어려울 때 매우(梅雨)나 빗물을 받아서 저장했다가 쓰는 방법이다.

○ 다구(茶具)[25]

다구는 자기(磁器)가 좋다. 동(구리)이나 쇠는 차의 맛과 향을 상하게 해서 좋지 않다.

○ 다잔(茶盞)[26]

찻잔을 백색을 으뜸으로 한다.

○ 식잔포(拭盞布)[27]

찻잔 행주는 가는 마포베(細麻布)로 쓰는 것이 좋다.

○ 다위(茶衛)[28]

위(寒入脾胃) 불의다적(不宜多積).

24) 저수옹(貯水甕) 수치음정중(須置陰庭中) 부이사백(覆以紗帛) 사승성로지기(使承星露之氣) 측영령불산(則英靈不散) 신기상존(神氣常存) 가령압지이목석(假令壓之以木石) 봉이지약(封以紙箬) 폭우일하(曝于日下) 측외모기신(則外耗其神) 내폐기기(內閉其氣) 수신폐의(水神敝矣) 음다유귀호다신수령(飮茶惟貴乎茶鮮水靈) 다실기선(茶失其鮮) 수실기령(水失其靈) 측여구거하이(則與溝渠何異).

25) 상저옹(桑苧翁) 자다용은표(煮茶用銀瓢) 위과어사치(謂過於奢侈) 후용자기(後用磁器) 우불능내구(又不能耐久) 졸귀어은(卒歸於銀) 우의은자의저주루화옥(愚意銀者宜貯朱樓華屋) 약산재모사(若山齋茅舍) 유용석표(惟用錫瓢) 역무손어향색미야(亦無損於香色味也) 단동철기지(但銅鐵忌之).

26) 잔이설백자위상(盞以雪白者爲上) 남백자불손다색차지(藍白者不損茶色次之).

27) 음다전후(飮茶前後) 구용세마포식잔(俱用細麻布拭盞) 기타이예불의용(其他易穢不宜用).

차의 위생은 철저하며 정성(精)스럽고 건조(燥)가 잘 되어야 하며 청결(潔)하여야 한다.

이상 22개 항목에 이르는 차 생활에 필요한 법도들은 누구나 다 익혀야 하는 요긴한 것들이다. 다만 몇 군데 우리 생활에 맞지 않는 것이 있는데 이것은 우리 생활에 맞도록 고쳐서 쓰면 될 것이다.

4. 다신전을 통해 본 차 생활

초의선사는 형식적이고 의례적인 번거로움은 되도록 피하고 자유스럽고 검소하게 즐기는 방법을 취했다. 그러나 좋은 차와 좋은 물, 잘 끓여서 중정(中正)[29]을 잃지 않은 차를 요구했다. 그렇다. 진다(眞茶)[30]와 진수(眞水)[31] 그리고 중정(中正)을 잃지 않은 차 이것이면 족한 것이다. 이 외에 더 구한다면 거들먹거리는 사람이나 인품을 논하며 사는 사람들일 것이다. 초의는 선사로서 사치스럽지도 않고 축재하지도 않았으며 일생을 가난하게 초당(草堂)에서 옹기탕관에 차를 달여 마시며 살았다. 이 옹기 탕관(湯罐)과 그 외 유품들은 지금도 일지암에서 보관하고 있다. 여기에서 잠시 선사의 제자인 허소치(許小痴)[32]가 말하는 초의선사의 차 생활을 들어 보자.

---

28) 조시정(造時精) 장시조(藏時燥) 포시결(泡時潔) 정조결(精燥潔) 다도진의(茶道盡矣).

29) 중정(中正): 어느 쪽에도 치우침이 없이 곧고 바름. 중은 중도의 중이고 정은 정도의 정이다.

30) 진다(眞茶): 온갖 정성을 다 들여서 정갈하게 만든 차, 오염이 되지 않고, 진미, 진색, 진향을 고루 갖춘 차를 말하는데, 다신전의 정다(精茶)를 말한다.

31) 진수(眞水): 진실한 물, 참다운 물을 말하는데, 오염이 되지 않은 순수한 물이다. 향기도 없고 맛도 없는 물이다.

32) 허소치(許小痴): 조선 말기 선비화가 허련(許鍊)의 문집. 일종의 자서전으로 《소치실기(小癡實記)》 라고도 한다. 1867년(고종 4) 섣달 상순에 쓴 <몽연록(夢緣錄)>과 1879년 8월 20일에 쓴 <속연록(續緣錄)>으로 꾸며져 있다. 이교영(李喬榮)·김유제(金有濟)·김경해(金經海)·김한제(金翰濟)·신석희(申奭熙)·이상덕(李相悳)·남홍철(南弘轍) 등이 쓴 서문과 발문이 있다. 저자가 가상의 손님과 마주 앉아 그동안 살아온 자신의 생애를 이야기하는 대화체로 기술되어 있다. <몽연록>은 진도에서 상경하여 권돈인(權敦仁)의 집에 머물면서 헌종과의 만남으로 시작되어, 무과에 급제하는 과정, 후년에 선문(禪門)에 드는 변화, 그림을 그리게 된 계기, 결혼 등 시골 출신 선비화가로서

아마도 선사의 차 생활을 이해하는 데 많은 도움이 될 것이다.

「바로 그 노장(老長: 草衣禪師)님이 내 평생을 그르치게 만들어 놓았다고나 할까요. 아주 소시 적에 내가 초의선사(草衣禪師)를 만나지 않았다면 어떻게 내가 그렇게 멀리 돌아다닐 생각을 했겠으며 오늘날까지 이처럼 고고(孤高)하고 담적(淡寂)하게 살아올 수 있었겠습니까? 을미년(1835)에 나는 대둔사(大芚寺: 大興寺)에 있는 한산전(寒山殿)으로 들어가서 초의선사를 뵈었습니다. 선사는 나를 따뜻하게 대접해 주고 곧 방을 빌려주며 거처하도록 해 주었습니다. 그렇게 해서 수년 동안 왕래하다 보니 기질과 취미가 서로 동일하여 노년에 이르기까지 변하지 않았습니다. 초의선사가 거처하는 곳은 두륜산(頭輪山) 꼭대기에 있었습니다. 소나무가 울창하고 대나무가 무성한 곳에 두어 칸 초가를 얽어 그 속에서 살았지요. 수양버들은 처마를 스치고 작은 꽃들은 뜰에 가득하여 함께 어울리면서 뜰 복판에 파 둔 상하 두 연못 속에 비치어 아롱졌습니다. 추녀 밑에는 크고 작은 차 절구(槽)를 마련해 두고 있었습니다. 초의선사께서 일지암에서 읊은 자작시에 이런 것이 있습니다.

> 못을 파니 허공중의 밝은 달이 담그어 지고,
> 간짓대를 이어 구름 샘을 얻었네.
> 눈을 가리는 꽃가지를 잘라내니
> 석양 하늘에 아름다운 산이 많구나[33]

이와 같은 시구(詩句)들이 매우 많았습니다. 초의선사의 그 청고(淸高)하고 담아(淡雅)한 경지는 세속인들이 입으로 말할 수 있는 것은 아니었습니다. 매양 구름이 오락가락하는 새벽이나 달 뜬 저녁이면 선사는 고요에 잠긴 채 시를 읊으면서 흥얼거렸습니다. 향불을 피워 향기가 은은히 퍼질 때에 차를 반쯤 마시다 문득 일어나 뜰을 거닐면서 스스로 취흥에 젖어들곤 했습니다. 정적에 잠긴 작은 난간에 기대어 지저귀는 새소리를 들으며 새들과 상대하고, 깊숙한 오솔길을 따라 손님이 찾아올까 두려워 슬며시 숨어 버리기도 했었습니다. 초암(草庵: 一枝庵)에 있는 선사의 서가

겪었던 인연들을 기록한 것이다. <속연록>은 58세 이후 60대에 겪은 인연들을 기록한 것으로 흥선대원군 이하응(李昰應)·민영익(閔泳翊) 등과의 만남을 비롯하여 시인·화가·묵객으로서 전국의 각 지방을 유람하며 지낸 생활상을 쓴 것이다.

33) 착소명함공계월(鑿沼明涵空界月) 연간요취백운천(連竿遙取白雲泉) 석안화지잔각료(碍眼花枝剗却了) 호산다재석양천(好山多在夕陽天).

(書架)에는 서책들이 가득했었는데, 그 모두가 다 연화(蓮花)와 패엽(貝葉: 經典)이었습니다. 상자 속에 가득 찬 구슬 같은 두루마리는 법서(法書)와 명화(名畵: 좋은 그림) 아닌 것이 없었습니다. 나는 그 초암에서 바로 그림을 그리고 글씨를 배우며 시를 읊고 경전(經: 佛經)을 읽으니 참으로 적당한 곳을 만난 셈이었습니다.

더구나 매일매일 초의선사와의 대화는 모두 물욕(物慾)밖의 고상한 감정에서 우러나온 것이었습니다. 그러나 내가 비록 평범한 세속의 사람이지마는 어찌 선사의 광채를 받아 그 빛에 물들지 않을 수 있겠습니까? 그 빛을 받고서도 어째 세속의 티끌과 함께 할 수 있겠습니까? 초의노장(草衣老長)님이 나를 그르치게 했다는 것은 바로 이것을 두고 하는 말입니다.」

5. 다신전의 종류와 행방

다신전의 종류는 지금까지 알려진 것은 3종류가 있고 원본인 만보전서(萬寶全書)에 실려 있는 것이 있다.

첫째로 초의선사가 친필로 써서 일지암에 보관하였던 「일지암본(一枝庵本)」이 있었고,

둘째는 일본인 가입일웅(家入一雄)이 「조선의 다와 선(朝鮮の茶と禪)」에 옮겨 실은 「조선의 다와 선본(朝鮮の茶と禪本)」이 있으며,

셋째는 태평양 다예관(茶藝館)에 소장하고 있는 「다예관본(茶藝館本)」이 있다.

그리고 만보전서(萬寶全書)에 실려있는 「다경채요(茶經採要)」의 「채다론(採茶論)」원문이 있다. 이상의 세 종류와 원문이 있는데, 첫째의 「일지암본(一枝庵本)」은 경인년(1830) 이른 봄에 일지암에서 썼는데, 지금은 어느 곳에 있는지 그 행방을 알 수가 없다. 둘째의「가입일웅본(家入一雄本)」은 대흥사에 와서 필사해 간 것으로 「조선의 다와 선(朝鮮の茶と禪)」에 옮겨 실었다. 이 본은 해남군청 산림과에 근무하는 삼림주사(森林主事) 김군보(金君寶) 씨에게 부탁을 해서 옮겨 쓴 것이다. 그러나 이 본도 역시 오자(誤字)가 많은 것으로 보아 그 누군가의 손에 필사하여 전해오던 것으로 보인다. 이 본을 가입일웅(家入一雄)이 입수하기는 1939년 2월 8일에 하였다. 가입일웅(家入一雄)은 일본(日本)으로 귀국(歸國)하여 구주(九州)의 구마모또 현(熊本縣)에서 살다가 83세(1982년)에 죽었다.

그리고 셋째로 「다예관본(茶藝館本)」은 이름을 알 수 없는 사람이 필사한 것인데, 가로가 14cm이고 세로가 19cm이며 한지(漢紙) 9장 18면으로 되었는데, 본문이

14면 표지(表紙)가 4면이다. 끝에는 4개의 낙관이 찍혀 있는데 동다송에 찍혀 있는 것과 똑같은 것으로 전 소장자 박영희(朴暎熙)가 가지고 있던 낙관을 찍어서 위조한 것이다.

낙관 내용은 「서화선(書畵禪)」「매다옹(賣茶翁)」「일(一)」「옹(翁)」으로 되어 있다. 이 필사본은 동다송과 함께 1975년 3월에 김봉호에 의해서 문학사상(文學思想: 통권30호), 3월호(月號)에 최초로 번역 소개 되었고, 그 뒤 동년(同年)11월에 최범술(崔凡述)이 그의 저서 「한국(韓國)의 다도(茶道)」에 부록으로 원문만을 수록했다. 그 후 다시 1977년 11월 20일에 김봉호가 한국문학예술진흥원의 자금을 지원받아 「초의선집」에 번역 수록하였고, 그 뒤 1979년 12월 25일에 박종한(朴鍾漢)이 「다도(茶道)」라고 하여 동다송과 함께 번역 간행하였고, 1980년 12월3일에는 고(故) 김미희(金美熙)가 「한국다도자료총서(韓國茶道資料叢書)」 제일집(第一輯)에 다경(茶經), 동다송(東茶頌)과 함께 원문만을 영인하여 펴냈다. 이렇게 하여 다예관본은 전후 다섯 차례에 걸쳐 영인 번역 소개 되었다. 이 책은 지금까지 다신전의 원본처럼 귀하게 여겨져 몇몇 사람에 의해서 동다송과 함께 매매 되었다.

다음은 만보전서에 실려 있는 「채다론(採茶論)」이다. 이 채다론은 국립중앙도서관(國立中央圖書館) 소장인 「경당증정만보전서(敬堂增訂萬寶全書)」 권지십사(卷之十四) 다경문(茶經門) 하층(下層)의 「다경채요(茶經採要)」에 수록 되어 있다. 여기에 실려 있는 채다론은 다신전의 저본으로서 실질적으로 원문에 해당되는 것이다. 이 만보전서의 원문과 다예관본을 비교 대조해 보니 오자(誤字)가 37字요 낙자(落字)가 8字요 순서(順序)가 바뀐 곳이 3군데이니 도합 48字가 고쳐야 할 곳이다. 그래서 지금까지 번역된 것들은 모두가 오역(誤譯) 된 곳이 많다. 앞으로 오자를 바로잡아 다시 번역해야만 할 줄로 믿는다. 그러면 참고가 되도록 오자 대조표를 만들어 보이겠다.

구분	원 문	교정문	비고
採茶	香不全	味不全	
	茶非	茶芽	
	而皺者	面皺者	
	光而	光面	
	浥露采者爲上	浥露採者爲上	
	日中采者次之	日中採者次之	
	陰雨下不宜采	陰雨下不宜採	
	黃沙中	黃沙中者	낙자
	爛中石者	爛石中者	
造茶	枝梗	枝硬	
	待熱	待熟	
	簁中	篩中	같은글자
	枷數遍	挪數遍	
	匀停	均停	같은글자
	色香美	色香全美	낙자
	俱妙	俱疲	
辨茶	宜乎始鍋	定乎始鍋	
	清濁係水火	清濁係乎水火	낙자
	鍋乘神倦	鍋寒神倦	
	郤辺生	却還生	
	逆那則溢	逆那則澁	
	絶焦者最勝	絶焦點者最勝	낙자
藏茶	將花筍箬	將花笋蒻	
火候	[illegible]茶旨要	烹茶旨要	
	柔則爲茶降	柔則水爲茶降	낙자
	非[illegible]家要旨也	非茶家要旨也	
湯辨	直如湧沸	直至湧沸	
	方是結熟	方是純熟	
	如氣一縷浮	如氣浮一縷	
	亂不分	及縷亂不分	낙자
	氤氳亂縷	氤氳亂繞	
	方是經熟	方是純熟	

구분	원 문	교정문	비고
湯用老嫩	匕則必磨	碾則必磨	
	則味爲瓢塵飛粉矣	則茶爲瓢塵飛粉矣	
	於是和劑	於是和劑	
	印作龍團	印作龍鳳團	낙자
	則見湯而茶神硬浮	則見湯而茶神便浮	
	此用嫩血不用老也	此用嫩而不用老也	
	不假羅碾	不假羅磨	
	全具无体	全具元體	
泡法	祛湯冷氣	祛盪冷氣	
	葉多寡宜酌	茶多寡宜酌	
	茶重則味苦香況	茶重則味苦香沈	
	包清氣寡	色淸味寡	
	罐熟則茶神不健	罐熱則茶神不健	
	壺清水性當灵	壺淸水性常靈	
	稍候茶水沖和	稍俟茶水沖和	
	然後冷釃布飮	然後分釃布飮	
	早則茶神未発	早則茶神未發	
投茶	投茶行序	投茶有序	
	先茶湯後	先茶後湯	
飮茶	喧則雅趣之矣	喧則雅趣之矣	
	三四曰趣	三四曰趣	
香	不生不熱曰淸香	不生不熟曰淸香	
	漏浮香	漏香 浮香	낙자
色	濤以藍白爲佳	濤以藍白爲佳	
	雲濤爲上	雪濤爲上	
	煮茗玄工	煮茗玄工	같은글자
	玉茗水濤	玉茗氷濤	
	當杯絶枝	當杯絶技	
味	苦滯爲下	苦澁爲下	
點染失眞	碗中着二菓	碗中着果	첨자
茶變不	茶变不可用	茶變不可用	

구분	원 문	교정문	비고
可用	一变至綠	一變至綠	
	再变至黃	再變至黃	
	三变至黑	三變至黑	
	四变至白	四變至白	
	其至瘠氣成積	甚至瘠氣成積	
品泉	非眞水莫顯其神	非眞水莫顯其神	
	非精茶莫窺其体	非精茶曷窺其體	
	水下泉淸而重	山下泉淸而重	
	流于黃石爲佳	流於黃石爲佳	
	負阴者眞於阳	負陰者勝於向陽	낙자
井水不宜茶	江水下	江水中	
	第一方不近山	第一方不近江	
	卒無泉水	山卒無泉水	낙자
	性感重阴	性感重陰	
	寒入脾胃	다예관본이나 만보전서에는 지라 비(脾)자가 속자로 되어 있으나, 다록에는 정자(脾)로 되어 있다.	
貯水	須置阴庭中	須置陰庭中	
	則外耗散神	則外耗其神	
	水神獘矣	水神敝矣	
	飮茶惟貴夫茶鮮水靈	飮茶惟貴乎茶鮮水靈	
茶具	桑芋翁	桑苧翁	
	煑茶用銀瓢	煮茶用銀瓢	
	謂過於奢侈	謂過於奢侈	
	卒歸於銀	다예관본이나 만보전서에는 어조사 어(於)자로 되어 있으나, 다록에는 어조사 우(于)자로 되어 있다. 글자의 뜻이 같다.	
	愚意銀者貯朱樓華屋	愚意銀者宜貯朱樓華屋	낙자
	石山茅齋舍	若山齋茅舍	
	亦無損於色味也	亦無損於香色味也	낙자
	銅鉄忌之	銅鐵忌之	
茶盞	盞以雪白者爲上	盞以雪白者爲上	

구분	원 문	교정문	비고
拭盞布	其他物穢不堪用	其他易穢不宜用	
跋文	謄抄下耒	謄抄下來	
	吋在侍者房	時在侍者房	
	叢林或有趙州風	叢林或有趙州風	
	雪窓擁炉	雪窓擁爐	

6. 결어(結語)

이 다신전이 조선조 말기에 다시 일어난 음다풍(飮茶風)에 깊은 영향을 미친 것은 의심의 여지가 없다. 왜냐하면 우리나라의 음다풍이 조선이 건국하면서부터 차차 쇠퇴하고 일부는 의식화 내지 형식화 되어 버리고, 일부는 승려들과 함께 산속으로 밀려나고 말았기 때문에 사실상 조선 중기 이후에는 차 생활을 하는 사람이 급격히 줄고 뜻있는 선비들이 낙향하여 고향에서 후학들이나 가르치며 혼자서 차를 즐기는 정도였고, 또 사원의 승려들도 시가지에서 산속으로 밀려나 명맥만 유지하는 정도였다.

일반 사대부(주로 관인(官人)을 말함)들 사이에서는 차 마시는 자가 극히 적었고 오직 의식(다례(茶禮를 행할 때)을 갖출 때만 차를 사용 하였는데 매년 세시명절이나 어른들의 생신, 또는 삭망 등에 다례를 지내고, 관혼상제(冠婚喪祭) 등의 예식에 다례를 지내는 정도였다. 그리하여 조선조 말기에는 거의 음다풍이 쇠퇴하고 산속의 일부 승려와 낙향한 일부 선비(고향이 차 산지일 경우)들 사이에서만 음다생활은 유지 되었던 것이다.

이러할 때 초의선사와 다산 정약용, 추사 김정희 등이 한 뜻이 되어 차 생활 중흥을 도모 했으니, 이때 이들이 읽은 차에 대한 서적은 국내 것은 거의 없었고, 오직 중국에서 구해오는 서적뿐이었으니 당연히 중국풍이 다시 수입되는 결과를 빚었다. 이처럼 차에 대한 서적이 빈약할 때 초의선사가 동다송과 다신전을 펴냈으니 그 당시 차 생활에 많은 도움이 되었을 것은 자명한 사실이다. 이처럼 다신전은 쇠퇴해가는 우리나라의 음다풍에 활력소가 되었고 많은 지식인들로부터 사랑을 받게 된 것이다. 그 이후 우리나라의 음다풍은 또다시 수난을 만나(일본인들의 고의적인 우리 문화 말살 정책) 쇠퇴하게 되었고, 이로 말미암아 지금까지 이렇다 할 차 생활 입문서 한권 없는 딱한 처지가 되어 버렸다.

起 艸衣大禪師(일지암을 다시 세우며)

자우홍련사(紫芋紅蓮社)
결맹(結盟)의 옛터.

껍질만 남은 석가래
온돌에 감도는 숨결
꺼지지 않는 빛이여.

일월이
하일 없이 바뀌어도
무너지지 않는 좌선대.

그 위에
옛 기운 다시 모아
초의를 청하네.

명성 듣고
모여드는 운수납자

명리(名利)를 탐하는
무리들

흑백이
분명해도
가리지 않는 초의

모두가
하나같이
학(鶴)이 되어라.

1979.11.18. 일지암에서 古月 龍雲

초의선사의 생애와 사상

석용운 스님

1. 초의선사의 생애(生涯)

2. 초의선사의 사상(思想)

   ① 차 사상(茶思想)

   ② 시 사상(詩思想)

   ③ 선 사상(禪思想)

3. 초의선사의 저술(著述)

   ① 일지암시고(一枝盦詩稿)

   ② 일지암문집(一枝盦文集)

   ③ 초의선과(草衣禪課)

   ④ 선문사변만어(禪門四辨漫語)

   ⑤ 동다송(東茶頌)

   ⑥ 다신전(茶神傳)

   ⑦ 진묵조사유적고(震默祖師遺蹟攷)

   ⑧ 문자반야집(文字般若集)

   ⑨ 초의시고(艸衣詩稿)

4. 초의선사의 년보(年譜)

1. 초의선사의 생애(生涯)

혼란과 격변의 조선후기에 태어나서 한 시대를 풍비하며 바람처럼 걸림없이 살다간 초의선사(草衣 意洵: 1786~1866)는 침체된 조선 불교의 선풍(禪風)을 크게 진작 시킨 대선사(大禪師)로서, 또는 겨우 명맥만 유지해 오던 한국의 다도(茶道)를 중흥시킨 다성(茶聖)으로서, 그리고 조선의 시풍(詩風)을 투명하게 전수한 시인(詩人)으로서, 한국문화사에 큰 발자국을 남긴 고승이다.

초의는 조선 정조(正祖) 10년(1786년) 4월 5일에 전남 무안군 삼향면 왕산리(務安郡 三鄕面 旺山里)에서 태어났다. 이 마을에 전하는 구전을 들어보면 초의가 백마를 타고 성묘를 다녀가곤 했다고 한다. 선사의 속성(俗姓)은 장(張)씨이며 흥성(興城)이 본관이다. 흥성은 인동 장씨의 파본으로 전라도 흥덕(興德)이 그 본향이다. 자는 중부(中孚)요 법명(法名)은 의순(意洵)이요, 초의(艸衣)는 염화지호(拈花之號)이다. 속가(俗家)에서의 이름은 알 길이 없고 의순은 운흥사로 출가해서 은사인 벽봉민성으로부터 받은 법명이며, 우리들에게 많이 알려진 초의라는 호는 대흥사에 가서 당대의 고승인 완호(玩虎 倫佑: 1758-1826)로부터 받은 법호이다. 또 다른 호(號)로는 해옹(海翁), 해양후학(海陽後學), 일지암(一枝庵) 우사(芋社) 자우(紫芋) 해사(海師) 해노사(海老師) 초사(艸師)와 같은 것들이 있는데 이는 스스로 자호(自號)하거나 그와 친교를 나누던 다산(茶山 丁若鏞: 1762-1836)이나 추사(秋史 金正喜: 1786-1856)가 붙여준 호이다.

선사의 행적을 기록한 문헌은 여러 가지가 전하는데, 신헌(申櫶)이 찬(撰)한 '사호보제존자초의대종사의순탑비명(賜號普濟尊者艸衣大宗師意洵塔碑銘)'이 가장 기준이 되는 것으로, 이 비문은 지금 대흥사 입구 비전에 세워져 있는데 이것은 추사의 제자인 秋琴 강위(姜瑋)가 대신 지은 것이다. 그리고 비문을 쓴 이는 신헌의 아들인 신정희(申正熙)가 썼으며, 세우기는 일제때 석전(石顚) 영호가 세웠다. 그리고 선사의 재가제자인 송파(松坡) 이희풍(李喜豊)이 찬술한 '초의대사탑명(艸衣大師塔銘)'이 있는데 이것은 비돌로 세워지지 않고 일지암문집 말미에 비문으로만 전해지고 있다. 그리고 구계화상(九階和尙)이 저술한 「동사열전(東師列傳)」 가운데에 '초의선백전(艸衣禪伯傳)'이 있다, 이글은 선사의 법제자인 범해 각안(梵海覺岸)이 대흥사의 법맥을 중심으로 전해진 고승들의 행적을 기록한 열전이다. 여기에는 간략한 행장만 기록되었다. 또 유경도인(留耕道人)이 저술한 '초의대선사운(艸衣大禪師韻)'이 있는데 이것은 소치가 그린 것으로 전하는 초의선사의 영정에 찬문 형태로 쓰여져 있다. 그 외로 진도(珍島) 사람 우당(愚堂)이 일지암을 방문하여 선사를 만나 뵙고 쓴 '대둔사초암서(大芚寺草庵序)'가 있는데 이것은 일지암의 풍경과 선사의 담아한 생활을 위주로 기록되어 있고, 선사의 재가제자인 허소치(許小痴)의 '몽연록(夢緣錄)'에는 선사와 사제간의 인연을 맺은 사연과 가르침을 받을 때 일들을 상세히 기록하고 있고. 이능화(李能和)의 「조선불교통사(朝鮮佛教通史)」 하권(下卷)에는 간략한 기록만 전해진다. 하지만 이 모든 기록에는 선사의 가계(家係)에 대해서는 빠져 있다. 그래서 선사의 출생과 출가 이전 15세까지의 생활에 대해서는 고향마을 촌노(村老)들의 구전되는 이야기를 통해서만이 확인된다.

장동술의 말로는 본래 흥성 장씨는 나주에 살았는데 임진왜란 때 난을 피해 11대조가 처음으로 이곳 무안 왕산으로 이주하여 삼향 김씨의 도움을 받아 터를 잡고 살기 시작하였다고 한다. 그 뒤 지금까지 자손들이 대를 이어 살아왔는데 이 집안에서 초의선사가 출생하였다는 것이다. 한때는 자손이 번성하여 30여 호에 이르렀으나 전염병이 돌아 모두 멸족이 되다시피 하여 선사의 형제 자손들도 모두 죽어 대가 끊어지고 6촌 형제의 자손들만이 몇 명 목숨을 건져 대를 이어 왔다는 것이다. 그 자손이 장동술이며 자기는 어려서 조부를 따라 초의선사가 백마를 타고 성묘를 다니던 묘소에 벌초작업을 하였다고 한다. 자기의 조부는 초의선사를 만나 보았으며 마을사람들이 말하기를 "한듬절(대흥사) 천석받이 주인 중 초부대사(초의)가 너의 집안 어른이다 전답 좀 떼어달라고 하여라" 라고 하였다는 것이다. 이처럼 선사는 기울어진 집안에서 태어나서 그 가계가 분명치가 않다. 비문에는 태몽에 얽힌 이야기가 전하는데 "어머니가 큰 별이 품안으로 들어오는 꿈을 꾸고 잉태하였다"고 한다. 아마 이 기록도 선사의 주변에서 겨우 얻어들은 이야기가 아닌가 한다.

큰 별이 하늘에서 떨어져 품안으로 들어오는 꿈은 상서로운 꿈이다 예전에도 큰 인물이 날 때 큰 별이 품속으로 들어오는 꿈을 꾸는 일이 많았다.

다섯 살(1790년)이 되는 해에 물가에 나가 놀다가 깊은 곳에 빠졌는데 겨우 목숨을 건졌다. 왕산의 서쪽은 망망대해가 태평양으로 이어지는 서해 바다가 있고 동쪽으로는 영산강의 바다 물이 마을입구까지 들어오는 개울이 있어 언제나 위험에 노출되어 있다. 뒤편에는 승달산이 있고 그 산자락에는 법천사와 목우암, 그리고 총지사가 있다. 이 무렵 법천사에는 연담유일(蓮潭有一: 1720-1799)이 주석하고 있었다. 연담은 당대 고승으로 명망이 높았으며 남인의 거두인 번암 채제공과 각별한 사이였으며 훗날 다산이 찾아가 인연을 맺은 스님이다. 그래서 승달산 법천사에는 인근에서 많은 신도들이 모여들었고 이때 선사도 집안도 불교와 인연을 맺게 되었던 것이다. 이러한 인연으로 선사는 열다섯 살(1800)이 되던 해에 나주군 다도면(茶道面)

운흥사(雲興寺)로 찾아가 벽봉민성(碧蜂敏性)스님께 의지하여 출가를 하게 되었다.

당시는 조선사회가 당파싸움과 오랜 정쟁으로 나라기강이 무너지고 탐관오리가 판을 치어 백성들은 살기가 힘이 들었다 더구나 가뭄과 기근으로 흉년이 드니 도적떼가 들끓어 대낮에도 밖을 나가기가 두려웠다고 한다. 이러한 사회에 환멸을 느끼고 출가를 결심하게 되었는지도 모른다. 선사가 일생동안 이런 백성들의 고통을 잊지 않고 늘 마음 아파했던 것을 보면 짐작이 간다. 선사는 운흥사에서 4년 동안을 기거하면서 불경(佛經)을 열심히 익히고 수행을 해서 짧은 시간에 많은 것을 알게 되었다. 또한 선사는 이곳에서 나는 차를 만들어 차 생활에도 일가를 이루게 되었다. 선사의 차 생활은 이곳 운흥사에서 부터 시작된다. 운흥사와 불회사가 있는 다도면 일대는 고려 때부터 이름난 차 산지로서 국가에 차를 만들어 바치는 다소(茶所)마을과 사원에 차를 만들어 바치던 다촌(茶村)마을이 있는 곳이다. 당시 운흥사는 대흥사의 말사 가운데에서 수말사로서 나주목사가 있는 중요한 지역의 사찰이었다. 그래서 당시에는 대흥사의 고승들이 많이 주석을 하였고 또 왕래가 잣자던 곳이다. 선사가 운흥사로 출가를 한 것은 선조들이 살던 고향이기도 하고 고승들이 많이 주석하였기 때문이다. 그러나 운흥사에서의 공부는 한계가 있었다. 4년 만에 더 많은 공부를 하기 위해서 고승들이 많이 배출된 대흥사로 가기로 결심하고 운흥사를 떠나 영암(靈岩) 도갑사(道岬寺)로 갔다.

열아홉(1804년)이 되는 해의 일이다. 선사는 도갑사에 들렀다가 월출산(月出山)에 혼자 올라가 산세가, 기이하고 아름다워 시간 가는 줄 모르고 취해 있던 중에 해가 저물어 바다에서 문득 떠오르는 한덩이 둥그런 달을 보자 크게 깨닫고 가슴에 맺힌 답답함이 한꺼번에 시원하게 풀리니 가는 곳마다 별로 거리낌이 없었다.

그후 해남 대흥사(大興寺)로 가서 완호(玩虎)스님에게 구족계(具足戒)를 받았다. 이때 초의(艸衣)라는 법호(法號)를 받은 것이다. 같이 구족계를 받은 사형이 둘이 있는데 호의(鎬衣始悟: 1778-1868)와 하의(荷衣正持: 1779-1852)이다. 이들을 일컬어 두륜삼의라고 한다. 당대 최고가 된 인물로 조선후기 불교계의 꽃으로 여겼다. 완호는 연담(蓮潭)의 법손(法孫)으로 조계문인(曹溪門人)이다. 그 법맥을 보면 서산청허(西山淸虛)에게서 편양언기(鞭羊彦機)가 나왔고, 편양에게서 풍담의심(楓潭義諶)이 나왔고, 풍담에게서 월담설재(月潭雪齋)가, 월담에게서 환성지안(喚惺志安)이, 환성에게서 호암체정(虎岩體淨)이, 호암에게서 연담유일(蓮潭有一)이, 연담에게서 백련도연(白蓮禱演)이, 백련에게서 완호윤우(玩虎倫佑)가, 완호에게서 초의의순(艸衣意洵)이 나온 것이다. 이들은 대흥사에서 난 제12대종사가 되었다. 서산의 의발(衣

鉢)이 오늘날 대흥사에 전해진 것은 이로 말미암아 생긴 일이다.

이때부터 대흥사를 떠나지 않고 경전을 배워 경율론(經律論) 삼장(三藏)에 두루 통하고 틈틈이 범자(梵字)를 익혀 범어(梵語: 카로슬타문자)의 뜻을 통달하여 천수경을 범자로 써서 천수범서(千手梵書)와 주문(呪文)의 족자를 남기기도 하였다. 또한 탱화(幀畵)를 잘 그려서 당나라 오도자(吳道子)의 경지에 이르렀다고 한다. 선사께서 남기신 신상(神像)이 한두 가지가 아니고, 현재 대흥사 유물관에 보관되어 있는 영정신상(影幀神像)은 거의 대부분이 스님께서 손수 금어(金魚)가 되어 그렸거나 증사(證師)가 되었던 작품이다. 유독 관세음보살상(觀世音菩薩像)과 준제보살상(準提菩薩像)을 좋아하여 그리셨다. 지금도 대흥사 유물관에는 사십이수십일면관세음보살상(四十二手十一面觀世音菩薩像)과 준제보살상(準提菩薩像)이 보관되어 있다. 그리고 단청(丹靑)도 잘 해서 조사(祖師)스님들을 모신 대광명전(大光明殿)과 보련각(寶蓮閣)을 짓고 손수 단청을 해서 지금까지 전해지고 있다. 선(禪)의 여가(餘暇)에 익힌 글씨는 일가를 이루어 뛰어났으며 특히 예서(隸書)를 잘 쓰셨다. 추사 김정희(金正喜)와 일생동안 지음(知音)이 되었으나 추사서법에 영향을 받지 않은 별개의 글씨를 썼다. 또한 제방의 선지식(善知識)을 찾아다니며 뜨거운 구도열로 가르침을 받아 급기야는 금담(金潭)조사의 선법(禪法)을 전수 받았다. 훗날 선의 논쟁에서 진면목을 보인 것도 다 이와 같은 수행의 결과라 할 수 있다. 이 무렵 스님의 관심은 선과 교의 내전에만 치우치질 않고 유학과 시학, 도가의 학문에 이르기까지 외전에도 깊이 몰두하여 내외전에 통달하기에 이른다.

24세(1809년)에 강진 다산초당(茶山草堂)에 와서 유배생활(流配生活)을 하던 다산 정약용(丁若鏞) 과 만나 깊이 사귀면서, 다산에게 유서(儒書)와 시학(詩學)을 배워 유학에도 정통하였고, 시학도 선경(禪境)에 들어 운유(雲游)의 멋이 있었다. 이때 다산에게 드리는 시가 한편 있다.

부자는 사람을 작별할 때 재물로 하고 富送人以財
어진 이는 사람을 말로써 전별을 하네. 仁送人以言
이제 선생께 하직하려 하지만 今將辭夫子
저는 마땅히 드릴 게 없습니다. 可無攸贈旃
(중략)
마을마다 선비는 가득하지만 閭巷滿章甫
천리에 현인(賢人)은 한 명도 없네. 千里無一賢
이미 마을마다 욕심이 차 있으니 州里旣慭慭

문명이 부족한 나라에 당연한 이치라네. 蠻貊理固然
내가 이런 시대에 태어났으니 我生當此時
자질이 이러하니 감당 못하네. 質亦非堪研
그래서 나의 도리를 행하려 해도 所以行已道
누구에게 물어볼 인연이 없네. 將向問無緣
현인과 군자의 방 찾아다녀 보아도 歷訪芝蘭室
모두 비린내 나는 생선 가게였소. 竟是鮑魚廛
남쪽으로 온갖 성을 다 돌아다니느라고 南遊窮百城
청산의 봄을 아홉 번이나 헛되이 보냈소. 九違靑山春

〔奉呈籜翁先生 『一枝庵詩稿』 卷1〕

스님이 탁옹(茶山)에게 보낸 시에서 다산을 만난 것을 매우 소중한 만남으로 여겼다. 아홉 해 동안이나 청산의 봄을 맞으며 온갖 성(城)을 다 돌아다니며 스승을 찾았지만 진실로 선비다운 현인은 한 사람도 없고 모두가 비린내 나는 생선가게나 다를 바 없었다. 그 가운데 다산이야말로 선비중의 선비요 현인 가운데 빼어난 사람이다. 그래서 다산의 고매한 인품에 반해 흠모의 정과 그리움을 작별하면서 아쉬워하였던 것이다. 어쩌면 이처럼 일찍 다산을 만난 것은 행운 중의 행운이었다. 이런 초의를 다산은 그냥 보내지 않았다. 자상한 어조로 증언(贈言)을 써서 주게 된다.

"시(詩)라고 하는 것은 뜻을 말하는 것이다. 본디 뜻이 저속(低俗)하면 억지로 청고(淸高)한 말을 하여도 조리에 맞지 않는 것이다. 본디 뜻이 편협(偏狹)하고 비루(鄙陋)하면 억지로 달통한 말을 하여도, 사정(事情)에 절실하지 못하게 된다. 시를 배움에 있어 그 뜻을 헤아리지 않는 것은 썩은 땅에서 맑은 샘물을 걸려내려는 것 같고 냄새나는 가죽나무에서 특이한 향기를 구하는 것과 같아서 평생 노력해도 얻지 못할 것이다. 그렇다면 어떻게 해야 하는가? 천인(天人)과 성명(性命)의 이치를 알고 인심(人心)과 도심(道心)의 나뉨을 살펴서, 찌꺼기를 걸러 맑고 참됨이 발현되게 하면 된다. 그러면 도연명(陶淵明)과 두 보(杜甫)같은 사람들은 모두 그렇게 노력하였던가?

도연명은 정신과 형체가 서로 부리는 이치를 알았으니 더 말할 게 있겠는가? 두보는 천품(天稟)이 본디 높아서 충후(忠厚)하고 측달(惻怛)한 인(仁)에 다가 호매(豪

邁)하고 경한(勁悍)한 기(氣)를 겸하였다. 보통 사람들은 평생 마음을 닦아도 본원이 맑고 투명한 것이 두 보의 경지에 이르기는 쉽지 않다. 그 아래 급에 있는 여러 시인도 모두 당할 수 없는 기상과 모방할 수 없는 재사(才思)가 있다. 이는 타고 난 것이요 배워 가지고 할 수 있는 것이 아니다."

〔詩者 言志也 志本卑汙 雖强作淸高之言 不成理致 志本寡陋 雖强作曠遠之言 不切事情 學詩而不稽其志 猶瀝淸泉於糞壤 求奇芬於臭樗 畢世而不可得也 然則 奈何識天人性命之理 察人心道心之分 淨其塵滓 發其淸眞 斯可矣 然則 陶杜諸公 皆用力由此否曰陶知神形相役之理 可勝言哉 杜天品本高 忠厚惻怛之仁 兼之以豪邁 鷙悍之氣 凡流平生治心 其本源淸澈 未易及杜也 下此諸公 亦皆有不可當之氣岸 不可摹之才思 得之天賦 又非學焉者 所能跂也.〕

〔丁若鏞. 〈爲艸衣僧意洵贈言〉. 『與猶堂全書』 第1集 卷17 贈言〕

이 무렵 초의는 시에 대해서 대단한 관심을 가지고 있었다. 이미 몇 편의 시를 지어서 시의 재미를 한껏 느끼고 있던 때이다. 그래서 다산에게 시학에 대해서 간절하게 묻게 되고 이런 초의의 마음을 헤아린 다산은 작별하는 초의에게 증언을 써서 주게 된 것이다. 다산을 시작으로 당대 최고의 석학들과 폭넓은 교유를 하게 되는데 추사 김정희, 산천 김명희, 해거 홍현주, 연천 홍석주, 유산 정학연, 운포 정학유, 이제 권돈인, 자하 신위, 위당 신헌, 금령 박영보 등이다.

그 뒤 다산과 초의는 각별한 관계로 발전하여 일생동안 교분을 두텁게 하였지만, 다산은 이미 초의을 만나기 이전에 대흥사의 스님들과 깊은 인연을 맺고 있었다.

다산이 암행어사가 되어 전라도 땅을 지날 때 지리산 상무주암으로 연담유일을 찾아갔었다. 연담은 번암 채제공과 절친한 사이였다. 번암은 영의정을 지냈던 인물로 남인의 거두요 다산이 평소에 가장 존경하는 사람이며 정신적 스승이 되어온 사람이다. 번암은 평소에 다산에게 연담에 대해서 많은 이야기를 해주었다. 젊고 총명하고 호기심 많은 다산에게 있어서 불교는 서학만큼이나 관심의 대상이 되었다. 그러나 마음속으로는 내심 못마땅한 생각을 가지고 있었다. 다산이 평생 동안 불교에 대해서 거리감을 완전하게 떨쳐버리지 못한 것을 보면 알 수가 있다. 그러나 자기가 존경하는 사람의 말을 듣고 있었기 때문에 지리산으로 연담을 찾아간 것이다. 연담은 선과 교에 두루 통달하였을 뿐만 아니라 유학과 주역, 실학과 서학에 이르기까지 능통한 인물이었다. 이러한 연담을 찾아가 하루 밤을 같이 보내고 나서 평생

동안 흠모하고 그리워하게 되었다. 그리고 그 주변의 스님들과 특별한 인연을 맺게 된 것이다. 다산은 처음으로 시를 지어 연담에게 드렸다.

지난날에 원공(遠公)과 알고 지내어
스님의 높은 이름 들었었는데
학이 돌아온 때를 우연히 만나
구름 위 노니는 정 잠시 멈췄네
흰 눈썹은 도기(道氣)를 머금었었고
새 시는 속된 소리 떨어졌네
찻물과 오이 비록 조촐하지만
머물러 있노라니 정성 알겠네
산경(山經)의 조부 손자 바로잡았고
선보(禪譜)의 아우 형님 가려놓았지
서글퍼라 초연한 생각이 이니
초야에 영웅 호걸 많기도 하다.

夙與遠公識 獲聞南斗名
偶值鶴返期 暫住雲遊情
厖眉含道氣 新詩無俗聲
茶瓜雖澹泊 淹留識忱誠
山經正祖孫 禪譜辨弟兄
悵望起遐想 林澤多豪英

(丁若鏞. 〈贈有一上人〉 『與猶堂全書』 第1卷 詩)

이후 다산은 신유사옥(辛酉邪獄: 1801년)으로 강진으로 유배를 오게 되고 유배생활 18년 동안 대흥사의 스님들과 교유를 하게 된다. 맨 먼저 만난 사람이 아암혜장(兒菴惠藏: 1782-1811)이다. 다산이 강진에 와서 동촌 주막집의 방 한 칸을 얻어 살게 되었는데 이때 받은 고초는 말로 형언할 수가 없을 정도였다 그래서 자신의 불우한 처지를 이해하고 알아줄 사람을 마음속으로 찾던 중 백련사에 와서 머물고 있는 혜장을 알게 된다. 다산은 백련사로 혜장을 찾아가 함께 한나절을 보내고 이날 곧장 대흥사 북암에 가서 혜장과 함께 묵는다, 다산이 대흥사에 간 것은 이때가 처음이다. 다산과 혜장은 밤늦도록 주역에 대해서 담론을 벌리고 나자 둘은 금세 지기가 되어 혜장이 입적을 할 때까지 7년 동안 서로 그리워하며 살았다. 다산은 혜장으로부터 차를 얻어 마시며 다도를 익혔고 대신 주역과 유학을 가리켜 주었다. 다산은 혜장의 배려로 냄새나는 주막집 뒷방에서 강진읍 뒷산의 고성사에 방 하나를 얻어 옮겨 살면서 당호를 보은산방(報恩山房)이라고 지어 혜장에게 보은 하고자 하였다. 그래서 다산은 감사하는 마음을 많은 시를 지어 혜장에게 주었으며 후에는 탑명과 비문을 지어 혜장이 요절한 것을 슬퍼하였다.

사오 년을 궁하게 지냈더니
육근(六根)이 이미 밭은 지 오래라네
남아있는 것이라곤 호해(湖海)의 뜻만이
호호탕탕 걷잡을 수가 없다네
혜장은 참으로 수동(壽童)으로서
어린 시절 남쪽을 떠들썩하게 하더니
그 명성이 우레처럼 퍼져
호걸들이 한 번 보기를 원하였지
도를 얻으려고 일찍이 사문 찾아
남보다 먼저 법을 깨치고는
궁벽한 산 작은 수도처에서
곧바로 청해 북쪽으로 왔다네
오묘한 이치 터득하여 깨닫고
말하는 것 자기 억설 아니라네
시율을 좋아하지 않으면서도
마지못해 때로 색책(塞責)도 하는데
문장(文章)은 귀 흰 것이 아름답고
재상(宰相)은 머리 검은 게 자랑이지
삼십 나이에 천인(千人) 스승 되었으니
그 어찌 하늘을 나는 새가 아니던가
기구한 길 날 찾기 위해
덩굴 부여잡고 가시밭도 헤쳤겠지.

(丁若鏞. 〈贈惠藏上人〉 『與猶堂全書』 第5卷 詩)

초의는 가까이 따르던 아암혜장(兒菴惠藏)이 북암에서 입적하니 쓸쓸한 마음은 다산 선생과 더욱 가까이 지내게 되는 계기가 되었다. 다산 역시 유배지에서 만나 그 누구보다도 자기의 처지를 이해하고 편안하게 대해주던 혜장을 잃고 나서 더욱 외로움을 느끼고 있었던 차에 초의와 급속도로 가깝게 된 것이다. 둘이서 이듬해(1812년) 가을 9월 12일에 다산과 그의 제자 윤동(尹峒)과 함께 월출산 백운동(白雲洞)에 들어가 놀면서 백운동 외경을 그렸다. 백운동에는 십이승경이 있는데, 옥판봉(玉版峰), 산다경(山茶徑), 정유강(貞蕤岡), 모란체(牧丹砌), 취미선방(翠微禪房), 백매오(白梅塢), 창하벽(蒼霞壁), 유상곡수(流觴曲水), 홍옥폭(紅玉瀑), 풍선(風墠), 정선대(停仙臺), 운당원(篔簹園)이다. 이때 그린 그림이 백운도(白雲圖)이다. 그 다음 장에 십이승경(十二勝景) 마다 다산과 초의가 시(詩)을 번갈아 지었으며 맨 끝장에는 다산초당을 그린 다산도(茶山圖)를 붙이고, 다시 윤동이 발문을 지어 한 폭의 시축도(詩軸圖)를 만들었다. 이 백운첩(白雲帖)은 최근까지 강진 사람이 소장하고 있다가 서울 인사동의 통문관(通文館) 주인 이겸노(李謙魯)의 수중으로 넘어갔고 그 뒤 다시 인천으로 팔려갔다. 이것은 다산과 초의가 처음으로 합작을 해서 만들은 시축도이며 몇 일 밤을 같이 보내며 방외청교(方外淸交)의 장을 열게 된 것이다. 다산은 무척 속내를 드러내기를 꺼려했는데 초의에게 만은 예외였다. 당시 사회에서는 말 한마디 잘못하여 일가가 몰살을 당하는 참변이 비일비재했다. 다산 자신도 그 피해자 중에 한 사람이다. 그러므로 평생 동안 속내를 내 보이지 않고 살았다.

그 후 유배지를 찾아온 다산의 두 아들인 유산 정학연과 운포 정학유와 친교를 맺게 된다. 유산은 상경한 후에 초의를 서울의 선비들에게 소개를 하게 되었고 초의는 이를 계기로 유학자들과 폭넓은 교유를 하게 된 것이다.

2년 후 26살(1811년) 되던 해에는 대흥사 천불전에 불이 나서 가람 9동이 하룻밤새에 다 타버렸다. 그래서 스승을 따라 불사에 진력하였으며,

30세(1815년)에 처음으로 서울에 올라갔는데, 가는 도중 전주(全州)에 들러 명필 이삼만(李三晩) 등과 사귀어 한벽당(寒碧堂)에서 시회(詩會)를 열어 즐겼으며 서울에 올라가 두릉(杜陵)에 사는 다선 선생의 아들 유산(酉山: 丁學淵), 운포(耘浦: 丁學遊)와 자하(紫霞: 申緯), 해거(海居: 洪顯周)등과 만나서 같이 두 해 동안을 놀았다. 이때 추사 김정희와 그의 동생 산천 김명희(山泉 金命喜), 금미 김상희(琴麋: 金相喜)와도 사귀었다. 어쩌면 처음으로 먼 곳을 여행하면서 지금까지 보지 못했던 조선사회의 불합리성과 불교계의 암담한 현실을 몸으로 부딪쳐 보면서 참으로

많은 것을 깨우쳤으리라. 철저하게 무시당하고 배척당하는 불교계의 현실 속에서 아직도 정신 못 차리고 시기와 질투로 무너져 내리는 사찰과 승려들의 모습을 보면서 가슴을 치는 아픔으로 눈물을 짓는다.

드넓은 절간은 텅텅 비어 있고
사이비 수행자만 종횡무진하니
큰 스님의 울음소리 들리는 듯하여
바람결에 눈물만 줄줄 흘리네.
虛曠金寶坊 縱橫野狐禪
如聆龍象泣 臨風涕潺湲.

(宿玉磬山房奉贈主人三十韻 『一枝庵詩稿』 卷1)

불교가 배척받아 온 지가 5백년이나 되었으니 그 정도가 말로 할 수 없는 지경일 것이다. 그러한 현실 속에서 사찰은 무너지고 주춧돌만 뒹굴거나 그나마 남은 사찰에는 자포자기로 사는 사람이나 사이비 수행자가 종횡무진 판을 치니 참으로 기가 막힐 일이다. 이러한 불교계의 현실을 보면서 무척이나 가슴앓이를 했을 것이다. 여기서 초의는 철저한 수행만이 불교를 살리는 길이며 나아가 올바로 수행한 사람만이 정법을 수호할 수 있다고 하며 파사현정의 칼을 빼어든다. 이것이 훗날 백파선사와 선의 논쟁을 벌이는 사건으로 나타난다. 그리고 수행자들에게 선과 교가 둘이 아니며 교로 들어가서 선으로 나오는 것이 공부에 크게 이로울 것이라고 가르친다.

당시의 조선 사회는 송두리째 병들어 있었다. 도적떼가 들끓고 탐관오리의 횡포가 난무하고 조정은 조정대로 당파싸움에 정신이 없었다. 이러한 때에 일부 지식인들이 청조의 새로운 학문에 심취하여 실리를 추구하는 실사구시학이나 실학사상이 조선을 구제할 수 있는 새로운 방안으로 모색되어 지고 있었다. 이러한 사상과 학문은 청나라에 사신으로 다녀오던 젊은 유학자들이나 통역관으로 다니던 중인계급의 사람들이 앞장을 서서 유입하기에 이른 것이다. 그 대표적인 사람이 초정 박제가와 열하 박지원, 성호 이익, 청장관 이덕무 등이다. 그 뒤를 이어 다산 정약용의 실학사상과 추사 김정희의 실사구시학이 새롭게 정립된다.

초의는 이러한 사상과 학문을 처음으로 접하게 되자 이것이야말로 조선 사회와 불교계를 개혁할 수 있는 학문으로 믿게 된다. 그러므로 이들과의 교류는 더욱 긴밀

해져 2년 동안이나 함께 생활을 하게 된다. 그러면서 유학자나 선승들이 즐기던 시회는 교류의 수단을 뛰어넘어 고차원적 언어의 교감과 은밀한 뜻의 교환수단으로 활용되었다. 그래서 당시에는 시회가 자주 열렸다. 초의는 서울에서 2년 반 동안 머물면서 선비들과 만나 매일 시회를 통해서 서로의 의지와 속내를 확인하는 자리가 되었다. 한편으로는 고차적 언어의 잔치로 서툰 선비는 자리를 같이 할 수가 없었다. 그러므로 자연히 뜻이 통하는 선비들끼리 어울리게 되어 있었다. 이렇게 모인 사람들은 대부분이 유학자들이 주류를 이루었으며 몇몇 선승이 자리를 함께 하는 정도였다. 그나마 시를 지을 줄 아는 사람만 가능하다. 이런 자리에 초의는 주빈이 되었고 항상 시회를 주도하는 입장이 되었다. 이렇게 모인 시회가 2년 동안에 무려 14차례나 벌어진다. 매번 모일 때마다 시회는 일상적으로 치러지는 것이었다. 선비들의 최고의 놀이였다. 이때 자주 모이던 자리가 청량리에 있는 해거도인의 송풍헌과 남한강변에 있는 유산의 만향각과 학산 이영로의 옥경산방과 추사의 부용정이었다.

일생동안 하는 공부 금년에야 마쳤으니
북창에 편히 누워 낮잠 한숨 잔들 어떠리.
백병산 높고 높아 홀로 물에 비치고
황효강 빛 맑고 맑아 하늘에 닿았네.
책상과 차부엌은 봄바람 속이요
약찌꺼기 옅은 향내에 가벼이 취했네.
이미 지공이 참모습 믿나니
시끄럽고 조용하고 모두가 선(禪)인 줄 알겠네.
一生參學了今年 未妨北窓淸晝眠
白屛山尖孤照水 黃驍江色澹連天
筆牀茶竈春風裏 藥末香塵小醉變
已信誌公譚實相 要知喧靜兩皆禪.

(蔓香閣與西山共賦 『一枝庵詩稿』 卷1)

만향각에서 유산 정학연이와 함께 운을 내어 지은 시로서 초의는 이미 일생동안 할 공부를 다 마치고 한가하게 선비들과 시회를 하며 노는 모습이다. 눈 밝은 사람의 자신만만한 표현이라고 볼 수가 있다. 유배지에 사는 시골 산승의 신분으로 하루아침에 서울 장안의 선비들을 간담을 서늘케 했을 뿐만 아니라 그들의 마음을 한

꺼번에 사로잡아 버렸다. 그래서 이들은 초의와 마음을 허락하고 지기가 되었으며 일생의 벗으로 우의를 다졌다.

큰 도는 지극히 깊고도 넓어
넓고 가없는 바다와 같네
모든 만물이 의지할 곳이니
마치 나무가 서늘한 그늘을 드리움과 같구나
오묘한 작용은 밝고 역역하여
억지로 이름하여 마음이라 하네.
어찌 감히 그 근본에 의지하지 않으랴
일찍이 큰 진리의 말씀 들었네
더구나 군자의 방에 들어가
함께 진리를 말할 수 있으리
달빛도 싸늘한 눈 내리는 밤에
고요히 쉬어도 모든 인연 침노하네
그대는 아는가 무생의 이치를
만고의 세월이 바로 지금인 것을.
大道至深廣 如海浩無潯
普作群有依 如樹覆凉陰
妙用明歷歷 强號謂之心
焉敢持不根 曾聞海潮音
況入君子室 共爲如實唫
月冷雪明夜 靜休諸緣侵
君看無生理 萬古卽長今.

〔又拈昌黎韻 『一枝庵詩稿』 卷1〕

산천 김명희에게 주는 시구에서는 불교의 진리를 논하고 있다 대도는 가없는 바다와 같아서 무어라고 이름 붙일 수도 없고 형상을 그려낼 수도 없어서 억지로 이름하여 마음이라고 한다며 참다운 이치를 안다면 어제와 오늘이 없다고 했다. 참으로 절묘한 논리를 시라는 형식을 빌려 잘 풀어내고 있다. 그러므로 초의의 시는 그 깊이를 헤아리기 어렵다. 이에 산천은 다음과 같은 시로 화답을 한다

그대와 나는 이미 잘 아는 처지인데

눈 속에서 이렇게 만나니 반갑구려
매화 핀 동각(東閣)은 더욱 좋고
종소리는 상방(上方)까지 이어지누나
나의 전신은 속세에서도 불성 지녔으니
다음 세상에서는 명산에서 철선(鐵船)을 타기로 맹세하리
해사(海師)를 찾아가서 묘한 이치를 깨우치고
도반(桃飯) 먹는 신선들과 여생을 마치고자하네.
彌天四海知名久 雪裏相敲門皎然
梅發還如東閣好 鐘聲忽似上方連
前身酒肆藏金粟 後約名山證鐵船
願向海師參妙悟 悔從桃飯送流年.
(又拈昌黎韻 『一枝庵詩稿』 卷1)

2년 후 32세(1817년) 봄에는 추사와 동로 김재원(東老 金在元) 등과 함께 시회를 하고 헤어져 경주로 내려가 불국사(佛國寺)를 구경하고 기림사(祇林寺)에 가서 천불(千佛)을 점안(點眼)하고 돌아왔다. 그리고 천불을 모실 천불전상량문(千佛澱上樑文)과 중조성천불기(重造成千佛記)를 지어서 모시었다.

이때 경주에서 대흥사로 옮기던 천불 중 300분을 모신 배가 폭풍을 만나 표류해서 일본의 나가사끼(長崎)에 갔었다. 이듬해(1820년7월15일) 다시 모시고 귀국하여 돌아와 천불전에 함께 모셨다. 그리고 다산 정약용 선생이 유배지에서 풀려 고향으로 돌아가셨다. 이때 제자들과 함께 다신계(茶信契)를 만들고 그 절목(節目)을 손수 써주시고 가셨다.

38세(1823년)에는 대둔사지(大芚寺誌) 간행사업에 가담하여 사지편찬을 도왔다. 본래 대둔사지는 그 행방을 알 길이 없고 다만 죽미기(竹迷記)와 만일암고기(挽日菴古記), 북암기(北菴記) 등에 기록이 전하고 있었다. 이를 기초로 하여 의견을 첨부해서 사지를 편찬했으니 초의, 수룡(袖龍)스님이 편집하고 호의(縞衣), 기어(騎魚)스님이 교정하고 완호(玩虎), 아암(兒菴)스님이 감정(鑑定)을 해서 대둔사지를 편찬하기에 이른 것이다. 이 사지를 다산 정약용 선생이 필사했다.

이듬해 39살(1824년) 때에는 일지암(一枝庵)을 중건했다. 이 암자는 스님께서 일생동안 은거하셨던 곳으로 스님의 사상과 철학을 집대성한 곳이요. 차문화를 펴던 자리이기도 하다. 스님은 이곳에서 선(禪)의 논지(論旨)를 바로 세워 초의선과(艸衣

禪課)와 선문사변만어(禪門四辯漫語)를 저술하였고, 차문화를 부흥시키고자 동다송(東茶頌)과 다신전(茶神傳)을 저술 초시(抄示)하였다. 이 밖에 많은 시(詩)와 잡문(雜文)들이 있으나 어느 것 하나 소중하지 않은 것이 없다. 스님께서 일지암을 짓고서 읊은 시 한 수가 있다.

연하(烟霞)가 난몰(難沒)하는 옛 인연의 터에,
중 살림 할 만큼 몇 칸 집을 지었네.
못을 파서 달이 비치게 하고,
간짓대 이어 백운천(白雲泉)을 얻었으며.
다시 좋은 향과 약을 캐었나니,
때로 원기(圓機)로써 묘련(妙蓮)을 펴며,
눈앞을 가린 꽃가지를 잘라버리니,
좋은 산이 석양 노을에 저리도 많은 것을.

45세(1830년)에는 다신전(茶神傳)을 펴내서 차를 알고자 하는 사람들에게 보도록 했다. 이는 차를 따는 시기와 요령, 차를 만드는 법, 보관하는 법, 물 끓이는 법, 차 마시는 법 등 22개 항목으로 나누어 알기 쉽게 만들어진 책이다. 이 책만 완독하면 차를 만들어서 끓여 마실 수 있도록 상세히 기록되어 있다. 차 생활을 원하는 사람은 다신전으로부터 출발하는 것이 좋을 것이다.

이 해 가을에 스님께서 두 번째로 서울에 가서 해거도인(海居道人) 홍현주(洪顯周)에게 스승님(완호스님)의 비문을 부탁하였다. 그런데 해거도인께서 겨울 내내 선비들과 함께 시회(詩會)를 즐기다가 보니 비문을 짓지 못하였다. 그래서 훗날 영의정 권돈인(權敦仁)에게 부탁해서 짓고 추사 김정희의 아우 금미 김상희(金相喜)가 써서 비를 대흥사비전에 세웠다.

46세(1831년)에는 스님께서 그동안 화운(和韻)하거나 지으신 시(詩)들을 한데 모아서 초의시고(艸衣詩藁)라고 제명하여 시집 한 권을 만들었다. 이 시집의 서문은 당시 유가(儒家)의 사표(師表)라고 하는 연천거사(淵泉居士) 홍석주(洪奭周)와 조선조 시의 명인(名人) 자하(紫霞) 신위(申緯)가 맡아 지었다. 이때 스님은 시작법(詩作法)에도 완숙하여 생애 가운데 가장 많은 양의 시를 지었다. 이듬해에도 서울에 머물다가 가을이 되어서야 일지암으로 돌아왔다.

스님의 나이 48세(1883년) 때에는 조용히 일지암에서 지내면서 뜰에 대나무를 심었다. 이때 추사의 아버지 유당(酉堂) 김노경(金魯敬) 선생이 일지암으로 스님을 찾아오셨다. 유당 선생은 이곳에서 가까운 완도 고금도(古今島)에서 와서 4년여 동안 유배생활을 했다.

이때 자기의 아들 추사 김정희와 친숙하게 지내는 초의스님의 인물됨을 한 번 보고 싶어 유배지에서 풀려나 서울로 돌아가는 길에 잠시 일지암에 들러 하룻밤을 묵으며 초의스님을 만나보니 그 덕행이 지고(至高)함을 알 수 있었다. 그래서 유당 선생은 초의스님의 인격에 반해서 하룻밤을 묵게 되었고 또 초당 뒤에 있는 유천(乳泉)의 물맛이 소락(酥酪)보다도 좋다고 극구 예찬하기에 이른 것이다. 이처럼 일지암을 방문한 유당 선생은 서울로 돌아가 관악산 밑에 은거하다가 4년 후(1837년) 숨을 거두었다.

50세(1835년) 봄에 진도 사람 허유(許維)가 일지암으로 스님을 찾아와 제자가 되어 그림을 배우기 시작했다. 소치(小痴) 허유는 재주는 있으나 견문이 부족하고 스승이 없어 화법(畵法)을 몰라 망설이다가 스님을 찾아온 것이다. 이로부터 삼 년 동안을 꾸준히 화법과 시학(詩學), 그리고 불경과 차(茶)를 배웠다. 훗날 스님의 소개로 추사의 제자가 되어 한국 남종화(南宗畵)의 선구자가 되었다.

52살(1837년) 봄에 일지암에서 한국의 다경(茶經)이라고 할 수 있는 동다송(東茶頌)을 저술 하였다. 동다송은 해거도인 홍현주가 부탁하여 저술한 것인데, 동국(東國)에서 생산되는 차를 게송(偈頌)으로 지었다는 뜻이다. 모두 68구송(句頌)으로 되어 있는데 차의 기원과 차나무의 생김새, 차의 효능과 제다법, 우리나라 차의 우월성 등을 말했다. 또 31곳에 주(註)를 달아 자세한 설명을 첨가해서 알아보기 쉽도록 해놓았다.

동다송은 한국차의 성전으로 높이 추앙받고 있으며 차의 전문서로는 유일한 것으로, 다만 아쉬운 것은 스님의 친필본 동다송이 아직까지 발굴되지 않고 있다는 점이다. 지금까지 발굴 소개된 동다송은 모두 4종류로써, 신헌구가 필사한 다예관본(茶藝館本)과 석오 윤치영(石梧 尹致英)이 필사한 석오본(石梧本)과 대흥사의 법진(法眞)스님이 필사한 법진본(法眞本)과, 송광사의 금명(錦溟)스님이 필사한 금명본(錦溟本)이 있다.

이듬해 53살(1838년) 되던 해 봄에 일지암을 출발하여 서울을 거쳐 금강산(金剛山) 구경을 갔다. 처음으로 금강산 구경을 하러 간 것이다. 두루 둘러본 뒤 영동(嶺東)과 영서(嶺西)를 구경하고 돌아올 때는 다시 한양(서울)에 들러서 해거도인의 시집(詩集)에 발문(跋文)을 지었다.

해거도인은 정조의 부마로서 시에 능하고 학문이 깊어 존경받아오던 분인데, 사문(沙門)의 몸으로 그의 시집에 발문을 쓰게 되었음은 참으로 고금에 드문 일이다. 더욱이 동다송 역시 해거도인의 부탁을 받고 지었다는 점에서 스님과 해거도인의 친분은 남다른 데가 있었다는 것을 알 수 있다. 조선조 사회에서 천대 받던 승려의 신분으로 유가의 빼어난 선비들과 깊은 교유를 나눈 것은 오직 스님의 깊은 학문이 그들로 하여금 존경하게 한 것이다.

스님이 55세(1840년) 때에는 헌종(憲宗)으로부터 대각등계보제존자초의대선사(大覺登階普濟尊者艸衣大禪師)라는 사호(賜號)를 받았다. 스님은 호남팔고(湖南八高) 중에서 한 분으로 그 학덕이 조정에까지 알려져 헌종이 소치(小痴)에게 묻기를 '호남에 초의라는 승(僧)이 있다는데 그 지행(持行)이 어떠한가?' 하였다. 소치가 대답하기를 '세상에서 고승(高僧)이라 일컫습니다. 내외전(內外典)에 정통하며 사대부와 종유(從遊)가 많습니다'라고 했다.

이처럼 스님의 학덕이 널리 알려져 많은 선비들과 교유했으며, 왕사나 국사제도가 폐지된 조선시대에 헌종으로부터 사호를 받았다는 것은 오로지 스님의 학덕과 지행이 널리 모든 선비들로부터 존경과 사랑을 한 몸에 받았기 때문이다. 왕사제도가 폐지된 조선 중기 이후에 사호를 받은 사람은 스님 외에는 없었다.

이듬해 여름에는(1841년) 두륜산 마하연에 대광명전(大光明殿)과 보련각(寶蓮閣)을 새로 짓고, 보련각에 서산대사를 위시하여 12대 종사(十二代 宗師)스님과 12대 강사(十二代 講師)스님, 역대조사(歷代祖師) 고승대덕(高僧大德)스님 등 172분의 진영(眞影)을 모시고 춘추(春秋)로 제사를 모시도록 했다. 이때 추사는 제주도 대정(大靜)에 유배 가서 있었는데, 소치편에 일로향실(一爐香室)이라는 다실(茶室)의 현판을 써서 보내왔다. 이 현판은 지금도 대흥사 동국선원(東國禪院)에 나란히 걸려 있다. 이후 무량수각(無量壽閣)이라는 현판도 써서 보내왔으며, 반야심경(般若心經)이라는 걸작의 경문(經文)도 써 보내 주었다. 이런 것들은 추사 당대의 최고의 절필로서 세상의 진귀한 보물이다. 애석하게도 그 원본은 하나도 없이 수집가들의 손에 흘러들어가 버렸다.

58세(1834년)에는 스님께서 고향에 찾아간 감회를 시로 읊었다.

멀리 고향을 떠난 지 사십여 년 만에
희어진 머리를 깨닫지 못하고 돌아왔네.
새터의 마을은 풀에 묻혀 집은 간 데 없고,
옛 묘는 이끼만 끼어 발자국마다 수심에 차네.

마음은 죽었는데 한은 어느 곳으로부터 일어나는가.
피가 말라 눈물조차 흐르지 않네.
이 외로운 중(僧) 다시 구름 따라 떠나노니,
아서라 수구(首邱) 한다는 말 참으로 부끄럽구나.

遠別鄕關四十秋 歸來不覺雪盈頭
新基草沒家安在 古墓笞荒履跡愁
心死恨從何處起 血乾淚亦不能流
孤笻更欲隨雲去 已矣人生愧首邱

사십여 년 만에 찾아간 고향. 늙은 몸으로 백발을 이고 찾은 고향, 어린 동몽의 기억으로 옛 집을 그리워하다 찾아간 고향이 이미 거덜 난 쑥대밭이란다. 누가 슬프지 않으랴 돌보는 이 없어 옛 묘에는 이끼만 가득 끼었고, 소식조차 물을 사람이 없다. 여우가 죽을 때는 머리를 제가 살던 고향 언덕 쪽으로 향하고 죽는다고 한다. 하물며 사람으로서 어찌 고향을 쉽게 잊으랴, 마음은 죽고 상했는데 한은 뼈 속 깊이 사무치고 눈물이 앞을 가려 먹장삼만 적신다. 다시 구름 따라 떠나노니 수구한다는 말 하지 말라 부끄럽구나.

62세(1847년)에는 진묵조사유적고(震默祖師遺蹟攷)를 찬술(撰述)했다. 예전에 전주에 갔을 때 진묵조사에 대한 실기를 은고(隱皐) 김기종(金箕鍾) 선생으로부터 자세히 들었는데, 전주 봉서사(鳳棲寺)의 스님이 찾아와 진묵조사의 기문(記文)을 청했다. 이에 스님께서 전해들은 바를 기록하여 상하 두 권으로 묶어 진묵조사유적고를 저술하기에 이른 것이다.

66세(1851)에는 석오 윤치영(尹致英)과 위당(威堂) 신관호(申灌浩)가 초의스님 시집 일지암시고(一枝庵詩藁)에 발문(跋文)을 썼다. 이때 석오 윤치영은 일지암을 방문하고 스님이 새로 창건한 대광명전신건기(大光明殿新建記)를 짓기도 했으며, 또 동다송 석오본을 필사하기도 했다. 이 동다송은 서울의 고 이일우(李一雨)씨가 소장하고 있다.

71세(1856년)에는 금란교계(金蘭交契)를 사십이 년간이나 깊게 나누던 추사 김정희가 서울 관악산 아래서 숨을 거두었다. 추사가 제주도에 유배를 갔을 때 대정(大靜)까지 찾아가 반년 동안을 함께 유배지에서 살면서 위로하였고, 용호(蓉湖: 서울)에 있을 적에는 같이 두 해를 지냈다. 방외청교(方外淸交)를 나누던 이들은 항상 외롭고 한적한 곳에서 만나 회포를 풀고 정담을 나누었다. 이처럼 지내다가 홀연히 추사가 먼저 떠나니 스님은 그의 영전에 제문 완당김공제문(阮堂金公祭文)

을 지어 올리고 눈물로 작별을 하고 산사 일지암(一枝庵)에 돌아온 뒤로는 쓸쓸하게 지냈다. 그토록 좋아하던 시도 짓지 않고, 조용히 지내며 오직 깊은 선정(禪定)에 들어 시간가는 줄을 몰랐다. 산문 밖에는 일체 출입을 하지 않았으며, 모든 일을 생각 밖에서만 이루어 놓았고 실제로는 움직이지 않았다. 스님의 풍채는 범상(梵相)으로 위엄이 있고 뛰어나서 옛날 존자(尊者)의 모습과 같아 여든이 넘어서도 소년과 같이 건강한 모습이었다.

봉은사(奉恩寺)에서 대교(大敎)를 간포(刊布)하는 일이 있어 스님을 증명법사(證明法師)로 모셨으나 곧바로 암자로 돌아오셨고, 달마산(達摩山) 미황사(美黃寺)에서 무량전(無量殿)을 짓는 모임에도 주선(主禪)의 자리에 모셨지만, 어디든 잠시 응했을 뿐 곧 돌아오시곤 하였다. 그리하여 줄곧 일지암에 주석(住錫)하셨는데, 하룻밤에는 몸져누우셨다가 시자(侍者)를 불러 부축을 받아 일어나 서쪽을 향하여 가부좌(跏趺坐)를 하시고 앉아 홀연히 입적(入寂)하시니, 그때 세수(世壽)는 81세요 법랍(法臘)은 65세로서 조선 고종(高宗) 3년 8월 2일이었다. 스님이 입적하신지 오래되도록 방안에 기이한 향기가 가득하며 안색이 평상시와 같았다.

다비(茶毘)를 마친 뒤에 제자 선기(善機) 범인(梵寅) 등이 영골(靈骨)을 받들어 대흥사 비전에 부도(浮屠)를 세우고 봉안하였다. 이때가 고종 8년 신미년(辛未年) 4월로 입적하신 지 5년째 되던 해 봄이다. 이때 송파거사(松坡居士) 이희풍(李喜豊) 선생이 초의대사탑명(艸衣大師塔銘)을 찬술했다. 그 후 병조판서를 지낸 의금부사(義禁府事) 신헌(申櫶)에게서 비명(碑銘)을 얻어 그 옆에 비를 세웠다. 그러나 이 비문은 신헌이 추금(秋琴) 강위(姜瑋)에게 부탁해서 대신 지은 것이다. 이 비를 세우기는 스님이 입적하신 뒤 75년 만인 1941년 4월에 석전(石顚) 박한영(朴漢泳)스님에 의해서 이루어졌다.

스님께서 남기신 저서로는 일지암시고(一枝庵詩藁), 일지암문집(一枝庵文集), 초의집(艸衣集), 선문사변만어(禪門四辯漫語), 초의선과(艸衣禪課), 동다송(東茶頌), 다신전(茶神傳), 진묵조사유적고(震默祖師遺蹟攷), 문자반야집(文字般若集) 등이 있다.

2. 초의선사의 사상(思想)

① 차 사상(茶思想)

선사의 차사상에 대해서 알고자 한다면 다음 세 가지 측면에서 접근하지 않고서는 알 수가 없으리라. 먼저 동다송(東茶頌)을 통해 본 선사의 다도관(茶道觀)과 다신전(茶神傳)을 통해 본 차 생활과 그리고 다시(茶詩)를 통해 본 차정신일 것이다.

동다송은 초의선사가 차를 알고자 해서 묻는 해거도인 홍현주(海居道人 洪顯周)에게 지어서 보낸 차의 전문서이다. 동다(東茶)라는 말은 동국(東國) 또는 해동(海東)이라는 뜻으로 우리나라에서 생산되는 차를 말한다. 이 차를 게송(偈頌)으로 읊었다고 해서 동다송이라고 했다.

이 동다송의 대의(大意)를 요약해 보면 세 가지로 나누어 볼 수가 있는데, 첫째로 차는 인간에게 너무나도 좋은 약과 같은 것이니 차를 마시도록 해라. 둘째로 우리나라 차는 중국차에 비교해서 약효나 맛에 있어서 결코 뒤지지 않는다. 육안차(六安茶)의 맛이나 몽산차(蒙山茶)의 약효를 함께 겸비하고 있다. 셋째로 차에는 현묘(玄妙)하고 지극(至極)한 경지가 있어 다도(茶道)라고 한다는 것이다.

그러면 초의선사의 다도관(茶道觀)이란 무엇인가. 선사는 그의 동다송 제29송에서 말하기를, 다도란 신(神) 체(體) 건(健) 영(靈)을 함께 얻는 것이라고 했다. '평해서 말하기를 채다(採茶)는 그 묘(妙)를 다해야 하고, 조다(造茶)는 그 정성(精誠)을 다해야 하고, 물(水)은 그 진(眞)을 얻어야 하고, 포법(泡法)은 중정(中正)을 얻어야 하는 것이다. 체(體)와 신(神)이 서로 고르고 건(健)과 영(靈)이 서로 함께 하는 것을 일컬어 다도(茶道)에 이르렀다고 한다.(評曰 採盡其妙 造盡其精 水得其眞 泡得其中 體與神相和 健與靈相倂 至此而茶道盡矣)'

선사의 다도관을 알고자 한다면 문(門) 행(行) 득(得)의 길을 거쳐야 한다. 대저 문이 있어서 들고 행(行)해서 얻는(得) 법이다. 4문(四門)이 있으니 채(採) 조(造) 수(水) 화(火)가 그것이며, 행에는 4행(四行)이 있으니 묘(妙) 정(精) 근(根) 중(中)이 그것이며, 득에는 4득(四得)이 있으니 신(神) 체(體) 건(健) 영(靈)이 그것이다.

4문의 채란 채다(採茶)를 말하며 조란 조다(造茶)를 말하며, 수란 수품(水品)을 말하며 화란 화후(火候)를 말한다. 4행의 묘는 채다의 현묘(玄妙)함을 말하며 정은 조다의 정성(精誠)스러움을 말하며, 근은 수품의 근본(根本)을 말하며, 중은 화후의 중화(中和)를 말한다.

4득은 진다(眞茶)와 진수(眞水)를 얻어야만이 얻을 수 있는데, 차(茶)는 물(水)의 신(神: 정신)이요 물은 차의 체(體: 몸)이니, 진수(眞水)가 아니면 그 신(神)이 나타나지 않으며 진다(眞茶)가 아니면 그 체(體)를 볼 수가 없다고 하였다.

체와 신이 비록 온전하다 하더라도 오히려 중정(中正)을 잃으면 안 된다. 중정을 잃지 않으면 건(健)과 영(靈)을 함께 얻는다. 신(神: 정신)과 체(體: 몸)는 기(機: 기틀)와 용(用: 작용)과 같고, 건(健: 건전)과 영(靈: 신령)은 이(理: 이치)와 묘(妙: 현묘)와 같다. 그러므로 신(神: 정신)이 건(健: 건전)하면 기(機: 기틀)가 이(理: 이치)하고, 신(神)이 영(靈: 신령)하면 기(機)가 묘(妙: 현묘)하고, 체(體: 몸)가 건(健)하면 용(用: 작용)이 이(理)하고, 체(體)가 영(靈)하면 용(用)이 묘(妙)하다.

신(神)과 체(體)는 기(機)와 용(用)과 같아서 불이(不二)해야만 건(健)과 영(靈)을 얻는다. 건(健)과 영(靈)이 불이(不二)하면 묘리(妙理)하고, 묘리하면 묘경(妙境)하고, 묘경하면 묘각(妙覺)한다.

이를 도표로 그리면 다음과 같다.

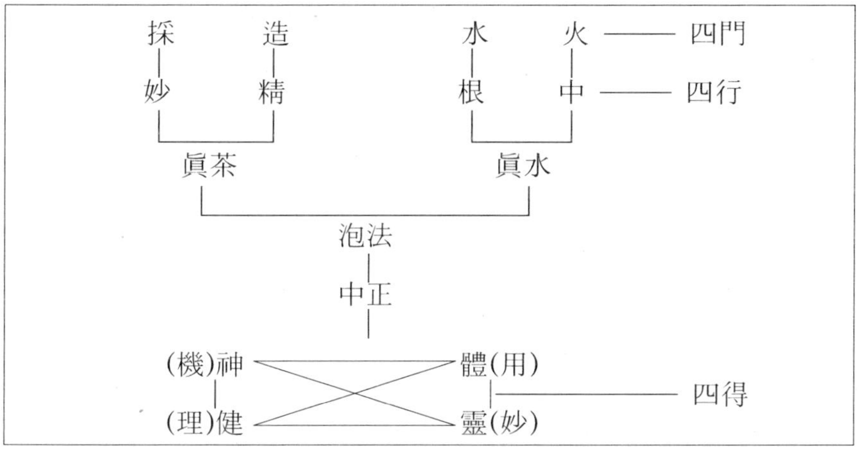

채다(採茶)란 차를 따는 일을 말한다. 차나무에서 찻잎을 따는 것은 그 시기가 매우 중요하다. 너무 빠르면 맛이 온전하지 못하고 늦으면 싱그러움이 흩어진다. 곡우(穀雨: 4월20일)와 입하(立夏: 5월5일) 사이가 적기인데 일창일기(一槍一旗) 이기(二旗)의 잎이 푸른빛이 나거나 쭈글쭈글하거나 돌돌 말린 것이 좋다.

찻잎을 딸 때 밤새 구름이 끼지 않고 이슬이 흠뻑 내린 후에 딴 것이 좋으며, 비 온 후나 구름이 끼었을 때는 따지 않는다. 그리고 계곡이나 암석 사이에서 자란 것이 좋다. 이처럼 채다는 현묘함을 다해야만 된다.

그 현묘(玄妙)함를 다해서 채취한 찻잎을 가지고 조다(造茶)를 하는데 솥이 매우 뜨거워졌을 때 급히 찻잎을 넣어 덖어야 한다. 차가 익어서도 안 되며 태워서도 안 된다. 차가 익으면 빛깔이 검고 타면 노랗고 흰 반점이 생긴다. 이렇게 적당한 열기로 대여섯 번 정도 덖으면 차가 잘 건조된다.

불은 연기가 나지 않아야 되며 불의 기운이 고르게 되어야만 한다. 양질의 찻잎과 고르고 순수한 불과 만드는 사람의 정성스런 마음이 합쳐져서 진다(眞茶)가 나오는 것이다.

수품(水品)은 차를 끓일 물을 말하는데, 산마루에서 나는 석간수가 좋고 우물물이 다음이며 강물은 나쁘다. 물에는 8덕(八德)이 있으니, 가볍고 경(輕) 맑고 청(淸) 시원하고 냉(冷) 부드럽고 연(軟) 아름답고 미(美) 냄새가 나지 않고 부취(不臭) 비위에 맞고 조적(調適) 탈이 나지 않는 것 무환(無患)이 그것이다.

물은 그 근본(根本)을 구하지 않으면 상하거나 오염되기가 쉬워서 고여 있는 우물물이나 강물은 쓰지 않는다. 바로 그 근원지에서 솟아나는 샘물이어야 한다. 이 샘물을 구하여 체성이 튼튼한 불로 끓이면 좋은 탕수(湯水)가 된다. 만약 대나무나 썩은 나무 가지나 낙엽 같은 연료는 불의 체성이 허약하여 탕(湯) 또한 체성이 약해진다. 이런 탕은 쓸모가 없는 것이다. 연기가 나지 않고 체성이 튼튼한 불을 구하여 가볍게 빨리 끓여야 한다.

이때 문(文)이 지나치면 수성(水性)이 유약하게 되고 수성이 유약하면 차가 뒤지고 쳐지며, 무(武)가 지나치면 화성(火性)이 극렬해져서 차를 위해 물이 억제되며 성근 기가 위로 뜬다. 이것을 문무화후(文武火候)라고 하는데 지나치면 모두 중화(中和)를 얻지 못한다. 그 적절함을 다하여 중화를 얻어야 진수(眞水)가 나오는 법이다.

진수와 진다를 얻었을 때 비로소 중용(中庸)의 덕을 얻을 수 있는 길이 열린다. 진다와 진수가 아니면 신과 체를 규명할 길이 없고, 신과 체를 규명하지 못하면 건과 영을 얻지 못한다. 그러므로 진다와 진수를 얻어서 신과 체를 규명하고 신과 체가 불이(不二)해야만 한다.

그러기 위해서 포법(泡法: 차 울궈내는 법)을 하는데 포법은 중정(中正)을 지켜야만 한다 그 요체는 세 가지가 있는데, 첫째로 차가 많아도 안 되고 물이 많아도 안 된다. 차가 많으면 빛깔이 노랗고 빨가며, 맛은 쓰고 떫으며 향내도 좋지 않다. 반대로 차가 적고 물이 많으면 맛이 온전하지 않고 빛깔도 엷고 향내도 미숙하게 된다. 적당한 양의 차와 물을 넣어야 한다.

둘째로 다관에서 차를 우리는 시간이다. 너무 빨리 따라내면 맛이 미숙하고 향내도 약하며 빛깔이 엷고 좋지 않다. 반대로 너무 오래 우리면 빛깔도 탁하고 맛도 쓰고 떫으며 향내도 지나치게 된다. 알맞게 우려야 한다.

세째 차를 잔에 골고루 나누어 따를 때, 너무 급히 서둘러 따르는 것을 급주(急主)라 하고, 게으르고 완만하게 따르는 것을 완주(緩注)라고 한다. 완주나 급주를 해서는 안 된다. 편안한 자세로 앉아서 마음의 여유를 가지고 자연스럽게 따라야 한다.

이와 같이 적당한 양의 차를 넣어 알맞게 우려서 적당한 시간에 편안한 마음으로 자연스럽게 따라서 마시는 것이다. 이것을 중정법(中正法)이라고 한다. 중정법을 잘 지키는 길은 마음속에 중용(中庸)의 덕을 품되 그 팔이 책임을 다하는 것이다. 그래서 몸과 마음이 하나가 되어 적의함을 다하면 중정을 얻게 된다.

중정을 얻게 되면 자연히 신과 체를 규명하게 되고 신과 체를 얻으면 건과 영을 얻게 되는데, 신과 체가 불이하고 건과 영이 불이하면 기용(機用)이 불이하고 기용이 불이하면 묘리(妙理)가 불이하고 묘리가 불이하면 이치가 현묘한 경지에 들어 뜻한 바를 얻게 되는 것이다. 생각으로 헤아릴 일이 아니로다. 오직 체득하는 데 그 진체(眞諦)가 있으니 진정으로 구해볼 일이다.

그러면 이상과 같은 다도관(茶道觀)을 완성한 선사의 차 생활과 정신은 어떠했는가. 선사는 형식적이고 의례적인 번거로움은 피하고 자유스럽고 검소하며 편안하게 즐기는 방법을 취했다. 그러나 좋은 차와 좋은 물, 잘 끓여서 중정을 잃지 않은 차를 원했다. 그렇다. 진다와 진수, 그리고 중정을 잃지 않은 차, 이것이면 족한 것이다. 이 외에 더 구할 것이 있다면 거들먹거리는 사람이나 행세하려는 사람일 것이다.

여기에서 선사의 제자인 허소치(許小痴)가 말하는 초의선사의 차 생활을 들어보기로 하자.

『바로 그 노장님(초의)이 내 평생을 그르치게 만들어 놓았다고나 할까요. 아주 젊은 시절 내가 초의선사를 만나지 않았다면 어떻게 그렇게 멀리 돌아다닐 생각을 했겠으며 오늘날까지 이처럼 고고하고 담적하게 살아올 수 있었겠습니까.

을미년(1835년)에 나는 대흥사에 가서 초의선사를 뵈었습니다. 선사가 거처하는 곳은 두륜산 꼭대기에 있었습니다. 소나무가 울창하고 대나무가 무성한 곳에 두어 칸 초가를 얽어 그 속에서 살았지요. 수양버들은 처마를 스치고 작은 꽃들은 뜰에 가득하여 함께 어울려 뜰 복판에 파둔 상하 두 연못 속에 비치어 아롱졌습니다. 추녀 밑에는 크고 작은 차 절구를 마련해두고 있었습니다. 선사의 자작시에 이런 구절이 있습니다.

못을 파니 허공중에 밝은 달이 담궈 지고
간짓대를 이어 구름 샘을 얻었네.
눈앞을 가리는 나뭇가지를 잘라내니
석양 하늘에 아름다운 산이 저리도 많구나.

이와 같은 시구들이 매우 많았습니다. 선사의 그 청고하고 담아한 경지는 세속인들이 입으로 말 할 수 있는 것이 아니었습니다. 매양 구름이 오락가락하는 새벽이나 달 뜬 저녁이면 선사는 고요에 잠긴 채 시를 읊으면서 흥얼거렸습니다.

향불을 피워 향내가 은은히 퍼질 때에 차를 반쯤 마시다 문득 일어나 뜰을 거닐면서 스스로 취흥에 젖어들곤 했습니다. 정적에 잠긴 작은 난간에 기대어 지저귀는 새소리를 들으며 새들과 상대하고 깊숙한 오솔길을 따라 손님이 찾아올까봐 살며시 숨어버리기도 했습니다.

초암에 있는 선사의 서가에는 서책들이 가득했었는데 그 모두가 다 연화와 패엽(貝葉)이었습니다. 상자 속에 가득 찬 구슬 같은 두루마리는 법서와 명화 아닌 것이 없었습니다. 나는 그 초암(일지암)에서 바로 그림을 그리고 글씨를 배우며 시를 읊고 경을 읽으니 참으로 적당한 곳을 만난 셈이었습니다.

더구나 매일매일 선사와의 대화는 모두 물욕 밖의 고상한 마음에서 우러나온 것이었습니다. 그러니 내가 비록 평범한 세속의 사람이지만 어찌 선사의 광채를 받아 그 빛에 물들지 않을 수 있겠습니까. 그 빛을 받고서 어찌 세속의 티끌과 함께 할 수 있겠습니까. 노장님이 나를 그르치게 했다는 것은 바로 이것을 두고 하는 말입니다.』

소치의 말처럼 물욕 밖에서 청고하고 담아하게 살다간 선사의 차 생활은 한 폭의 신선도와 같다고 할 것이다.

이처럼 한생을 걸림 없이 살다 가신 선사의 차정신은 무엇인가. 선사는 그의 다론(茶論)에서 말씀 하시기를 '8덕(八德)을 겸비한 진수(眞水)를 얻어 진다(眞茶)와 어울려 체(體)와 신(神)을 규명하고 거칠고 더러운 것을 없애고 나면 대도(大道)를 얻는 것은 어렵지 않다'고 했다. 그래서 옛 부터 성현님네가 즐겨 마시게 되었고 그 성품은 군자를 닮아 사악하지 않다는 것이다. 이처럼 사악하지 않은 차, 이 차는 묘한 근원을 가지고 있어 그 근원에 집착하지 않으면 바라밀(婆羅密)의 경지에 이른다고 한다.

바라밀이란 일체 법에 집착하지 않는 것을 말한다. 이 세상 어떠한 것에도 집착하지 않고 걸림이 없음으로서 자유자재한 경지에 이른 것을 말한다. 차를 마시면서 신과 체를 규명하여 건과 영을 얻어 집착함이 없는 경지에 이르면 바라밀의 경지에 이른 것이다. 이처럼 현묘(玄妙)한 경지에 이룰 수 있는 것이 차(茶)이다.

선사는 이와 같이 바라밀에 이르는 길에서 모든 법이 불이(不二)하니 선(禪)과 차(茶)도 불이하고 제법(諸法)이 일여(一如)하다고 했다. 그래서 선사는 차 자체에도 집착하지 않았다. 이 같은 선사의 차정신은 '모든 법이 둘이 아니니 선과 차도 한 경지니라(諸法不二, 禪茶一如)라고 할 수 있다.

이러한 불이사상(不二思想)은 모든 면에 나타나 선과 차가 둘이 아니고 시(詩)와 선이 둘이 아니고 시와 그림이 둘이 아니고, 차와 시가 둘이 아니었다. 그리하여 선의 여가에 시를 읊고 그림을 그리고 차를 마시며 글씨를 썼으니 세인들은 시.서.화(詩書畵) 3절(三絶)이라고 일컬었다.

이처럼 선사는 차를 마시다가 흥얼흥얼 시를 읊조리기도 하고 때로는 깊은 선정(禪定)에 들어 세상사를 잃어버리기도 하며, 정적에 잠긴 난간에 기대어 지저귀는 새소리를 듣기도 하며, 깊숙한 오솔길을 따라 송림에 걸린 달을 보기도 하고, 향을 사루어 은은히 퍼질 때 차 한 잔 달여 놓고 무심히 앉아 있으니, 선사의 청고하고 담적한 차 생활은 참으로 쉽고 편안하다.

이러한 선사의 사상은 다산(茶山)과 추사(秋史)에게 많은 영향을 미쳤으니 추사가 선사께 보낸 글귀 가운데 이런 사상을 내포한 글이 많이 있다. 명선(茗禪)과 선탑다연(禪榻茶烟), 그리고 정좌처다반향초 묘용시수류화개(靜坐處茶半香初 妙用時水流花開)가 그것이다. 이는 모두 선다일여(禪茶一如)의 경지를 천명(闡明)한 것이다.

여기에 선사의 게송 한 구절을 소개한다.

대도(大道)는 지극히 깊고도 넓어
갓 없는 바다와 같고
중생이 큰 은혜에 의지함은
시원한 나무 그늘을 찾는 것과 같네.
오묘한 이치는 밝고 역역한 것이라.
억지로 이름하여 마음이라 하는 것.
어찌 감히 불근(不根)으로써
일찍이 해조음(海潮音)을 듣고서
황망히 군자의 방에 들어가
함께 진리를 말할 수 있으랴.

달빛도 차가운 눈 오는 밤에
고요히 쉬니 온갖 인연이 침노하네
그대는 아는가 무생(無生)의 이치를,
옛날이 곧 오늘인 것을.

② **시 사상(詩思想)**

스님의 시(詩)는 선시(禪詩)와 다시(茶詩), 그리고 운수(雲水)의 시(詩)로 나누어 볼 수가 있는데, 이러한 시상(詩想)에 대해서는 일찍이 여러 선비들이 언급한 바 있다.

그 당시 스님과 교유하던 사대부들은 스님을 시승(詩僧)으로서 더욱 높이 평가하고 있었다. 시(詩)를 사원에서는 게(偈)라고 하는데, 스님의 게(偈)는 시풍(詩風)이 넘쳐 승속간(僧俗間)에 따를 자가 거의 없었다. 그래서 당시에 이름난 학사(學士) 시객(詩客)들과 많은 교유를 했으며, 때때로 모여서 시회(詩會)를 하며 즐겼다. 이렇게 해서 모아진 시가 대부분으로 이를 한데 모아 「일지암시고(一枝庵詩稿)」라고 제명하여 한권의 책을 만들었다.

이 시집 서문에 이르기를 「호남(湖南)의 스님 초의는 학자. 선비들과 교유하기를 좋아했는데, 그의 시문은 속성(俗性)을 벗었고 또한 정결 간명하여 마침내 당송(唐宋)의 시(詩)에 출입할 만하니 군더더기가 없고 맑더라. 이 시집 중에는 창려운(昌黎韻) 몇 편이 있는데 그 내용이 어질고 곧으며 잔잔하여 주자서(朱子書)와 부합된 바가 많더라」라고 하였다. 이 서문은 좌의정을 지낸 홍석주(洪奭周)가 쓴 것으로, 전통적인 주자학에 시종(始終)하여 정치, 사회, 경제, 과학 등에 이르기까지 박학다식한 대학자이다.

이처럼 스님의 시풍은 맑고 담아하며 속성을 벗었고 간결하면서 명료했으니 당송(唐宋)의 시풍에 결코 뒤지지 않는다고 하였다. 뿐만 아니라 스님을 조선조의 시성(詩聖)이라고 까지 추앙하여 그의 작시법(作詩法)을 배우기도 한 신자하(申紫霞)는 스님의 시집 서문(序文)에서 「스님의 시는 내용이 깨끗하고 잔잔하며 참을성 있게 옛 경지에 몰입하였더라. 이 일이 어찌 쉬운 일이랴. 우리나라의 스님 가운데에도 시인이 많았으나 도중에 끊기더니 이제 의순(意洵)의 시를 얻었도다. 그가 교우하는 사람을 보니 소동파에 버금가는 사람들이다. 이 아니 좋은가. 더욱이 그의 시는 중의 티(소순기 蔬筍氣)를 벗고 시로써 계(戒)를 삼았도다」라고 하였다. 시의 내용이 깨끗하고 잔잔하며 참을성 있게 옛 경지에 몰입하였으니, 우리나라 시승(詩僧)의 끊어진 대를 이었다. 이러한 스님의 시풍은 승속이 다 좋아 하였으니 만나고 모이면 으레 흥얼흥얼 시를 읊게 되었고, 또 이러한 시는 그 품격이 뛰어나 뜻이 깊고 맑으며 군더더기가 없고 능소화처럼 홀로 아름다웠다. 이처럼 스님의 시는 깨우치는 바가 많았으며, 정이 넘치고 잔잔하여 피안(彼岸)에 이르렀다.

「만사는 본래 봄날 눈과 같은 것
뉘라서 알리요, 그 가운데 깎아 없앨 수 없는 일단이 있음을
가을 하늘에 잠긴 맑은 달빛은
그 청화(淸火)함이 깨끗하여 비길 데 없구나.
잘나고 못생김을 그 누가 구분했나.
참됨과 거짓이 원래에는 없었던 것
나가정(那伽定)으로부터 아직 움직이기 이전에
누가 향화(香和)의 옛 인연을 맺었다 하나
둘이서 헤어지고 만남이 찾는다고 될 것인가.
함께 살고 함께 죽자고 붙 들을 새도 없구나.
그대 얼굴 한번 보고 또 볼 때마다 기쁘구려
깊고 깊은 정회(情懷)가 더욱 더하네.
삼십 방망이도 두렵지 않아
한가로이 구름 따라 험한 산을 내려와
방장에 계신 유마거사(維摩居士)를 우러러 보니
백옥(白玉)의 세계에 황금으로 장엄했네.
옥녀(玉女)가 때때로 하늘 꽃을 뿌리는데
문수보살이 들고 있는 백연화(白蓮花)로다
밑 없는 바릿대로 향기로운 밥을 받들고
막혀버린 귀로 무언(無言)의 설법을 듣네.
번뇌와 티끌과 때가 붙지 않는 곳
뉘라서 맑은 물에 다시 씻을 것인가.
불이문(不二門) 가운데 삼십 사람이여.
쓸모없는 장광설(長廣說)이로다.
그대들은 보지 못했는가.
최후에 보여 준 이(伊,∴)자의 비유를
가로로도 세로로도 분별키 어려운 것
내 그대의 청을 따라 한마디 하리니

법희(法喜)와 선열(禪悅)로 공양하여 아귀도 제도하리.」

이 시는 지음(知音) 쌍수도인(雙修道人) 김정희(金正喜)에게 보낸 작품이다. 여기에서 스님은 문자선(文字禪)이나 구두선(口頭禪)을 배제하고, 깎아 없앨수 없는 일단(一段: 眞理)이 있으니, 이는 최후에 보인 이(伊: ∴)자(字)이다. 이곳에는 참됨과 거짓이 본래부터 없고, 분별과 헤아림으로 미치지 못하니 번뇌도 떨어지고 티끌도 때도 붙지 않는다고 했다.

이처럼 스님은 선(禪)과 시(詩)가 둘이 아닌 지경에 이르렀으니, 「시선일여(詩禪一如)」의 정신으로 시(詩)로서 선(禪)의 경지에 이르렀다고 할 수가 있다. 이러한 불이사상(不二思想)은 비단 시 뿐이 아니라 모든 사상에 잘 나타나 있다.

③ 선 사상(禪思想)

스님의 선(禪)사상은 그의 「선문사변만어(禪門四辨漫語)」와 「초의선과(艸衣禪課)」에서 찾아볼 수 있다. 사변만어는 당시의 유명한 선(禪)의 중흥조인 백파선사(白坡禪師: 1767~1852)가 선(禪)의 종지(宗旨)를 후학들이 알기 쉽게 풀이하여 펴낸 「선문수경(禪文手鏡)」의 선론(禪論)을 반박하기 위해서 저술한 책이다. 그리고 초의선과는 또 다른 이름으로 「선문염송선요소(禪門拈頌選要疏)」라고도 하며, 내용은 선문염송(禪門拈頌)가운데서 일부 선론(禪論)만을 뽑아서 당신의 선론을 추가해 일지암에서 묶어 펴낸 책이다. 이 책은 판본(版本)으로 간행된 적이 없고 필사본만이 전한다. 그러나 스님의 선사상(禪思想)이 가장 잘 나타난 것은 선문사변만어이다.

백파선사의 선문수경이 세상에 나온 뒤, 선(禪)의 진의(眞意)가 오도되고, 불타와 달마조사의 근본사상에 어긋난다고 생각한 초의스님은 급기야 사변만어를 써서 선문수경의 선론을 논박하기에 이른 것이다. 백파(白坡)스님이 주장하는 삼종선(三種禪), 즉 조사선(祖師禪), 여래선(如來禪), 의리선(義理禪)으로 분류하는 것을 인정치 않고 이종선(二種禪)을 고집하였다. 이종선(二種禪)은 인명(人名)으로 조사선(祖師禪)과 여래선(如來禪)으로 나눌 수 있고, 법명(法名)으로는 격외선(格外禪)과 의리선(義理禪)으로 나눌 수 있는데, 조사선(祖師禪)은 격외선(格外禪)과 같고, 여래선(如來禪)은 의리선(義理禪)과 같은 것이라고 보는 견해이다. 이와 같이 처음부터 근원적으로 입장을 달리하고 보니 이 논쟁은 크게 전국적으로 확산이 되어 송광사에서 우담홍기(優曇洪基: 1822-1881)가 선문증정록(禪門證正錄)을 써서 백파(白坡)스님의 선론을 논박했다. 이에 다시 설두유형(雪竇有炯: 1824-1881)스님이 초의의 선론과 홍기의 선론에 반해서 선원소유(禪源溯流)를 써서 백파(白坡)스님의 선론을 두둔하고 나섰다. 이렇게 한바탕 조선조 말기에 선의 논쟁이 일어나 급기야는 사원에 양대 선론이 팽배해졌다. 이 논쟁은 무려 반세기 이상을 끌고 오는 동안 초의스님의 편에 선 추사 김정희(金正喜)가 이 논쟁에 참여했고 다시 논쟁의 불꽃이 어느 정도 꺼졌다 싶을 때 속리산 법주사의 축원진하(竺源震河)스님이 선문재정록(禪文再正錄)을 써서 다시 들먹였다.

이와 같이 조선조 말기에 일어난 선의 논쟁은 한국불교선종사를 재확인 시키는 결과를 가져왔다. 여하튼 초의스님의 사변만어는 전적으로 선문수경을 논박하기 위해서 쓰인 책이지만 초의스님이 고수하려는 선론이 잘 나타나 있으며, 우리나라 선의 흐름을 제대로 이해할 수 있는 계기를 만들었다고 볼 수 있다. 그 논쟁점의 골자만을 간추려 본다면, 첫째로 임제삼구(臨濟三句)를 백파(白坡)스님은 제 1구는 조사선(祖師禪)이오, 제 2구는 여래선(如來禪)이요, 제 3구는 의리선(義理禪)이다라고 보고, 초의스님은 제 1구는 조사선(祖師禪)이오, 제 2구는 여래선(如來禪)이나, 제 3구는 의리선(義理禪)이 아니라 제 1구와 제 2구의 「병본구(並本句)」로 보았던 것이다.

이와 같이 임제 3구를 삼종선(三種禪)으로 보는 백파(白坡)의 견해를 비판하며, 제 1구나 제 2구를 조사선(祖師禪)과 여래선(如來禪)으로 보는 것은 인정하나 제 3구를 의리선으로 보는 것은 타당치 않다고 하며, 이는 조사선(祖師禪)과 여래선(如來禪)의 「병본(並本)」으로 보아야 한다고 주장하는 것이다.

둘째로, 선문오종(禪門五宗)인 임제종(臨濟宗). 운문종(雲門宗). 조동종(曹洞宗). 위앙종(僞仰宗). 법안종(法眼宗)을 각각 조사선(祖師禪)과 여래선(如來禪)에 배정하고, 그외 오종선문(五宗禪門)에 들지 못하는 북종(北宗)의 신수계(神秀系), 우두종(牛頭宗)의 법융계(法融系), 하택종(荷澤宗)의 신회계(神會系)를 의리선에 배정한 것이 잘못이다라고 초의스님은 비판했다.

셋째로, 초의스님은 조사선(祖師禪)과 여래선(如來禪)의 의미규정을 백파(白坡)스님과 달리하고 있다. 백파스님은 이를 「근기(根機)」의 차이로 보고, 초의스님은 법(法)의 은(隱: 祖師禪). 현(顯: 如來禪)으로 보고있다.

이 외로 살활(殺活), 기용(機用) 진공(眞空) 묘유(妙有), 살인도(殺人刀), 활인검(活人劒)등에서도 다른 견해를 보여 사사건건 반론을 제기하며, 백파(白坡)스님이 변고이상(變古易常)했다고 주장한다.

이 같은 초의스님의 선론은 평소에 교(敎)에만 치우치지 않고 그렇다고 선(禪)에만 기울지도 않는 독특한 「지관(止觀)」 법(法)으로 수행했다고 하는 점에서 찾을 수 있다.

지란(止觀)이란 지(止: Samatha)와 (觀: Vipasyana)의 합성어로서, 지(止)는 일체의 경계를 끊어 버리고 조금도 분별하거나 헤아림이 없는 것을 말하며, 관(觀)이란 이 세상 모든 사물이 지니는 본질적인 본분(本分)을 깊이 관찰하는 것을 말한다. 그래서 그치지(지: 止) 않으면 정(定)에 들 수가 없고, 보지(관: 觀) 않으면 지혜(혜: 慧)를 얻을 수 없다. 이 같은 지관법은 「선교병수(禪敎幷修)」로서 처음에 교(敎)에 들고 나중에 선(禪)에 드는 초심자의 수행지침으로 한동안 우리나라 불교계를 지배해 오고 있었다. 이 사상은 일찌기 원효(元曉)나 중국(中國)의 천태(天台)와도 같은 사상이며, 고려의 의천(義天: 敎觀幷修)이나 지눌(知訥: 定慧雙修)도 이 같은 주장을 했으며, 조선의 서산대사(西山大師)와 그의 제자들도 다 택했던 수행 방법이다.

3. 초의선사의 저술(著述)

① 일지암시고(一枝盦詩稿)

스님이 일생동안 선(禪)의 여가에 사대부들과 교유하면서 지은 시(詩)이다. 모두 4권(四卷)으로 되어 있는데, 필사본으로 필사한 사람은 알 수가 없고 4권(四卷)이 한 책으로 묶여져 있다. 이 책은 고(故) 효당(曉堂) 최범술(崔凡述)이 소장하고 있다가 1975년에 보련각(寶蓮閣)에서 영인(影印)하여 펴냈다.

권(卷) 1에는 109수의 시(詩)가 실려 있는데 30대의 작품으로서 (22세에서 44세 때까지 작품) 22세때 화순(和順) 쌍봉사(雙鳳寺)에 가서 지은 최초의 시 「8월15일효좌(八月十五日曉坐)」를 비롯해서 다산(茶山: 丁若鏞)선생에게 지어 드린 시, 그리고 처음으로 상경(上京)하여 유산(酉山: 丁學淵) 운포(耘逋: 丁學遊) 추사(秋史: 金正喜) 산천(山泉: 金命喜) 등 형제분들과 교유(交遊)하면서 읊은 시, 그 후 경주 불국사(佛國寺)에 가서 쓴 회고의 시 등이 실려 있다.

권2에는 110수의 시가 실려 있는데 45세에서 46세 때까지 2년 동안의 작품이다. 일지암을 짓고 은거한 후로 지은 「중성일지암(重成一枝庵)」 시와 45세 때 두번째로 서울에 올라가서 수종사(水鍾寺), 두능(杜陵), 채화정(菜花亭), 청량사(淸凉寺), 용문사(龍門寺), 열수(洌水)등지를 돌아다니면서 해거(海居: 洪顯周), 유산(酉山), 운포(耘逋), 진재(眞齋: 朴鍾林) 광산(匡山: 朴鍾儒) 저원(樗園: 洪羲人) 경당(絅堂: 尹正鎭)등과 화운(和韻)한 작품 42수가 있다.

권3에는 47세에서 57세까지 11년 사이에 지은 작품 122수가 실려 있다.

일지암으로 북산도인(北山道人) 변지화(卞持和)가 찾아 와서 함께 화답(和答)한 시와 암자 주변에 대나무를 심고 지은 「종죽(種竹)」 시, 이 시에서는 은거인의 맑고 담아한 정취를 느낄 수 있다. 그 후 금강산에 구경 갔다가 그곳에서 지은 시가 있고, 돌아올 때 서울에서 해거(海居), 추사(秋史), 산천(山泉)과 화운(和韻)한 시 10수가 포함되어 있다.

권4에는 58세 때부터 65세까지 8년 동안에 지은 시 60수가 실려 있다.

이 가운데 8수는 신관호(申觀浩), 황상(黃裳), 산천(山泉), 유산(酉山) 운포(耘逋)등과 함께 지은 것이고, 「귀고향(歸故鄕)」 시는 58세 때 40년 만에 고향에 가서 눈물로 쓴 작품이다. 65세 이후에도 많은 작품이 있으나 이 책에는 실려 있지 않고 여기저기 따로 흩어져 있다.

이 외에도 서예가 창암(蒼巖: 李三晩)선생과 화운한 시가 여러 편 전해지는데 이 책에서는 빠져 있다.

그리고 시고 말미에 석오 윤치영(石梧: 尹致英)과 위당 신관호(威堂: 申觀浩)와 백파거사 신헌구(白坡居士: 申獻求)의 발문(跋文)이 붙어 있다.

② 일지암문집(一枝庵文集)

이 문집은 스님이 일생동안 지은 소(疏), 기(記), 서(序), 발(跋), 상량문(上樑文), 제문(祭文), 축문(祝文), 영찬(影贊)등 52개 항목과 부록으로 탑비명(塔碑銘)이 수록되어 있는데, 필사본으로 광서16년(光緖十六年: 1890)에 그 문인(門人) 월여범인(月如梵寅)스님이 편집하고 원응계정(圓應戒定)스님이 정서해서 펴냈다. 스님이 열반에 드신지 24년째 되던 해 5월에 산일되어 있던 것을 한데 모아서 묶은 것이다. 이 문집의 체제를 보면 전2권 일책(一冊)으로 되어 있고 뒤에 부록이 첨가되어 있다.

권1에서는 소(疏) 3편, 상량문(上樑文) 4편, 기(記) 5편, 서문(序文) 8편, 발문(跋文) 2편으로 모두 22개 항목이 수록되어 있다. 그 중요한 내용을 보면 천불전상량문(千佛殿上樑文)과 천불기(千佛記), 그리고 표충사이건기(表忠祠移建記)와 상량문(上梁文), 그의 스승인 완호법사(玩虎法師)의 탑비음기(塔碑陰記)와 대둔사(大芚寺) 출신의 승계보(僧系譜)를 적은 승보안서발문(僧寶案序跋文), 그리고 말년에 대광명전(大光明殿)과 보련각(寶蓮閣)을 창건하고 서산대사(西山大師) 이후 대흥사(大興寺)에서 배출된 12대 종사(宗師)와 12대강사(講師) 스님을 비롯해서 고승대덕(高僧大德) 172위(位)의 영(影)을 모신 대광명전상량문(大光明殿上樑文)

을 지었다.

또 일생의 지기(知己)였던 해거도인(海居道人) 홍현주(洪顯周) 시집발문(詩集跋文)을 실었다.

권2에는 발문(跋文) 5편, 모연문(募緣文) 2편, 권선문(勸善文) 1편, 보살계패규(菩薩戒牌規) 1편, 법문(法文) 1편, 제문(祭文) 9편, 축문(祝文) 2편, 영찬(影贊) 3편, 서간문(書簡文) 6편등 모두 30개 항목이 실려 있다. 그 중요한 내용을 보면 해인사 대웅전(海印寺大雄殿)과 대장경각중수권선문(大藏經閣重修勸善文)과 대둔사탑원다례제문(大芚寺塔院茶禮祭文), 그리고 스님의 출가 사찰인 운흥사(雲興寺)에 가서 법문한 보살계법문(菩薩戒法文)과 은조사(恩祖師) 백련화상(白蓮和尙)의 영찬(影贊), 완당(阮堂) 김정희공(金正喜公)의 제문(祭文)과 수계은사(授戒恩師)의 제문(祭文), 그리고 문도 형제의 제문(祭文)과 법제자(法弟子)와 상좌제문(上佐祭文), 또 동다송(東茶頌)을 저술해서 보낼때 함께 보낸 편지 「상해거도인서(上海居道人書)」와 추사(秋史)에게 답한 「답쌍수도인(答雙修道人)」 다산(茶山)에게 보낸 서간문 등이다.

부록으로 신헌(申櫶)이 찬(撰)한 「초의대종사탑비명(艸衣大宗師塔碑銘)」과 「초의화상게(艸衣畵像偈)」와 송파거사(松坡居士) 이희풍(李喜豊)이 찬(撰)한 「초의대사탑명(艸衣大師塔銘)」이 수록되어 있다. 끝으로 대승계(大乘戒)를 받은 「수대승계자명(受大乘戒者名)」이 실려 있다.

③ 초의선과(草衣禪課)

초의선과는 선(禪)의 요지(要旨)를 밝힌 「선문염송(禪門拈頌)」 중에서 그 골자만을 가려내 주석을 달아 만든 책이다. 한지 일책(一冊)으로 되어 있는데 가로가 19cm 세로가 27cm 크기로 전부 34장이다. 이중 표지가 2장이며 서문이 1장 본문이 31장 55개 항목으로 되어 있다.

그 체제를 보면 처음에 「선문염송선요소(禪門拈頌選要疏)」를 붙여 「선문(禪門)」에 대해서 설명을 하고 있다. 「선이란 중봉(中峯)선사의 말씀에 범어로 선나(禪那)이며, 사유수(思惟修) 또는 적멸(寂滅)이라 이름하니, 한마음의 극치를 가리킨다. (선자중봉선사운범어선나차명사유수역명적멸내지일심지극치야 禪者中峯禪師云梵語禪那此名思惟修亦名寂滅乃指一心之極致也)」

이와 같이 선(禪)에 대해서 서설하고 본문으로 들어가 모두 55개 항목으로 나누어서 문답의 형식처럼 원문을 앞에 놓고 각항마다 주석을 달아 엮어 나간다.

그 첫머리에 「염송병주(拈頌幷註)」라고 제(題)하고 그 밑에 「자우주석(紫芋注釋)

」이라고 하였다. (紫芋)는 초의선사(草衣禪師)의 당호(堂號)로서 자우산방(紫芋山房)의 줄인 말이다. 또 「일지선방 중부자술(一枝禪房 中孚子述)」이라고 되어 있는데, 이것은 일지암(一枝庵)을 말하는 것으로 일지암(一枝庵)은 39세에 지어서 40여년간 「독처지관(獨處止觀)」 하시던 곳이다. 그리고 중부자(中孚子)란 스님의 자(字)이다.

④ **선문사변만어(禪門四辨漫語)**

선문사변만어는 어느 여름날 영남에서 왔다는 백파선사(白坡禪師)의 법제자(法弟子)로 부터 백파선사(白坡禪師)의 선론(禪論)을 듣고서 틀린 곳을 바로잡기 위해서 지은 것이다. 그 경위는 사변만어 첫 머리에 상세히 나와 있다. 「영남(嶺南)에서 온 객이 말하기를 자기는 목부산(木浮山) 육은노인(六隱老人: 白坡禪師)의 법제자라고 했다. 비가 와서 십여 일 묵는 동안에 스승의 선론(禪論)을 말했는데 그중에 옛 고덕(古德)의 뜻에 어긋 나는 점이 있으므로 본래의 뜻에 따라 바로잡는다」라고 하였다. 이렇게 해서 사변만어를 저술하게 되었는데, 그 후 계축년(1913) 6월 10일에 증법손 벽담대사(碧潭大師)와 경연(鏡淵)스님이 주관하여 인간(印刊)하게 되었다.

그 체제를 보면 일책 전22장으로 되어 있는데, 첫 머리에 원응계정(圓應戒定)스님이 쓴 「서문(序文)」이 들어 있고, 그 다음에 본문이 12장에 걸쳐서 이어진다. 말미에 「이선래의(二禪來義)」와 「격외의리변(格外義理辨)」, 「살활(殺活)」, 「진공묘유변(眞空妙有辨)」이 실려 있다.

여기에서 이선내의(二禪來義), 격외의리변(格外義理辨), 살활, 진공묘유변은 초의스님의 견해를 밝힌 것이요, 사변만어(四辨漫語)는 백파선사(白坡禪師)의 선론을 한 구절 쓰고 그 잘못된 점을 지적하여 규명하는 방법으로 스님의 견해를 붙였다.

⑤ **동다송(東茶頌)**

동다송은 「한국의 다경(茶經)」이라고 할 수 있는 차의 전문서이다. 스님의 나이 52세(1837년) 되던해 봄에 「다도(茶道)」를 묻는 해거도인 홍현주에게 저술해서 보낸 것이다.

이 동다송은 처음에는 「동다행(東茶行)」이라고 하였는데 뒤에 「동다송(東茶頌)」으로 바꿨다. 이 책의 체제와 내용을 보면 모두 31송으로 되어 있는데, 각 송구(頌句)마다 주(註)를 달아 설명하고 있다. 옛 고전(古典)인 다경(茶經)과 신이기(神異記), 만보전서(萬寶全書), 다서(茶序), 등(等) 21개 문헌을 34회에 걸쳐 인용하여 스님의 다론(茶論)이 「고인소전지의(古人所傳之意)」에 어긋나지 않음을 증명해 보였다.

이러한 동다송의 대의를 살펴보면 세 가지로 요약할 수 있다. 첫째, 차는 인간에게 너무 나도 좋은 약과 같은 것이니 차를 마셔라 둘째, 우리나라 차(東茶)는 중국의 차에 비해서 약효나 맛에 있어 결코 뒤지지 않는다. 육안차의 맛이나 몽산차의 약효를 함께 겸비하고 있다. 셋째, 차에는 현묘(玄妙)과 지극(至極)한 경지가 있어 「다도(茶道)」라 한다는 것이다. 그래서 스님은 신(神), 체(體), 건(健), 영(靈)의 다도관(茶道觀)을 완성해 설명하고 있다.

이 책은 여섯종류가 있는데, 일지암 소장본과 홍현주 소장본, 다예관본(茶藝館本)과 윤치영본(尹致英本)과 법진본(法眞本)과 금명본(錦溟本)이 그것이다. 본문에서 밝힌바대로 일지암본과 홍현주본은 초의스님의 친필본으로 그 행방을 찾을 길이 없고, 다예관본(茶藝館本)과 윤치영본(尹致英本)과 법진본(法眞本)과 금명본(錦溟本)만이 전하고 있는 것이다. 다예관본(茶藝館本)은 태평양 다예관(太平洋 茶藝館)에 초의스님의 다른 유품들과 함께 보관되어 있고, 석오(石梧) 윤치영본(尹致英本)은 서울의 이일우(李一雨)씨가 소장하고 있고, 법진본은 전남 담양에 사는 수진(守眞)스님이 소장하고 있으며, 금명본은 송광사(松廣寺) 도서관에 보관되어 있다.

⑥ 다신전(茶神傳)

다신전은 차 생활에 필요한 차의 지침서로서 스님이 45세(1830년) 때에 일지암에서 정서해서 펴낸 것이다. 다신전은 스님의 완전한 창작이 아니고 중국의 「만보전서(萬寶全書)」라는 백과사전 속에 수록되어 있는 「채다론(採茶論)」의 원문을 초출(抄出)해 내서 제명(題名)을 하고 발문(跋文)을 달아 만든 책이다. 그러니까 스님이 43세(1828년) 때 여름에 지리산 칠불선원(七佛禪院)에 갔다가 그곳에서 등초(謄抄)해 가지고 와서 사원에서 차를 알고자 하는 이가 많아 그 2년 뒤인 경인년 봄에 책명을 「다신전(茶神傳)」이라 하고 그 경위를 말미에 달아 한권의 책으로 만들었다.

이 책의 체제와 내용을 보면 전부 22개 항목으로 나누어 설명하고 있다.

「채다(採茶), 조다(造茶), 변다(辨茶), 장다(藏茶), 화후(火候), 탕변(湯辨), 탕용노눈(湯用老嫩), 포법(泡法), 투다(投茶), 음다(飮茶), 향(香), 색(色), 미(味), 점염실진(點染失眞), 다변불가용(茶變不可用), 품천(品泉), 정수불의다(井水不宜茶), 저수(貯水), 차잔(茶盞), 식잔포(拭盞布), 다위(茶衛)」 등(等)이다. 그리고 말미에 발문(跋文)을 달아 놓았다.

이 다신전은 현재 다예관(茶藝館)에 소장한 것이 있고, 법진본(法眞本)이 있고,

일본인(日本人) 가입일웅(家入一雄)이 쓴 「조선(朝鮮)의 차(茶)와 선(禪)」에 수록되어 있는 것이 있으며, 일지암에 소장한 것이 있었다. 그러나 지금은 다예관본(茶藝館本)과 법진본(法眞本)과 가입일웅(家入一雄)이 등초한 것과, 다신전의 원본인 장원(張源)의 다록본(茶錄本)과, 만보전서(萬寶全書)의 원문(原文)이 있을 뿐이다. 스님이 친필로 쓴 「일지암본」은 아직까지 발굴되지 않고 있다.

⑦ **진묵조사유적고(震黙祖師遺蹟攷)**

진묵조사유적고는 초의스님이 1847년 봄에 지은 것이다. 이 책을 찬술하게 된 경위는 발문에 상세히 나와 있다.

「내가 임인년(1842) 겨울에 은고(隱皐) 김공을 완산(完山: 전주)에서 만났을 때 공은 조사의 자취를 매우 상세하게 말하였으며, 또 두어 곡(斛)의 쌀을 준비해서 뜻을 같이한 한두 명 선비들과 함께 성의를 모아 봉서사(鳳棲寺)에다 조사의 실적(實蹟)을 기록하여 산문을 진무(鎭撫)하고야 말겠다고 하였다. 아마도 그 도를 멀리까지 전파하려는 뜻에서 였을 것이다. 그 6년 뒤인 정미년(1847) 봄에 봉서사에서 왔다는 어떤 스님이 나의 거실인 일지선방으로 나를 찾아와 역시 이 일로써 나에게 기문을 부탁하는지라 김공의 뜻에 대한 감회도 있고 또 지금 청하는 이에게 등을 돌리기도 어렵고 하여 그 전해오는 구비(口碑)의 사실을 대략 기록하였으니 운고(雲皐)에게 전하여 고명한 김공의 수정을 요청하다」라고 하였다.

진묵조사는 명종 17년(1562)에 전라도 만경현 불거촌에서 태어났다. 조사의 휘는 일옥(一玉)이며 진묵(震黙)은 법호이다. 인조 11년(1633)에 입적하니 나이가 72세요, 법랍이 52세요, 10월 28일이었다.

이 유적고의 체제를 보면 은고거사 김기종의 서문(序文)이 먼저 실려 있고, 그 다음에 초의스님의 서문이 있다. 그리고 본문 유적고 상권이 시작되는데, 그 내용은 모두 18개 항목으로 나누어 시이(神異)한 행적을 기록하여 놓았다. 그리고 상권 말미에 「석가여래인지(釋迦如來因地)」 4장이 실림으로써 상권이 끝난다. 다음 하권(下卷)에는 조수삼의 「영당중수기(影堂重修記)」와 초의스님의 발문(跋文)과, 운고(雲皐)스님의 발문(跋文)과, 김영곤의 발문(跋文)과, 김영학의 발문(跋文)등을 하권으로 묶었다. 이와 같이 상하 2권1책으로 해서 엮었는데, 이 유적고가 아니고는 진묵대사에 대한 행장은 알 길이 없다. 다른 문헌에는 대사에 대한 기록이 전하지 않으므로 이 기록이 유일한 것이다.

⑧ **문자반야집(文字般若集)**

스님이 평소에 지은 서(序), 발(跋), 제문(祭文), 서간(書簡) 등(等) 11편을 수록한 수고(手稿) 초본(草本)이다. 그 편목(篇目)은 모두 필사본(筆寫本)인 일지암문집(一枝庵文集)과 중복(重複)되나, 이 전집(全集)에서는 스님의 수고(手稿)의 편린(片鱗)를 보이는 뜻에서 부재(附載)하였다.

다만, 특기(特記)할 것은, 「상해거도인서(上海居道人書)」의 경우, 편명(篇名) 다음에 「정유하(丁酉夏)」라는 주기(註記)가 있고, 본문(本文) 가운데에 「근술동다행일편이진헌(謹述東茶行一篇以進獻)」이라는 구절(句節)이 있어, 「동다송(東茶頌)」의 저술 시기가 정유년(丁酉年: 1837) 여름 이었으며, 처음에는 「동다행(東茶行)」이라고 하였다는 사실을 알려주고 있다는 점이다.

⑨ 초의시고(艸衣詩稿: 木活字本)

스님의 입적(入寂) 40년 후(後)인 병오년(丙午年: 1906)에 그 법손(法孫) 상운응혜(祥雲應惠)와 법제 (法弟) 쌍수일한(雙修一閒)이 인간(印刊)한 목활자본(木活字本)이다. 전 2권 2책이며, 권지하(卷之下) 후반(後半)에는 문(文)이 실려 있다. 권수(卷首)에 홍석주(洪奭周)와 신위(申緯)의 서문(序文)과, 권말(卷末)에 윤치영(尹致英)과 신헌구(申獻求)의 발문(跋文)이 있는 것은 필사본(筆寫本) 일지암시고(一枝庵詩稿)와 같으나, 신관호(申觀浩)의 발문(跋文)이 빠지고, 「병오4월하완지일일 원응계정 근서(丙午四月下浣之一日 圓應戒定 謹書)」라는 발문(跋文)이 있다. 수록(收錄)편수(篇數)로 보면, 시편(詩篇)은 일지암시고(一枝庵詩稿)와 순서(順序)의 차이(差異)는 있으나 편목(篇目)은 동일(同一)하며, 문편(文篇)은 일지암문집(一枝庵文集)보다 훨씬 적게 실려 있다. 전권(全卷)에 걸쳐 문자(文字)의 이동(異同)이 산견(散見)된다.

4. 초의의순(艸衣意洵) 연보(年譜)

1758년 완호윤우(玩虎倫佑) 태어남.

1762년 다산(茶山) 정약용(丁若鏞) 태어남.

1766년 유당(酉堂) 김노경(金魯敬) 태어남.

1969년 자하(紫霞) 신위(申緯)태어남.

1772년 아암혜장(兒菴惠藏) 태어남.

1774년 연천(淵泉) 홍석주(洪奭周) 태어남.

1778년 호의시오(縞衣始悟) 태어남.

1779년 하의정지(荷衣正持) 태어남.

1783년 유산(酉山) 정학연(丁學淵) 태어남.

1786년 (丙午. 正祖 10년) [1세]

- 4월 5일, 전남 무안군 삼향면(三鄕面)에서 초의(艸衣) 태어남. 속성(俗性) 장씨(張氏).
- 6월 3일, 추사(秋史) 김정희(金正喜) 충남 예산군 신암면(新岩面) 용궁리(龍宮里) 월성위(月城尉)의 집에서 태어남.
- 7월 29일, 운포(耘逋) 정학유(丁學遊) 태어남.

1788년 (戊申. 正祖 12년) [3세]

- 산천(山泉) 김명희(金命喜) 태어남

1790년(庚戌. 正祖 14년) [5세]

- 초의 물에 빠져서 사경을 헤매다 살아났음.
- 9월 백파긍선(白坡亘璇) 설파상언(雪坡尙彦)에게서 구족계(具足戒)를 받음.

1791년(辛亥. 正祖 15년 [6세]

- 김정희, 초정(楚亭) (朴齊家: 1750~?)와 첫 대면함. 『6세 때 대문에 입춘첩을 써서 붙였는데, 정유(貞蕤) 박제가가 지나가다가 보고 기이하게 여겨서 유당을 방문하여 선생을 보고는 칭찬과 찬탄을 아끼지 않으면서 말하기를, 마땅히 예(藝)를 배워 세상에 이름을 날릴 것이니 내가 이를 가르쳐 성취시키겠다고 하였다. [六歲書春書帖于門 貞蕤朴公見而異之 訪於酉堂 公見先生 加稱歡曰 堂以學藝名世 五將敎而成之]

1798년(戊午. 正祖 22년) [13세]

- 10월, 대둔사대회(大芚寺大會)를 열고, 완호법사가 청풍료(淸風寮)에 주석하면서

겨울동안 학인 1백여 명을 모아 놓고 능엄경(稜嚴經)을 강론함.

1799년 (己未. 正祖 23년) [14세]

• 2월 3일, 연담유일(蓮潭有一) 장흥(長興) 보림사(寶林寺) 삼성암(三聖庵)에서 입적함. 세수(世壽)80세, 법랍(法臘) 62세. 다비(茶毘)한 뒤에 해남 대둔사. 무안 법천사(法泉寺), 해남 미황사(美黃寺)에 부도와 비(浮屠碑)를 세웠다.

1800년 (庚申 . 正祖 24년) [15세]

• 초의 전남 나주군 다도면(茶道面) 덕룡산(德龍山) 운흥사(雲興寺)에서 대덕(大德) 벽봉민성(碧峰敏性)에게 의지해서 출가함.

1801년 (辛酉. 純祖 1년) [16세]

• 김정희 . 박제가에게 사사(私事) 받으면서 청나라의 고증학을 배움.

• 11월, 정약용 '신유사옥(辛酉邪獄)'으로 강진(康津)에 유배되어, 동촌주가 사의재(東村酒家. 四宜齋)에 위리 안치됨

• 이 해에 초의가 출가했다고 하는 설이 있음. 이희풍(李喜豊) 초의대사탑명(艸衣大師塔銘)

1803년 (癸亥. 純祖 3년) [18세]

• 봄, 완호가 연담조사(蓮潭祖師)의 비를 세움.

1804년(甲子. 純祖 4년) [19세]

• 초의 영암 월출산(月出山)에 올라 밤에 바다에서 떠오르는 달을 보다가 크게 깨달음. 이후로는 막히는 것이 없었다고 함. 월출산 도갑사(道岬寺)에 잠시 머물렀다가, 해남 대흥사로 가서 완호윤우대사에게 구족계를 받고 초의라는 법호를 받음.

1805년(乙丑. 純祖 5년) [20세]

• 봄, 혜장(惠藏) 강진 도암의 백련사〈白蓮社: 만덕사(萬德寺)〉 주지로 취임함.

• 가을, 정약용이 만덕사 세심암으로 혜장을 찾아가 첫 대면함. 이날 다산은 대흥사 북암으로 가고 뒤따라간 혜장과 함께 북암에서 묵음,

• 초의 다산과 처음으로 대흥사에서 대면함

• 다산 강진 동촌 주막집인 사의재〈四宜齋: 주가(酒家)〉에서 혜장의 배려로 강진읍 우두봉 아래 고성사(高聲寺)로 옮겨가서 살았음.

• 겨울, 다산이 고성사 보은산방(寶恩山房)에서 처음으로 차 생활(茶生活)을 시작하면서 걸명소(乞茗疎)를 지어 혜장(惠藏)에게 보내서 차를 구걸함.

• 겨울, 다산의 아들 유산 정학연이 고성사에서 연파혜장선사를 만나 황상과 함께 혜장선사를 따라 두륜산 대흥사를 4일 동안 유람하고 고성암으로 돌아가 유두륜산

기(游頭輪山記)를 지음.

1806년(丙寅. 純祖 6년) [21세]

• 가을, 다산 1년 만에 보은산방에서 내려와 제자인 학래(鶴來) 이청(李晴)의 집으로 옮겨가서 살음.

• 김정희 첫 부인 한산 이씨(韓山李氏) 별세함(20세 설도 있음).

1807년(丁卯. 純祖 7년) [22세]

• 초의 능주(綾州) 쌍봉사〈雙峰寺: 전남 화순군 이양면(梨陽面) 중리(中里) 소재〉에서 지내면서, (한가위 새벽에 앉아서 八月十五日曉坐). (가을날 회포를 적다 秋日書懷)등의 시를 지었다. 초의시고에 나오는 최초의 시구이다.

• 봄, 대둔사에서 가사불사(袈裟佛事)를 베푸는 데 참여하였다.

• 봄, 혜장 두륜산(頭輪山)에 암자〈일발암(一鉢庵)〉를 지음, 정약용이 '일발암기(一鉢庵記)'를 써서 증정함.

• 4월 3일, 초의의 은조사(恩祖師)인 백련도연(白蓮禱演)이 대둔사 청운당(靑雲堂)에서 입적함.

1808년(戊辰. 純祖 8년) [23세]

• 완호 대둔사 낭암화상대회(朗岩和尙大會)에 참석하고 겨울을 지냄. 약사전(藥師殿)에서 화엄경(華嚴經)을 강독함.

• 봄, 정약용 다산초당〈茶山草堂: 전남 강진군 도암면(道岩面) 귤동(橘洞) 윤박(尹博)의 서고〉으로 옮겨가서 살음. 이곳에서 다산은 1818년 유배에서 풀려 고향으로 돌아갈 때까지 10년 동안을 살았다

• 혜장(惠藏) 정약용의 권유로 '아암(兒菴)'이라 자호(自號)함.

1809년 (己巳. 純祖 9년) [24세]

• 초의 대둔사에서 (탁옹선생에게 보낸다奉呈籜翁先生)는 시를 지어 다산에게 보냈음. 이 시의 내용으로 보아 이미 이 전에 다산과 만나서 사귀었다는 것을 알 수가 있다.

• 초의 정약용과 첫 시문을 교류하였음. 탁옹(籜翁)은 다산 정약용의 별호임. 정약용이 대둔사와 만일암을 다녀왔음.

• 여름, 정약용 은봉(隱蜂) 두운선사(斗云禪師)의 부탁으로 '만일암지(挽日菴志)'를 써 주었음.

• 김정희 생원시(生員試)에 합격 하였음. 10월에 동지사(冬至使) 일행으로 부친인 유당 김노경을 따라 청나라에 감.

김정희 10월 28일, 담계(覃溪) 옹방강(翁方綱), 조옥수(曹玉水)등과 처음으로 만나서 일생동안 깊은 교분을 맺었다.

• 소치(小痴) 허련(許鍊) 진도 운림산방에서 태어남.

1810년(庚午. 純祖 10년 [25세]

• 초의 대둔사에서 (승검초를 캐며 采山蘄行). (시냇가를 거닐면서 溪行). (만일암에 쓰노라 題挽日蘭若) 등의 시를 지음.

• 3월 17일, 김정희 중국 연경(燕京)에서 귀국함. 명차(茗茶) '용단승설(龍團勝雪)'을 마시면서 '승설학인(勝雪學人)'으로 자호함.

• 산천 김명희 관직에 나감.

1811년(辛未. 純祖 11년) [26세]

• 2월, 대둔사 천불전(千佛殿) 화재로 소실됨. 『가리첨사가 이경에 사찰에 들어와 삼보에 횃불을 만들어 창고에 들어갔는데 불티가 떨어지는 줄 모르고 다니다가 이로 인해 불길이 솟았고, 가허루, 천불전, 대장전, 용화당, 적조당, 지장전, 약사전, 향로전 등 아홉 건물이 하룻밤 사이에 모두 타버린 것을 완호대사가 몸소 축문을 써서 차례로 재건했다. [加利僉使 二更入寺 三補取炬入庫 不知火落 因而火起 駕虛樓. 千佛殿. 大藏殿. 龍華堂. 寂照堂. 地藏殿. 藥師殿. 香爐殿等九寮一夜燒燼 玩虎大師自荷軸勸 以次起立]

• 봄, 혜장 북암(北庵))에 머물면서 장춘동잡시20편(長春洞雜詩二十篇)의 시를 지어 정약용에게 보내줌.

• 9월 15일, 혜장 북암에서 입적함. (의발은 수룡(袖龍)에게 전해짐)

1812년(壬申. 純祖 12년) [27세]

• 초의 대둔사에서 고향에서 병사한 이찬학자를 애도하며 '도리찬학자병사고(悼理贊學者病死故鄕)'의 시를 지음. 혹은 계미년(1823년)이라고도 함.

• 가을 9월 12일에는 다산선생과 그의 제자 윤동(尹峒)과 함께 월출산 백운동(白雲洞)에 들어가 놀면서 백운동 외경을 그렸다. 백운동에는 십이승경이 있는데, 옥판봉(玉版峰), 산다경(山茶徑), 정유강(貞蕤岡), 모란체(牧丹砌), 취미선방(翠微禪房), 백매오(白梅塢), 창하벽(蒼霞壁),유상곡수(流觴曲水), 홍옥폭(紅玉瀑), 풍선(楓墠), 정선대(停仙臺), 운당원(篔簹園)이다. 이때 그린 그림이 백운동도(白雲洞圖)이다. 그 다음장에 십이승경(十二勝景) 마다 다산선생과 초의선사가 시(詩)을 번갈아 지었으며 맨끝장에는 다산초당을 그린 다산초당도(茶山草堂圖)를 붙이고, 다시 다산선생이 발문을 지어 한폭의 시축도(詩軸圖)를 만들었다. 이때 초의선사는 홍옥폭, 풍선, 정

선대등 3편의 시를 짓고 전서(篆書)로 시문을 손수 썼다. 이 백운첩(白雲帖)은 강진 사람이 소장하고 있다가 서울 인사동의 통문관(通文館) 주인 이겸노(李謙魯)의 수중으로 넘어갔고 그 뒤 다시 인천의 이재환 씨에게 팔려갔다. 이 시축도가 2001년 6월 4일자 조선일보 지면을 통해 세상에 알려졌다.

• 자하(紫霞) 신위(申緯) 중국에 다녀옴. 김정희가 자하 편에 담계 옹방강에게 7언절구 시를 보냄. 자하를 옹방강에게 소개함, 담계는 자하를 한 번 보고 말하기를 듣는 것보다 보는 것이 더 낫다고 하였다.

• 봄, 호의 완호의 문하에 들어가 법제자가 됨. 이때 정약용은 강진에서 유배생활을 하다가 그 종의(宗誼)를 돈독히 하기 위해 호게(號偈)와 서문을 써서 증정함.

1813년(癸酉. 純祖 13년) [28세]

• 초의 대둔사에서 (비에 갇혀 다산초당에 가지 못하고 阻雨未往茶山草堂) (연못 속 어린 고기를 노래함 賦得池中魚苗)등의 시를 지음.

• 5월, 천불전상량문(千佛殿上樑文)을 지음.

• 8월 4일, 정약용 다산초당에 머물면서 초의를 위해 '증언초의의순 ' 글을 지어 증정함.

• 금미(琴麋) 김상희(金相喜) 관직에 나아감.

1814년(甲戌. 純祖 14년) [29세]

• 초의 대둔사에 머물다.

• 대둔사의 완호대사(玩虎大師)를 宗師로 '승보계(僧寶禊)' 가 만들어 지다.

1815년(乙亥. 純祖 15년) [30세]

• 초의 처음으로 한양 가는 길에 전주 (한벽당에 올라 登寒碧堂). (만향각에서 유산과 함께 읊음 蔓香閣與酉山共賦). (파당 가는 길에 巴塘途中). (수종사 회고 水鍾寺懷古). (서성에서 눈오는 밤에 산천거사 김명희와 두목의 운에 맞춰 西城雪夜與山泉居士金命喜拈杜樊川韻). (다시 한유의 운에 맞춰 又拈昌黎韻). (옥경산방에서 자면서 주인에게 드리는 30운 宿玉磬山房奉贈主人三十韻) 등의 시를 지음.

• 초의 김정희. 김명희와 첫 대면함.

• 초의가 수락산 학림암(鶴林庵)에서 가서 해붕대사(海鵬大師)를 모시고 있을 때 추사 김정희가 학림암으로 찾아와 해붕대사와 공에 대해서 담론을 하였다. 이 인연으로 후에 해붕대사 화상찬을 씀.

• '신자하시집(申紫霞詩集)' 출간됨.

1816년(丙子. 純祖 16년) [31세]

• 초의 수락산(水落山)에서 (함벽정에서 자면서 학고도인에게 삼가 드림 宿涵碧亭奉贈鶴皐道人)의 시를 지음

• 초의 대둔사로 돌아와 (철경대사가 지지옹에게 준 시에 차운함 次掣鯨大師寄止止翁韻)의 시를 지음.

• 7월, 김정희 북한산에서 진흥왕순수비(眞興王巡狩碑)를 발견하고 예자각(隸字刻)을 판독함.

1817년(丁丑. 純祖 17년) [32세]

• 초의 대둔사에서 (한양에 가는 철경선사를 보내며 送掣磬禪師遊漢陽)의 시를 지음.

• 4월 29일, 김정희 경주에서 무장사(鍪藏寺)를 찾아가 시를 지음.

• 6월, 초의 경주(慶州)에서 '불국사 회고(佛國寺 懷古)'의 시를 지음.

• 8월, (동장에서 동로승지 김재원. 담재승지 김경연. 황산승지 김유근. 추사대교 김정희와 헤어지면서 東莊奉別東老金承旨在元覃齋金承旨敬淵黃山金承旨逌根秋史金持敎正喜) 21수의 시를 지음.

• 9월 14일, 정약용 유배에서 풀려 고향으로 돌아감.

• 10월, 중조천불기(重造千佛記)를 지음.

• 10월, 경주 기림사(祇林寺)에서 천불을 조성해서 점안(點眼)함.

• 11월 16일, 부처를 운반한 배가 나아감.(그중 한 척은 표류해서 일본 나가사끼(長崎)에 닿음)

• 청나라의 대학자 담계 옹방강 별세.

1818년 (戊寅 . 純祖18년) [33세]

• 6월 17일, 대둔사에서 천불을 운선(運船)함.

• 7월 15일, 절에 오름.

• 8월 15일, 새로 조성한 법당에서 천불을 봉안함.

• 정약용 유배에서 풀려 고향으로 돌아갈 때 '다신계절목(茶信契節目)'을 제자들과 함께 지음.

• 김정희 남산에 올라 잠두봉(蠶頭峰)에 머리를 두고 담계 옹방강의 죽음을 애도함.

• 가을, 김정희 '아암장공완역소상(兒庵藏公玩易小像)'을 봉래각(蓬萊閣)에서 제찬(題贊)함.

1819년(己卯. 純祖 19년) [34세]

• 초의 대둔사에 있으면서, 천불전 안에 신중정(神衆禎)을 조성할 때 증사(證師)가 됨.

• 초의 대둔사에서 '승보계안서(僧寶稧案序)' 를 지음(臘月日)
• 이재(彝齋) 권돈인(權敦仁) 중국에 들어감.

1820년(庚辰. 純祖 20년) [35세]
• 대원군(大院君) 이하응(李昰應) 태어남.

1821년(辛巳. 純祖 21년) [36세]
• 초의 대둔사에 머무름.

1822년(壬午. 純祖 22년) [37세]
• 초의 대둔사에 머물면서 (산수도 팔첩에 부쳐서 題山水圖八帖). (다정 윤효렴 종영이 가연산에 살면서 '겨울노래'를 보내왔기에 '봄노래'. '여름노래'. '가을노래'를 짓고 아울러 보내온 '겨울노래'와 합해서 '사시사'를 만들어 다시 보내다 茶亭尹孝廉鍾英賦 伽延山居冬詞寄余 余賦春夏秋詞與冬詞 合成四時詞還呈). (과거에 응시한 다정을 보내며 送茶亭赴京試). (김도촌이 율시 한 수를 보내왔기에 차운해서 보냄 金道邨寄一律次韻却寄) 등의 시를 지음.
• 김노경 동지겸사은사(冬至兼謝恩使)로 중국에 들어감. 김정희의 아우 김명희가 서장관으로 수행함. 입연(入燕)했을 때 김노경은 56세였고, 김명희는 35세였음.
• 우담홍기(優曇洪基) 태어남.

1823년(癸未. 純祖 23년) [38세]
• 초의 대둔사에서 (금강석상에서 언선자와 더불어 왕우승의 종남별장에서 지은 작품에 화운하였다 金剛石上與彦禪子和王右丞終別業之作). (다시 한창려의 운에 맞춰 유거를 노래하다 又拈黎韻同賦幽居). (다시 왕남전의 시에 차운하다 又拈王藍田韻). (도촌 김인항의 초가집을 지나면서 道邨過草庵). (중구일에 호의, 철경, 석범, 하의 스님과 노닐다 九日與縞衣掣鯨石帆荷衣諸師遊山). (도촌이 내가 산을 유람할 때 지은 작품에 차운해 보냈기에 다시 화답하다 道邨聞余遊山之作次韻見寄復和答之). (다시 심회를 담아보낸다 又敍自懷奉寄)(3수). (수재 강일형에게 寄姜秀才一炯) 등의 시를 지음.
• 대둔사지(大芚寺誌) 간행. (완호, 혜장, 호의, 초의, 수룡(袖龍), 기어(騎魚))
• 5월에 대둔사 한산전(寒山殿)에서 천수범서(千手梵書)를 씀
• 3월, 김노경, 김명희 일행 귀국함.

1824년(甲申. 純祖 24년) [39세]
• 초의 운흥사에서 (소나무에 비낀 달: 松月). (차운하여 다정 윤효렴에게 드림 次韻奉酬尹茶亭) 등의 시를 지음.

• 초의 일지암을 중건함.

• 10월 17일, 초의의 법제자 월여범인(月如梵寅) 태어남.

• 김정희 경주 남산 창림사탑(昌林寺塔) 무구정광대다라니(無垢淨光大陀羅尼) 고증. 창림사지에서 다연원(茶淵院) 와당 출토.

• 김정희 신위와 시를 지어 주고받음.

1825년(乙酉. 純祖 25년) [40세]

• 이 해에 초의가 일지암을 지었다고도 함.

1826년(丙戌. 純祖 26년) [41세]

• 8월 23일, 초의의 은사인 완호대사, 대흥사 한산전(寒山殿)에서 입적함. 세수 69세, 법랍 53세.

• 초의 일지암에 머무름.

1827년(丁亥. 純祖 27년) [42세]

• 초의 (오늘 두 수를 화운함 今和二首)의 시를 지음.

• 백파선사(白坡禪師), '선문수경(禪文手鏡)' 저술해서 펴냄.

• '해동금석문자요망(海東金石文字要望)' 찬집에 김정희 참여함.

1828년(戊子. 純祖 28년)[43세]

• 초의 스승을 따라 지리산 칠불암(七佛庵)에 가서 만보전서(萬寶全書)를 보고 다신전(茶神傳)을 초록을 해 가지고 돌아옴.

초의 스승 완호의 부도탑을 세움.

• 10월, 초의 남평현 운흥사(雲興寺) 남암(南庵)에 가서 보살계(菩薩戒)를 설하고, '설보살계법문(說菩薩戒法門)'과 보살계첩규(說菩薩牒規)를 지음

1829년(己丑. 純祖 29년) [44세]

• 초의 '도암십영(道菴十詠)'. (쌍계사에서 차운하다 雙溪寺次韻). (교리 한진호의 시에 화답함 奉和韓校理鎭戽) 등의 시를 지음.

1830년(庚寅. 純祖 30년) [45세]

• 초의 일지암에 머무름. '다신전'을 정서해서 펴냄.

• 초의 한양에 올라 감. 겨울, 양수리 수종사(水鍾寺)에서 머무름.

• 초의 (언선자의 시에 차운함 次韻答彦禪子). (다시 일지암을 지으며 重成一枝庵). (수종사에서 석옥 화상의 시에 차운함 水鍾寺次石온和尙韻). (유산 정학연의 시에 삼가 화답하다 奉和酉山). (두릉시사에서 여러 사백과 함께 지었다 杜陵詩社與諸詞伯同賦). (채화정에 모여서 采花亭雅集). (채화정에서 뜨락의 매화를 노래함 菜花亭

賦閤梅). (채화정에서의 연구 采花亭聯句). (다시 육언으로 연구하다 又六言聯句). (1언에서 6언까지 연구하다 一言至六言聯句) 등의 시를 지음.

• 11월, 박영보(朴永輔) 남다병서(南茶幷序)를 써서 초의에게 증정함.

• 김정희 1월 17일에 연경(燕京)에서 이월정(李月汀)이 인편에 편지와 다호를 보내옴. 편지에 『다기 하나를 보냈다 茶壺一器來物』는 말이 나옴.

• 김노경 완도(莞島)〈완도: 고금도(古今島)〉로 4년간 유배당함.

• 겨울, 초의 해거도인(海居道人 洪顯周)을 방문해서 선사(先師)의 비명을 부탁함.

1831년(辛卯. 純祖 31년) [46세]

• 초의 (무자년에 스승의 탑을 만들고 경인년 겨울에는 해거도인을 만나 비명을 부탁했는데, 도인이 여러 선비와 함께 나의 청량산방에서 봄밤을 즐겁게 노닐었었다. 바로 신묘년 정월 중순이었는데, 먼저 '樹'자를 뽑아 각각 오언고시를 한 수씩 노래하였다 戊子先師搭成 庚寅冬謁海居道人乞銘 海居與諸賢會余 于淸凉山房 爲春夜之遊卽辛卯正月之中澣也 先拈樹字 各賦五言古詩一首). 오언절구초의(汚言絶句艸衣). (다시 청량사의 금파산방에서 노닐며 又遊淸凉寺錦波山房). (해거도인에게 절구를 지어 올림 一絶呈海居). (금파공의 방에서 자며 留宿錦波公房). (다시 사언시를 지으며 又賦四言). (유산에게 드림 呈酉山). (동번에게 드림 呈東樊). (석천으로 차를 끓이며 石泉煎茶). (열수에 배를 띄우고 洌水泛舟). (자하 시랑의 '2월 8일'시에 삼가 화답함 奉和紫霞侍郎 二月八日之作). (하전 김익정이 용문산에서 노닐며 나와 함께 하자기에 마침내 민화산과 같이 가서 지냈다 金夏篆益鼎 遊龍門山 要余偕之遂與閔華山隨行). (노탄에서 하룻밤 자며 蘆灘暮泊). (새벽에 옛 절터가 남아 있는 사천을 지나면서 早過斜川 古寺遺址). (한낮에 사나사에 접어들면서 午入舍那寺). (수월암에서 하루를 자며 上宿水月庵). (가섭봉에 올라서 登迦葉蜂). (윤필암(潤筆菴)). (저녁에 상원암에 닿아 暮抵上院). (용문사에 닿아서 至龍門寺). (능산구행원의 수연시 具綾山行유壽만詩). (문산. 능산과 함께 용호의 직각 김매순 댁에 모여서 與文山綾山會蓉湖金直閣滿淳宅). (여름날에 두릉의 이동번이 배를 타고 왔기에 杜陵夏日李東乘乘舟而至). (석호정에서 여러 선비들과 노닐며 지음 遊石湖亭與諸公賦). (비를 맞으며 석호정에 올라 범석호의 '초가을에 석호정에 돌아감'이라는 시의 운을 따서 石湖亭値雨次范石湖初秋歸石湖韻). (빗소리를 들으면서 聽雨). (여름날 서원에서 여러 선비와의 청아한 모임 夏日西園與諸公雅集). (북선원에서 자하노인을 만나뵙고 北禪院謁紫霞老人). (금령과 이별하면서 차운하다 次韻留別錦舲). (어산장에 돌아와 김하전과 헤어지면서 歸漁山庄留 別金夏篆). (유산과 이별하며 留別

酉山) 등의 시를 지음.

• 초의 한양에 머무름. 초계(苕溪)에서 정학연. 정학유, 광산(匡山) 등 세 사람과 뱃놀이를 즐김.

• 청량사(淸凉寺) 송헌(松軒)에서 해거도인이 보내온 선물을 받음.

• 홍석주와 신위가 초의의 시집에 서문을 써줌.

1832년(壬辰. 純祖 32년) [47세]

• 초의 대둔사에서 (대산 오창렬이 고호에서 유당을 뵙고 석옥화상의 '한거(閑居)'운에 맞춰 시를 지어보냈기에 이에 차운해서 증정하다 吳大山昌烈 謁酉堂於古 湖和石屋 閑居韻見 寄次韻奉呈). (화원에서 북산도인 변지화에게 화운해서 보내다 花源奉和北山道人卞持和). (북산도인이 매화와 난초 그림을 보고 읊은 시에 차운함 奉和北山道人詠畫梅畫蘭). (목관 북산 변지화의 시에 차운하다 次北山牧官韻). (봄날에 호산 정처사의 산장에서 비를 맞으며 春日滯雨葫山鄭處士山莊). (처사 정지묵 만사 鄭處士志默挽詞). (북산도인의 시에 화운하다 奉和北山道人). (정양도인 신태희의 시에 화운해서 드리다 奉和晶陽道人申泰熙). (청량사에 모였을 때 내가 지은 시에 정양이 차운해서 보내왔기에 다시 화답하였다 晶陽和余淸凉寺兒集韻見寄復和答之). (북산이 앞 시에 화운하여 보내면서 다시 화운해 달라고 하다 北山至頭輪見贈次韻奉和). (북산이 두륜사에 와서 지은 시에 차운해서 삼가 올리다 北山至頭輪見贈次韻奉和) 등의 시를 지음.

• 가을, 초의 '대둔사승보안서문(大芚寺僧寶案序文)'. '발문(跋文)'. '대둔사탑원다례제문(大芚寺塔院茶禮祭文)'을 지음.

1833년(癸巳. 純祖 33년) [48세]

• 여름, 초의 일지암에서 (대나무를 심으며 種竹), (문춘호가 찾아와서 글을 주기에 차운해서 화답하다 文春湖見訪有贈次韻和之) 등의 시를 지음.

• 김노경 고금도 유배에서 풀려나 일지암(一枝庵)을 방문함.

1834년(甲午. 純祖 34년) [49세]

• 초의 (금호에서 산천도인과 헤어지면서 今湖留別山泉道人). (기산이 차를 보내준 일에 감사하면서 장구의 시를 지어보냈기에 삼가 차운하고 아울러 쌍수도인에게도 시를 지어 보내다 起山以謝茶長句見贈 次韻奉和兼呈雙脩道人). (쌍수도인과 함께 가을날 장천 별장에서 자면서 與雙修道人秋宿長川別業). (갑오년 국추에 초계를 떠나면서 사공도의 시품에서 '유. 수. 금. 일. 명. 월. 전. 신' 여덟 자를 따서 각각 삼운 단율로 시를 짓기로 했는데, 나는 '水'자를 따서 지었다 甲午菊秋 將辭苕溪 拈司

公圖詩品 流水今日明月前身八字 各賦三韻短律 余得水字). (다시 조당운을 따서 又拈亖唐) 등을 지음.

1835년(乙未. 憲宗 1년) [50세]

- 초의 대둔사 한산전(寒山殿)에 머무름.
- 초의 김정희의 편지를 받음.
- 소치 허련[27세] 일지암에 들어와서 초의에게 사사 받음. 서예와 그림. 시문을 습작함.

1836년(丙申. 憲宗 2년) [51세]

- 초의 (관서의 찬상인이 글을 지어 달라기에 게송 한 수를 지어 보내다 關西贊上人求語聊以一偈贈送). (미타불의 개금모연소를 쓴 뒤에 題彌陀佛改金募緣疏後) 등의 시를 지음.
- 2월 22일, 정약용 경기도 양주군 와부면 능내리에서 별세. 향년 75세.
- 4월, 김정희 성균관대사성(成均館大司成)이 됨.
- 허련 일지암에 머무름.

1837년(丁酉. 憲宗 3년) [52세]

- 초의 일지암에 머물면서 '동다송(東茶頌)'을 지어 해거도인에게 증정함.
- 초의 '문자반야집(文字般若集)'을 저술함.
- 3월 30일, 유당 김노경 별세. 향년 72세. 묘지는 과천(果川)에 있음.
- 허련 일지암에 머무름.

1838년(戊戌. 憲宗 4년) [53세]

- 초의 금강산을 유람하면서(금강산 기행시 遊金剛山詩). '풍입송(風入松)'을 지음.
- 초의 '해거도인시집발문(海居道人詩集跋文)'을 씀. 금강산에서 사찰로 돌아가는 도중 한양성 동쪽에 있는 해거도인의 집을 방문해서 그의 시집을 본 뒤에 발문을 씀.
- 초의 김정희의 편지를 받음.

1839년(己亥. 憲宗 5년)]54세]

- 초의 한양에서 두릉 다산의 집을 방문하고 동대문 밖 청량사에 머무름. 이때 허련의 그림을 가지고 가서 김정희에게 보여 장래성을 묻고 회신을 받아 진도(珍島)에 있는 그의 집에 보내 상경할 것을 권유함.
- 허련 8월에 상경해서 김정희의 제자가 됨.
- 초의(기해년 9월 만소 이희가 나를 찾아와 절구 한 수를 남겼기에 이에 차운해서 보내다 己亥九月李晩蘇曦見訪留題一絶次韻奉呈). (입동날에 전의를 찾았지만 만나

지 못하고, 또 만소도 놀이를 떠나 돌아오지 않았다는 말을 듣고 전운으로 차운한 뒤 창암에 두고 돌아왔다 立冬日訪全醫不遇 又聞晩蘇亦出遊未還遂次前韻 留題蒼巖而歸). (세화에서 오던 길에 만소를 만나고 헤어져 산으로 돌아왔는데, 만소가 내시 두 수에 화운하고 또 '산'자로 운을 해서 모두 세 수의 시를 보내와 이에 화운해서 보냈다 細花道中 蜂晩蘇 旋別歸山 晩蘇和余詩二 首又押山字 合三絶寄來 又和而答之). (사문 김금릉과 수재 이창애가 함께 글을 보내 게송을 구하기에 앞 시의 운을 따서 세 수씩 아홉 수를 보냈다 金斯文金陵李秀才蒼崖 竝寄書求偈 遂更次前韻 三疊以寄九首). (만소가 오언고시 한 수를 보내왔기에 차운하고 아울러 칠언고시 한 수도 지어서 보내다 晩蘇以五古一首見贈 次韻奉呈幷衍爲七言一首以寄). (만소의 훌륭한 글을 보고 그 인품을 헤아릴 수 있어 떠나면서 절구를 멀리서 보내노라 一見大作可槪其人臨行遙贈一絶). (이광려의 시에 차운해서 답하다 次韻答李匡廬). (여름날 죽림정사에 모여 夏日會竹林精舍). (가을날 앞 시의 운으로 시를 지어 하사 오영하에게 보내다 秋日用前韻寄吳河槎永河). (안일인이 시를 지어 보냈기에 차운하였다 次安逸人見寄之作). (은고부를 애도하며 哀殷古阜). (백운동에서 학이 나는 것을 보고 白雲洞見白鶴翎有作). (차나무 한 그루를 얻고 借分一株又疊). (만소를 찾아갔지만 만나지 못하고 창암에서 비 오는 밤에 자면서 訪晩蘇不遇留宿蒼巖夜雨). (운주루에서 수사 심공 낙신의 시 두 수에 화운하다 運籌樓陪水使沈公樂臣同賦)등을 지음.

- 진도 사람 우당(愚堂)이 일지암을 방문해서 '대둔사초암서(大芚寺草庵序)'를 써서 초의에게 증정함.

1840년(庚子. 憲宗 6년) [55세]

- 김정희 봄에 형조참판(刑曹參判)이 됨. 6월, 동지부사(冬至副使)가 됨.
- 가을, 초의 (봄날에 유산이 시 한 수를 지어 보냈기에 삼가 화답하다 春日酉山見寄一絶奉和答之)는 시를 지어 보냄.
- 초의 헌종으로부터 '대각등계보제존자초의대선사(大覺登階普濟尊者艸衣大禪師)'라는 호(號)를 하사(下賜)받음.(경자년 2월 초10일)
- 7월, 김정희. 김홍근(金弘根)의 소(疏)를 받음. 8월, 예산으로 귀향함. 8월 20일, 예산지(禮山池)에서 밤에 관원들에게 붙잡힘.
- 9월20일, 김정희 제주도 화북진에 정배의 명을 받고 제주로 가는 길에 일지암에 들려 초의선사와 일숙을 하면서 달마대사 관심론과 혈맥론을 담론함.
- 9월21일, 김정희 완도 이진포에서 배를 타고 제주도 화북진으로 떠남. 이때 초의

선사가 들고 있던 단주 하나를 선물함

• 9월23일, 김정희와 작별하고 일지암으로 돌아와 제주화북진도(濟州華北津圖)를 그리고 자신의 심회를 화제로 기록하여 보냄.

• 허련, 김정희를 따라 예산으로 내려갔다가 김정희가 체포되어 제주도로 유배를 가자 강경포(江景浦)에서 배를 타고 진도로 귀향함.

1841년(辛丑. 憲宗 7년) [56세]

• 초의 임강선(臨江仙). (임금님의 '영신월'시에 삼가 화운하다 奉和御題詠新月). ('영신월'시의 운으로 시를 지어 수사 심공에게 드리다 用前韻奉呈水使沈公). (부채를 보내 준 수사에게 감사하며 謝水使惠送節扇). (차운하여 편지로써 수사 심공에게 보내다 次韻奉柬水使沈公). (조정으로 돌아가는 수사를 전별하면서 奉餞水使還朝) 등의 시를 지음.

• 2월, 허련 일지암을 방문함. 허련 초의의 서신을 가지고 제주도 대정에 있던 김정희를 찾아감.

• 4월 13일, 초의 '대둔사비로전상량문(大芚寺毘盧殿上樑文)'을 지음.

• 김정희 제주도에서 '일로향실(一爐香室)'를 써서 초의에게 보냄.

• 4월, 김정희 구암사(龜岩寺)의 백파선사에게 '망증15조(妄證十五條)'를 보냄.

• 신헌(申櫶) '대광명전(大光明殿)' 현판을 씀.

1842년(壬寅. 憲宗 8년) [57세]

• 초의 (처사 서상군만사 處士 徐尙君挽詞)를 지음.

• 연천거사 홍석주 별세.

• 김정희의 부인 예안이씨(禮安李氏) 별세. 김정희 부인을 애도하는 시 『사람을 보내 옥황상제께 하소연할 수 있다면, 내세에는 지위가 바뀌어 다시 태어나기를. 천리 밖 떨어진 곳에서 내가 죽고 그대 산다면, 그대 나의 마음 속 슬픔을 알게 되리라 可使上人訴冥王 來世換作易地位. 我死君生千里外 使君知我此心悲』를 지음.

• 겨울, 초의 전주(全州) 봉서사(鳳棲寺)에 가서 은고(隱皐) 김기종(金箕種)을 만나 진묵조사(震默祖師)에 대한 실기(實紀)를 들음.

1843년(癸卯. 憲宗 9년) [58세]

• 초의 (제주목사 이공 원조가 시를 부탁하기에 망경루의 운에 맞춰 짓다 濟牧李公源祚索詩遂次望京樓韻). (운옹과 월사가 앞 시의 운으로 시를 지어 보내왔기에 다시 차운해서 보내다 雲翁月槎用前韻見寄次韻却寄). (백장에서 노닐다가 차운하노라 遊柏庄次韻). (고일인과 함께 금성으로 가다가 도중에 비를 만나 '행'자 운으로 짓다

與高逸人將向錦城途中逢雨得行字). (독락재에서 차운하다 獨樂齋次韻). (우석 신공이 시 두 수를 보내왔기에 삼가 화운하다 奉和于石申公見贈). (해종암에서 연옹의 시에 차운하다 海宗庵次蓮翁韻). (영주에서 이연죽에게 화답하다 瀛州答李然竹). (운려도인의 시에 차운하다 次雲廬道人韻). (어초자가 와서 운려도인의 시에 차운하기에 이에 화답하다 漁樵子適來次韻一首和而答之). (현재에서 운을 골라 함께 읊다 縣齋拈韻同賦). (고향에 돌아와서 歸故鄕). (목진 휴장정을 지나면서 차운하다 過木鎭休將亭次韻) 등의 시를 지음.

- 초의 고향 무안군 삼향면에 다녀옴.
- 허련 일지암에 있다가 제주목사 이용현(李容鉉)을 따라 제주 대정에 있는 김정희에게 감.
- 호의(縞衣) 대둔사 일로향실에 머무름.

1844(甲辰. 憲宗 10년) [59세]

- 초의 일지암에 머무름.
- 김정희 제주에서 '세한도(歲寒圖)'를 그려 우선(藕船) 이상적(李尙迪)에게 증정함.
- 신관호(申觀浩) 행남 우수영의 우수사(右水使)가 되어 부임, 제승당(制勝堂)에 머무름.
- 허련 초의의 소개로 신관호와 첫 대면함.

1845년(乙巳. 憲宗 11년) [60세]

- 초의 일지암에 머물면서 (유산이 보내온 시에 삼가 화운함 奉和酉山見寄)을 지음.
- 초의 신관호를 찾아가 함께 시를 지음. 신관호 우수영(右水營)에 머무름.

1847년(丁未. 憲宗 13년) [62세]

- 초의 일지암에 머무름.
- 김정희 '화엄사상량문(憚嚴寺上樑文)'을 지음. '무량수각(無量壽閣)'. '시경헌(詩境軒)' 등의 편액(扁額)을 써서 보냄.
- 9월, 예산 화암사(華岩寺) 준공.
- 신관호 한양으로 돌아가면서 허련과 동행함.
- 여름, 허련 권돈인(權敦仁)의 집에 머물면서 헌종(憲宗)에게 서화를 그려 헌상(獻上)함
- 초의 김정희의 편지를 받음. 전주 봉서사의 승려가 와서 진묵조사의 기문(記文)을 청함.
- 허련 봄날 세번째로 제주 대정의 추사에게 감.

1848년(戊申. 憲宗 14년) [63세]

• 초의 (유산의 다시에 삼가 화답하다 奉答酉山茶詩). (운포의 다시에 삼가 화답하다 奉答耘逋茶詩)의 시를 지음.

• 김정희 제주 대정의 유배지에서 풀려남.

• 유산 정학연이 허련 편에 다시(茶詩)를 보내옴.

• 허련 10월 11일에 초시(艸試), 28일에 회시(會試)에 급제함.

1849년(己酉. 憲宗 15년) [64세]

• 초의 일지암에 머물면서 '일속암가 병서(一粟庵歌 幷序)'. (차운해서 일속암가 주인에게 화답하다 次韻寄答一粟菴主人) 등을 지음.

• 겨울, 황치원(黃梔園)이 시를 지어 초의에게 증정함.

• 허련과 신관호 함께 입시해서 헌종을 배알함. 허련 매화 그림을 그려 바침.

• 헌종이 허련에게 초의의 인품에 대해서 하문 함.

1850년(庚戌. 哲宗 1년) [65세]

• 초의 일지암에 머물면서 (산천도인이 차를 받고 보내온 시에 삼가 화운하다 奉和山泉道人謝茶之作)의 시를 지음.

• 초의 김정희로부터 편지를 받음.

• 허련 일지암을 방문함.

1851년(辛亥. 哲宗 2년) [66세]

• 석오(石梧) 윤치영(尹致英)과 위당(威堂) 신관호 '초의시집'에 발문을 써서 초의에게 증정함.

• 김정희. 권돈인 북청(北靑). 순흥(順興)으로 각 유배당함.

• 6월 상순, 석오 윤치영 '대광명전신건기(大光明殿新建記)'를 지음.

1852년(壬子. 哲宗 3년) [67세]

• 초의 일지암에 머무름.

• 8월, 김정희 유배에서 풀려나 과천의 선친 김노경의 묘지에서 5년간 머무름.

• 권돈인 유배에서 풀려남.

• 4월 20일, 백파선사 입적. 세수 86세, 법랍 75세.

• 6월 11일, 하의(荷衣) 대둔사 도선암(導船庵)에서 입적. 법명은 정지(正持), 속성은 임씨(林氏), 영암(靈巖)사람. 세수 74세, 법랍 58세 어록(語錄) 1권이 있음.

1853년(癸丑. 哲宗 4년) [68세]

• 초의 일지암에 머무름.

• 봄. 초의 허련의 작품을 교정함.
• 3월 27일, 12월 16일, 초의 김정희의 편지를 두 차례 받음.
• 김정희 '부작란(不作蘭)'에 제(題)함.
• 허련 일지암을 방문함.

1854년(甲寅. 哲宗 5년) [69세]
• 초의 일지암에 머무름.
• 4월 5일, 초의 김정희의 편지를 받음.
• 7월, 유산 정학연 '다암시첩발문(茶庵詩帖跋文)'을 씀.
• 윤치영 '대광명전신건기'를 써서 대광명전 동쪽 벽에 걸음.

1855년(乙卯. 哲宗 6년) [70세]
• 초의 일지암에 머무름.
• 김정희 '백파대율사비명서(白坡大律師碑銘序)'를 씀.
• 초의 김정희의 편지를 받음.
• 허련 과천에 있는 김정희 집을 방문, 광주(光州)에 있는 권돈인의 집을 방문. 정학연을 방문하고 다산의 묘지에 참배함.
• 초의 원경(圓鏡)을 새로 주조해서 대광명전의 비로자나불(毘盧遮那佛) 후광에 봉헌(奉獻)하고 기문을 지음.

1856년(丙辰. 哲宗 7년) [71세]
• 초의 일지암에 머물다.
• 5월에 김정희 해붕대사화상찬(海鵬大師畵像讚)을 씀
• 김정희 10월7일에 봉은사(奉恩寺) 판전(板殿)의 편액을 쓰다.
• 10월10일, 김정희 과천 관악산 기슭 유당의 묘소에서 별세.

1857년(丁巳. 哲宗 8년) [72세]
• 초의 일지암에 머물다.
• 허련 진도의 쌍계사 옆에 운림산방(雲林山房)을 세움.

1858년(戊午. 哲宗 9년) [73세]
• 초의 2월 청명일에 '완당김공제문(阮堂金公祭文)'을 지어 받치다.
• 초의 '수선사탑비제문(樹先師塔脾祭文)'을 지음.
• 여름, 호의. 초의 두 스님이 완호조사의 비를 세움.
• 백파대율사비(白坡大律師脾)를 선운사(禪雲寺)에 세움.

1859년(己未. 哲宗 10년) [74세]

• 초의 일지암에 머무름. 혹은 쾌년각(快年閣)에 있었다고도 함.

• 초의 동지일에 청추첩(淸秋帖)에 도가태식지법(道家胎息之法), 임엽지선(臨葉志詵) 오언시(五言詩), 금실선사빙설와시(金室禪師氷雪窩詩)를 씀.

1860년(庚申. 哲宗 11년) [75세]

• 초의 쾌년각에 머무름.

• 초의 '해인사대웅전급대장각중수권선문(海印寺大雄殿及大藏閣重修勸善文)'. '적련암개금모연소(赤蓮庵改金募緣疏)'를 지음.

• 이제 권돈인 별세.

1861년(辛酉. 哲宗 12년) [76세]

• 초의 일지암에 머무름.

• 8월10일에 호운(浩雲)스님이 찾아와 김정희가 5년전(1856년)에 지은 해붕대사화상찬을 보여주기에 이를 보고 깊은 감회에 젖어 발문을 지어 주었음

1862년(壬戌. 哲宗 13년) [77세]

• 초의 일지암에 머무름.

• 초의 시를 지음.

1863년(癸亥. 哲宗 14년) [78세]

• 초의 일지암에 머무름.

• 초의 '진도쌍계사대웅전불상개금소(珍島雙溪寺大雄殿佛像改金疏)'를 지음.

1864년(甲子. 高宗 1년) [79세]

• 초의 일지암에 머무름.

1865년(乙丑. 高宗 2년) [80세]

• 초의 일지암에 머무름.

• 7월 25일, 유경도인(留耕道人)이 초의대선사의 영정에 찬문(贊文)을 씀.

• 초의대사 입적설이 있음.

• '동사열전(東師列傳)', '초의선백전'에 동치(同治) 4년 을축년 7월 2일 쾌년각에서 입적, 세수 80세, 법랍 65세라는 설이 있음.

• 이희풍(李喜豊)의 초의대사탑명(艸衣大師塔銘)에는, 을축년 스님의 나이 80세 때에 대둔사에 계시다가 질병을 얻었는데, 어느 날 저녁 시자를 불러 일어나 가부좌를 틀고 서쪽을 향하여 조용히 입적했다. 몸에서는 따뜻한 향내가 풍겨 오래도록 사라지지 않았으니, 바로 8월 2일이었다는 기록이 있음.

• 대둔사 용화당(龍華堂)의 후불탱화를 새로 조성하여 모실 때 증명법사(證明法師)

가 됨.

1866년(丙寅. 高宗 3년) [81세]

• 초의 일지암에서 입적함.

• 신헌의 '초의대종사탑비명(艸衣大宗師塔碑銘)'에 병인년 8월 2일 서거하니 ... 일지암에서 입적했으며 나이 81세이고 법랍은 65세이다.

• 허련이 쓴 '몽연록(夢緣錄)'에는 초의선사는 새로 불전(佛殿)을 완성하고 일로향실(一爐香室)로 옮겨 계시다가 입적했다. 그의 상족(上足)인 서암선기(恕庵善機)가 의발을 이어 받아서 지금 진불암(眞佛庵)에 보관하고 있는데, 작년 7월에 나와 송파(松坡: 李喜豊)는 함께 종상재(終祥齋)에 가서 곡(哭)을 했다는 기록이 있음.

[입적후 연보]

1867년 (丁卯. 高宗 4년) [후 1년]

• 5월 허련이 진도로 돌아가 가족들과 같이 지냄.

1868년(戊辰. 高宗 5년) [후 2년]

• 9월 15일, 호의 입적, 세수 91세, 법랍 72세.

1871년 (辛未. 高宗 8년) [후 5년]

• 봄, 이희풍 '초의대사탑명'을 찬술함.

• 4월, 초의탑 부도비 건립.

1875년(乙亥. 高宗 12년) [후 9년]

• 10월, 백파거사 신헌구 월여선실에서 '초의시집발문'을 지음.

1876년(丙子. 高宗 13년) [후 10년]

• 신헌 '초의대종사탑비명' 찬술. 아들 신정희(申正熙)가 쓰고 추금(秋琴) 강위(姜瑋)가 대신 지음.

1890년(庚寅. 高宗 27년) [후24년]

• 5월, 범인(梵寅) '일지암문집(一枝庵文集)'을 편집하고 원응계정(圓應戒定)이 삼가 씀.

1906년(庚午. 高宗 光武10년) [후 40년]

• 4월 21일, 원응계정이 '초의시고발문'을 지음.

• '초의시고(艸衣詩藁)' '전2권'를 상운(祥雲). 쌍수(雙修)가 간행함.

1913년(癸丑) [후 47년]

• 4월 17일, 원응계정 '선문사변만어서문(禪門四辨漫語序文)'을 지음.

• 6월 10일, 고벽담(高碧潭) '선문사변만어'를 간행함.

1941년(辛巳) [后 75년]

• 4월, 대둔사에 초의대종사탑비 건립.

• 음기(陰記)를 구산후학(龜山後學) 영호정호(映湖鼎鎬)가 삼가 지음. '불기(佛紀) 2968년 4월'

1975년(乙卯) [后 109년]

• 9월에 일지암 복원불사 추진위원회 발족함

1979년(己未) [后 113년]

• 11월 일지암 다시 복원 하다.

1983년(癸亥) [后 117년]

• 5월, 대흥사 일지암 동편에 동다정 건립.

1985년(乙丑) [后 119년]

• 초의선사 전집 간행

1997년(丁丑) [后 131년]

• 5월에 초의선사 문화 인물로 선정

• 동국역경원에서 초의집 번역 간행

1998년(戊寅) [后 132년]

• 12월 28일 초의선사 탄생지에 생가 복원 사업 기공식 거행

1999년(己卯) [后 133년]

• 11월, 무안 초의선사 탄생지 다성사 건립.

2002년 (壬午) [后136년]

• 6월 22일 다성사(茶聖祠)에 초의선사 성상을 봉안하고, 초의선사 기념관 개관을 함

2003년 (癸未) [后 137년]

• 5월 5일 초의선사 탄생문화제(제217주기)를 거행

• 초의선사 동상 제막식과 명선관(茗禪館)을 신건하고 다문화관을 개관함

2004년 (甲申) [后 138년]

• 5월 23일 초의선사 탄생문화제(제218주기)를 거행

• 5월12일 일지암 초당, 용호백로정(蓉湖白鷺亭), 초의지(艸衣池)를 새로 만들고 준공식 거행

2005년(乙酉) [后 139년]

• 5월 29일 초의선사 탄생문화제(제219주기)를 거행

• 5월 29일 대각등계보제존자초의대선사(大覺登階普濟尊者艸衣大禪師), 13대초의대종사(十三代艸衣大宗師)비를 세우다

• 11월 19일 초의선원(艸衣禪院)를 새로 짓고 개원식 거행

2006년(丙戌) [後 140년]

• 6월 4일 초의선사 탄생문화제(제220주기)를 거행

• 5월, 무안 초의선사 시다원, 청심재, 다비 건립.

2007년(丁亥) [後 141년]

• 5월 20일 초의선사 탄생문화제(제221주기)를 거행

• 5월, 무안 초의선사 금오초당, 세심헌, 동다송비 건립.

2008년(戊子) [後 142년]

• 5월 11일 초의선사 탄생문화제(제222주기)를 거행

• 5월, 무안 초의선사 조선차역사박물관 건립.

2009년(己丑) [後 143년]

• 4월 26일 초의선사 탄생문화제(제223주기)를 거행